政府购买服务背景下交通运输科技管理

田　园　吴洪洋　尚文豪　韩红云　编著

人民交通出版社
北京

内 容 提 要

本书系统梳理了国家及交通运输行业在推进政府购买服务工作方面的政策发展历程,立足行业科技管理的视角,从科技政策管理、科技成果管理、科技项目管理、科技人才管理等方面分别总结了工作现状、发展变化及工作成效,并介绍了相关国内重大科技项目及国际合作交流情况。在此基础上,研究了政府购买服务背景下交通运输行业科技管理的工作机制、绩效评价、风险评估及国内外相关行业和国家的典型做法及优秀经验。

本书可供交通运输行业科技管理部门、科研机构、高校、企业相关人员借鉴参考。

图书在版编目(CIP)数据

政府购买服务背景下交通运输科技管理 / 田园等编著. — 北京 : 人民交通出版社股份有限公司, 2025. 4.
ISBN 978-7-114-20034-2

Ⅰ. D669.3; F512.3

中国国家版本馆 CIP 数据核字第 202538LB35 号

Zhengfu Goumai Fuwu Beijing xia Jiaotong Yunshu Keji Guanli

书　　名: 政府购买服务背景下交通运输科技管理
著 作 者: 田　园　吴洪洋　尚文豪　韩红云
责任编辑: 牛家鸣
责任校对: 赵媛媛　刘　璇
责任印制: 张　凯
出版发行: 人民交通出版社
地　　址: (100011)北京市朝阳区安定门外外馆斜街 3 号
网　　址: http://www.ccpcl.com.cn
销售电话: (010)85285857
总 经 销: 人民交通出版社发行部
经　　销: 各地新华书店
印　　刷: 北京科印技术咨询服务有限公司数码印刷分部
开　　本: 787 × 1092　1/16
印　　张: 11.5
字　　数: 275 千
版　　次: 2025 年 4 月　第 1 版
印　　次: 2025 年 4 月　第 1 次印刷
书　　号: ISBN 978-7-114-20034-2
定　　价: 80.00 元

《政府购买服务背景下交通运输科技管理》
编 写 组

主　　编：田　园　吴洪洋　尚文豪　韩红云

副 主 编：董　静　姜彩良　刘　涛　张　宇　谷苗苗

编写成员：谭君崇　贺俊程　李亚敏　史砚磊　郭天阳
蔡　赫　张婧嫄　牛　犇　李晓菲　王　双
刘蕾蕾　田　鑫　蔡秀荣　张海英　李琴花
胡楠希　韩笑宓　王　巍　刘　新　韩继国
胡铁钧　贾　皓　陈　硕　郭思冶　吴沐菲
宋婷婷　安　平　王利彬　王海霞　路见菲

前言

党的十八大以来,以习近平同志为核心的党中央立足新的历史坐标,深刻分析新时期我国发展面临的形势和挑战,做出了全面深化改革的重大决策部署。政府购买服务作为促进政府职能转变、改善公共服务供给的创新方式,成为贯彻新发展理念、促进高质量发展、打造共建共治共享的社会治理格局、不断推进国家治理体系和治理能力现代化的有效手段和重要途径。

交通运输作为中国式现代化的开路先锋,特别是在行业科技管理领域,采用政府购买服务方式,将政府公共服务事项从“直接提供”转为“购买服务”,扩大社会供给来源,提升公共服务能力,对强化科技创新引领,不断发展壮大交通运输领域新质生产力具有重要意义。目前,采用政府购买服务尚在积极拓展阶段,身处行业当下转型升级的重要关口时期,有必要对政府购买服务背景下交通运输科技管理相关问题进行深入研究,提出科学完善高效的管理机制和做法,为加快建设交通强国、壮大交通运输领域新质生产力发展打下坚实基础。

本书整理了我国及交通运输关于政府购买服务的相关政策文件,界定了政府购买服务的概念,结合行业科技管理工作实际,从科技政策管理、科技成果管理、科技项目管理、科技人才管理四个方面分别总结了采用政府购买服务方式下的工作情况、发展变化及案例成效,并介绍了与行业相关的国内重大科技项目及国际合作交流情况。在此基础上,依托相关研究成果,在政府购买服务工作机制、绩效评价、风险评估等方面提出相关建议和具体实施路径。在本书最后还对国家其他行业及国外典型国家在政府购买服务方面的优秀做法和成功经验进行了梳理。

本书编写得到了交通运输部有关司局的大力支持,融汇了交通运输部科学研究院为部服务工作和院内相关部门关于政府购买服务的政策研究成果。在编写过程中,许多业内外专家领导以各种方式提供了诸多建设性意见和帮助,在此,谨向为书稿编写和出版工作作出贡献的同志表示最衷心的感谢和最诚挚的敬意。

身处日新月异、高速发展的伟大时代，编委会力求将最新的政策法规、理论研究和实践案例融入本书之中，但限于作者水平和时间有限，难免有疏漏和考虑不周全的地方，敬请广大读者批评指正。

作　者

2024 年 10 月

目录

第一章

我国政府购买服务发展历程及现状

推行政府购买服务，是党中央、国务院从全局和战略高度作出的决策部署，是全面深化改革的重要举措。党的十八届三中全会通过的《中共中央关于全面深化改革若干重大问题的决定》明确提出“推广政府购买服务，凡属事务性管理服务，原则上都要引入竞争机制，通过合同、委托等方式向社会购买”“加快事业单位分类改革，加大政府购买公共服务力度”，这是首次将政府购买服务纳入党的重大决定，确定了政府购买服务在全面深化改革中的重要地位。

党的十九届三中全会将政府购买服务上升到国家行政管理体制的高度，其核心理念与党的十八届三中全会一脉相承，关注政府购买服务的重要性以及与全面深化改革的关系。会上通过的《中共中央关于深化党和国家机构改革的决定》提出“完善公共服务管理体制，强化事中事后监管，提高行政效率，全面提高政府效能，建设人民满意的服务型政府”。这进一步推动政府购买服务按照有利于转变政府职能、降低服务成本、提升服务质量水平和资金效益的原则，在合理界定购买范围，明确购买目录等方面持续完善，以更好地满足人民群众对公共服务的需求。

党的二十届三中全会通过的《中共中央关于进一步全面深化改革　推进中国式现代化的决定》中提出的深化改革的总体目标和具体举措对政府购买服务提出更高要求，以更好地提高公共服务的整体水平、满足人民群众的需求。其中提到的增强基本公共服务均衡性和可及性、推动国有资本向关系国计民生的公共服务、应急能力、公益性等领域集中、加强公共服务绩效管理等方面均表明要完善基本公共服务制度体系，加强普惠性、基础性、兜底性民生建设，解决好人民最关心、最直接、最现实的利益问题，不断满足人民对美好生活的向往。

综上，党的十八大以来，以习近平同志为核心的党中央推进全面深化改革。政府购买服务作为重要的公共服务提供方式，有助于提高公共服务的效率和质量，推动社会治理的创新和完善，促进社会发展和人民群众幸福。

第一节　我国政府购买服务重要政策文件概述

在中共中央的政策性纲领指引下，2013 年 9 月 26 日国务院办公厅印发《国务院办公厅关于政府向社会力量购买服务的指导意见》(国办发〔2013〕96号)。2013年12月,财政部发布了《关于做好政府购买服务工作有关问题的通知》(财综〔2013〕111号)。之后,财政部、民政部出台了一系列关于政府购买服务的法律法规文件。2014年,财政部首先发布了《关于政府购买服务有关预算管理问题的通知》(财预〔2014〕13号);之后,财政部、民政部发布了《关于支持和规范社会组织承接政府购买服务的通知》(财综〔2014〕87号),财政部、民政部、工商总局印发了《政府购买服务管理办法(暂行)》(财综〔2014〕96号)。

2016年,财政部、交通运输部为积极稳妥、规范有序地推进公路水路交通运输领域政府购买服务工作,更好地发挥市场在资源配置中的决定作用,结合公路水路交通运输领域实际,提出了《财政部　交通运输部关于推进交通运输领域政府购买服务的指导意见》(财建〔2016〕34号)。该文件要求,到2020年,基本建立比较完善的公路水路交通运输领域政府购买服务制度,形成与交通运输部门管理职能相匹配、与交通运输发展水平相适应、高效合理的交通运输服务资源配置体系和供给体系,服务质量和水平显著提高。

2018年,为落实政府购买服务改革有关工作部署,进一步健全政府购买服务制度,加强和规范政府购买服务管理,积极有序推进政府购买服务改革,财政部起草了《政府购买服务管理办法(征求意见稿)》,向社会公开征求意见。同年,为贯彻落实党中央、国务院决策部署,提高政府购买服务质量,规范政府购买服务行为,财政部提出了《关于推进政府购买服务第三方绩效评价工作的指导意见》(财综〔2018〕42号)。

2020年,为规范政府购买服务行为,促进转变政府职能,改善公共服务供给,中华人民共和国财政部令第102号《政府购买服务管理办法》(中华人民共和国财政部令第102号)正式审议通过,标志着我国政府购买服务正式进入有法可依的阶段。

为了响应中央号召,地方政府也纷纷出台政府购买服务管理办法。一时之间,从中央到地方,掀起了一股购买服务高潮。采用政府购买服务成为各地推动政府转变职能、事业单位改革、创新政府与社会协调治理结构的重要方式。截至2021年底,我国所有省级行政区人民政府均制定了本地区政府购买公共服务的实施办法或意见,其中大部分省的省会城市都相应地制定了本市的政府购买公共服务相关文件,从整体上规范政府购买公共服务的相关工作。一些地方政府在既有的整体执行制度框架下,陆续出台了针对特定领域的专业化规定。其中,如北京、广州、上海及深圳等地政府针对政府购买公共服务过程中的项目确立、预算管理、绩效评估等环节出台了更加细化的具体规定,进一步强化了过程监督。

目前,我国各级政府制定的政府购买服务的相关法规和相关制度已日渐完善,在经历了经济体制转轨过程中公共服务市场化的积极摸索实践后,随着政府职能转变和全面深化改革的深入,政府购买服务也逐渐呈现出购买主体不断扩大、购买内容逐步扩展、购买方式不断丰富的特点。整体来看,政府购买服务在中央层面大体经历了萌芽探索、政策发展和制度健全三个阶段。

一、中央层面相关政策发展历程

1. 萌芽探索阶段(1994—2006 年)

1994 年 3 月,中华人民共和国第八届全国人民代表大会第二次会议通过了《中华人民共和国预算法》。预算法的颁布为转变政府职能、规范财政收入和政府支出行为提供了法律保障,同时为公共服务领域进一步社会化和市场化奠定了法治基础。

2001 年,国务院印发《中国农村扶贫开发纲要(2001—2010 年)》,这是首次在国务院文件中提出政府购买服务的思路,以鼓励和支持企业、社会组织及个人通过多种方式参与扶贫项目的实施。

2002 年 6 月 29 日,第九届全国人民大会常务委员会第二十八次会议通过的《中华人民共和国政府采购法》,明确提出"规范政府采购行为,提高政府采购资金的使用效益,维护国家利益和社会公共利益,保护政府采购当事人的合法权益,促进廉政建设"。

自 2003 年开始,上海、北京、无锡及浙江一些城市的地方政府逐渐向民间社会组织购买公共服务,内容涉及养老服务、公共卫生、社区矫正、文化规划等诸多领域,公私合作治理的理念从理论层面开始转移到实践环节。标志性事件发生在 2005 年,政府机构向社会组织购买了国家级的服务项目"非政府组织与政府合作实施村级扶贫规划试点项目",项目由亚洲开发银行(Asian Development Bank,ADB)指导,中国扶贫基金会、江西省扶贫办联合举办,通过运用竞争性购买机制的招标方式向社会组织招标,这是我国首个通过规范程序进行公开招投标的公共服务购买项目,这一标志性事件也正式拉开了政府规范化购买社会服务的序幕。2006 年财政部、国家发改委、卫生部联合下发《关于城市社区卫生服务补助政策的意见》提出,通过实行绩效考评、购买服务等办法,着力提高资金使用和服务效率。

综上,从 1994 年至 2006 年的十余年间,政府购买公共服务处于萌芽探索时期,除了不同部委发布的零星政策文件,更多的是以地方政府(如上海、广州、深圳等)为代表的实践探索,这为政府购买服务理念上升为更高层级的政府文件起到了重要的推动作用。

2. 政策发展阶段(2007—2013 年)

2007 年,国务院办公厅出台《关于加快推进行业协会商会改革和发展的若干意见》,明确提出"建立政府购买行业协会服务的制度",这是政府向社会组织购买服务首次出现在国务院文件中,标志着政府购买公共服务在政策方面取得里程碑式的突破。2008 年,中共中央十七届二中全会通过《关于深化行政管理体制改革的意见》提出"深化行政管理体制改革要以政府职能转变为核心",这意味着中央开始从宏观层面,将政府购买服务作为政府职能转变的重要举措。

2012 年 11 月,民政部、财政部联合发布了《关于政府购买社会工作服务的指导意见》,明确指出"政府购买社会工作服务是政府利用财政资金,采取市场化、契约化方式,面向具有专业资质的社会组织和企事业单位购买社会工作服务的一项重要制度安排”，强调政府购买社会工作要坚持政府主导，充分尊重市场主体地位、择优选择服务提供机构。

2013 年 5 月，国务院批转发展改革委关于 2013 年深化经济体制改革重点工作意见的通知，明确要求加快出台政府向社会组织购买服务的指导意见。2013 年 7 月 31 日，国务院第 19 次常务会议研究推进政府向社会力量购买公共服务，部署加强城市基础设施建设。同年 9 月 26 日，国务院办公厅正式发布了《国务院办公厅关于政府向社会力量购买服务的指导意见》，指出，“推行政府向社会力量购买服务是创新公共服务提供方式、加快服务业发展、引导有效需求的重要途径”“到 2020 年，在全国基本建立比较完善的政府向社会力量购买服务制度”。

2013 年国务院出台的《关于政府向社会力量购买服务的指导意见》以及党的十八届三中全会发布的《中共中央关于全面深化改革若干重大问题的决定》，表明政府向社会力量购买服务的改革在全国逐渐达成共识，中央和地方政府连续出台了一系列条例、法规和实施办法，政府购买服务全面深化进入实质性推进阶段。

在我国全面开启新一轮的改革大环境下，政府购买服务也逐渐向制度化迈进。审议通过的《中共中央关于全面深化改革若干重大问题的决定》，按照推进国家治理体系和治理能力现代化的总目标要求，逐步三次把政府向社会力量购买服务作为转变政府职能、创新政府治理方式和推进社会事业深化改革的重要内容，要推广政府购买服务，凡属事务性管理服务，原则上都要引入竞争机制，通过合同、委托等方式向社会购买。此外，在加快事业单位分类改革进程中，要加大政府购买公共服务力度，健全政府购买服务制度。

3. 制度健全阶段(2014 年至今)

2014 年 1 月，财政部召开全国政府购买公共服务工作会议，部署全国推进政府购买服务改革相关工作，全国性的政府购买服务进程开始提速。2014 年 11 月，财政部、民政部印发《关于支持和规范社会组织承接政府购买服务的通知》。同年，民政部公布《2014 年中央财政支持社会组织参与社会服务项目手册》明确提供 2 亿元，用于支持全国的社会组织参与社会服务，这些都标志着社会组织参与社会服务在全国快速推广。随后，各级地方政府陆续出台相关综合性规范文件以及政府购买服务相关目录。地方政府购买服务的体系和制度框架初步构建，政府购买服务从“纸面”到“地面”进一步落地。

2014 年 12 月，财政部、民政部、工商总局联合出台的《政府购买服务管理办法(暂行)》(财综〔2014〕96 号)，这是我国关于政府购买服务的第一个部门规章，对政府购买服务的主体、对象、内容、程序、预算管理、绩效和监督管理作出了制度规范，为全面推行政府购买服务提供了法律支持。之后国家相关部委相继出台了各自的细化规定。

2015 年 12 月，《中共中央关于制定国民经济和社会发展第十三个五年规划的建议》要求推广政府和社会资本合作模式，激发市场活力和社会创造力，鼓励民营企业依法进入更多领域。2016 年 6 月，国务院办公厅发布《国务院办公厅关于成立政府购买服务改革工作领导小组的通知》(国办发〔2016〕48 号)指出，为加快推进政府购买服务改革，加强有关工作的组织领导和政策协调，国务院决定成立政府购买工作领导小组，负责统筹协调政府购买服务改革，组织拟定政府购买服务改革重要政策措施，指导各地区、各部门制订改革方案，明确改革目标任务，推进改革工作，研究解决跨部门、跨领域的改革重点难点工作，督促检查重要改革事项落实情况。

2016年，《财政部、民政部关于通过政府购买服务支持社会组织培育发展的指导意见》，提出要“充分发挥社会组织的专业和成本优势，提高社会组织提供公共服务的质量和效率”。2017年，财政部下发《关于进一步规范地方政府举债融资行为的通知》（财预〔2017〕50号）和《财政部关于坚决制止地方以政府购买服务名义违法违规融资的通知》（财预〔2017〕87号），要求严禁地方政府利用PPP（政府和社会资本合作，Public-Private-Partnership）进行违法违规变相举债，着力规范地方政府购买服务管理。中共中央十八届五中全会再次强调，创新公共服务提供方式，能由政府购买服务提供的，政府不再直接承办。

2018年2月，十九届三中全会进一步提出，“推动教育、文化、法律、卫生、体育、健康、养老等公共服务主体多元化、提供方式多样化。推进非基本公共服务市场化改革、引入竞争机制，扩大政府购买服务”。

2019年11月19日，财政部第一次部务会议审议通过了《政府购买服务管理办法》（财政部令第102号）。自《政府购买服务管理办法（暂行）》施行以来，虽对推进政府购买服务改革、规范政府购买服务行为发挥了重要作用，但随着改革不断深入，政府购买服务工作中也出现了个别有地方和部门购买内容泛化、对购买主体和承接主体把握出现偏差、绩效管理薄弱等一些新情况、新问题。为进一步规范和加强政府购买服务管理、硬化制度约束，终以部门规章的形式正式出台《政府购买服务管理办法》。《政府购买服务管理办法》共7章35条，除总则和附则外，分别对购买主体和承接主体、购买内容和目录、购买活动的实施、合同及履行、监督管理和法律责任等作了规定。

2022年3月，财政部发布《关于做好2022年政府购买服务改革重点工作的通知》（财综〔2022〕51号）。通知强调政府购买服务改革是党中央、国务院部署的一项重要改革工作。2021年，各地区、各部门积极推进政府购买服务改革取得明显成效，在改善人民群众生活、促进经济社会发展、助力新冠病毒感染疫情防控等方面发挥了重要作用。但在改革推进过程中，还存在政府购买服务合同管理不够规范、绩效管理需要进一步加强、购买边界把握不够准确、事业单位政府购买服务改革进展不够平衡等问题，需要进一步加大政府购买服务改革力度、规范政府购买服务管理。通知结合党中央、国务院在经济社会发展中的目标任务，提出了包括在推进城乡社区公共服务、公共卫生服务、基本养老服务、就业公共服务、教育公共服务等领域深入推进政府购买服务改革。同时，还强调要加强了对政府购买服务项目的审核、绩效管理和风险防范等方面的要求。

2023年4月，财政部发布《关于做好2023年政府购买服务改革重点工作的通知》（财综〔2023〕12号）。通知披露，2022年各地区、各部门持续深化政府购买服务改革，全国政府购买服务支出规模近5000亿元，在中央部门所属事业单位开展了改革，各地在助力疫情防控、保障和改善民生等领域也取得显著成效。2023 年要在增强就业服务扶持、提高教育医疗卫生服务能力、优化社区社会保障服务、创新生态环境治理机制、助力乡村振兴、深化事业单位政府购买服务改革、探索创新经济高质量发展支持方式等七个领域深入推进政府购买服务改革。此外，还从强化项目审核、加强绩效管理、切实防范风险、严禁变相用工、完善信息报送等方面对政府购买服务实施严格规范，并要求围绕推动有效市场和有为政府更好结合，加强政府购买服务改革统筹协调和跟踪督促，及时总结推广典型经验做法，推动改革工作走向深入。

2024 年 7 月 4 日，国务院办公厅印发《政府采购领域“整顿市场秩序、建设法规体系、促进产业发展”三年行动方案(2024—2026 年)》，该行动方案以“整、建、促”为工作主线，明确了整顿市场秩序、优化营商环境，建设法规体系、服务统一市场，以及促进产业发展、落实国家战略等三方面的重点任务。其中，涉及政府购买服务的内容包括推动政府采购法修改、构建符合国际规则的政府采购支持创新政策体系等。

从政府购买公共服务政策的演进历程可以看出，2014 年之后，中央层面通过不断出台各种有关政府购买公共服务的政策，持续推进政府购买公共服务不断朝着制度化和规范化的方向发展。在此过程中，政府购买公共服务的主体得以明晰，绩效评估、风险防范、信息公开等机制也逐渐建立。特别是自 2019 年以来，国家层面关于政府购买服务的政策文件不断完善和深化，从制定核心管理办法到发布具体改革通知和实施方案，再到出台整顿市场秩序和促进产业发展的行动方案，形成了一套较为完整的政策体系。这些政策文件的出台和实施，对于规范政府购买服务行为、提高公共服务供给质量和效率、推动政府职能转变和经济社会高质量发展具有重要意义。

在中央层面政府购买公共服务政策完善的背景下，各级地方政府对不同地域范围、政府购买公共服务的发展差异进行了探索，并建立了相对完善的政策体系，购买服务领域涉及教育、公共卫生和艾滋病防治、扶贫、养老、残疾人服务、社区发展、社区矫正、文化和城市规划等。

我国政府购买服务的政策推进路径是自下而上、循序渐进的地方试点探索，而后上升到行政法规制度层面，最后在全国范围内推广应用。不同地方政府购买服务发展处于不同层次，并呈现出鲜明的梯度特征。

在相对成熟完善的地区(如江苏、上海和广东)，通过政府购买服务，基本已经建立起涵盖从出生到老龄的全方位服务体系，实现了通过政府购买公共服务推动社会共治共享，形成了较为全面的公共服务体系。但在经济发展相对落后的地区，目前政府购买服务主要集中于少数特色项目(比如养老、医疗、社区建设等基本领域)的购买，专业化程度不高，以短期项目购买为主。

二、交通运输部相关政策发展历程

2016 年，为深入贯彻落实党的十八大和十八届三中、四中、五中全会精神，按照国务院推进政府购买服务部署要求，围绕“综合交通、智慧交通、绿色交通、平安交通”建设，加快转变政府职能，推进政事分开和政社分开，进一步放开服务市场准入，引入市场竞争机制，创新服务提供机制和方式，提高财政资金的使用效益，提升公共服务的效率和水平，推动公路水路交通运输服务体系建设，完善交通运输现代市场体系，努力为人民群众提供安全便捷、畅通高效、绿色智能的交通运输服务，交通运输部根据《国务院办公厅关于政府向社会力量购买服务的指导意见》(国办发〔2013〕96 号)、《政府购买服务管理办法(暂行)》(财综〔2014〕96 号)等规定，结合公路水路交通运输领域实际，提出了《财政部　交通运输部关于推进交通运输领域政府购买服务的指导意见》(财建〔2016〕34 号)。

这是交通运输部第一部关于政府购买服务内容的政策文件，意义重大。交通运输是政府提供公共服务的重要领域之一，具有服务内容广泛、服务事项繁多、服务投入大等显著特点。通过引入市场机制，将公路水路交通运输领域部分政府公共服务事项从"直接提供"转为"购买服务"，按照一定的方式和程序交由社会力量承担，有利于促进转变政府职能，加快推进交通运输治理体系和治理能力现代化；有利于激发市场活力，实现公共资源配置效率最大化，提高财政资金的使用效率；有利于调动社会力量参与交通运输领域治理、提供交通运输服务的积极性，构建多层次、多方式公路水路交通运输服务市场供给体系。

指导意见中提到的工作目标是，到 2020 年基本建立比较完善的公路水路交通运输领域政府购买服务制度，形成与交通运输部门管理职能相匹配、与交通运输发展水平相适应、高效合理的交通运输服务资源配置体系和供给体系，服务质量和水平显著提高。此外，意见中对于公路水路交通运输领域政府购买服务工作应遵循的基本原则、主要工作以及组织管理均提出了规定要求。结合交通运输服务事项，指导意见中对于购买主体、承接主体、购买内容、购买程序、资金管理和绩效管理均作出了明确说明。

该指导意见的出台，标志着交通运输部在切实落实国务院、财政部关于政府购买服务各项规定，把政府购买服务工作列入重要议事日程上的实质性进展，对于统一改革思想、明确阶段任务、制定针对措施、落实各方职责、充分调动社会参与的积极性具有重要意义。

在 2019 年底，根据《政府购买服务管理办法(暂行)》《交通运输部政府购买服务指导性目录》等规定，结合交通运输部机关实际，为规范交通运输部机关政府购买行为，提高财政资金使用效益，制定了《交通运输部机关政府购买服务操作规程(暂行)》。该规程对交通运输部机关关于政府购买服务操作规程中涉及的承接主体、购买内容、预算管理、购买申请、购买方式、合同管理、履约管理、资金支付、绩效管理和监督管理作出了进一步说明，对于交通运输部内各司局采用政府购买服务的具体操作起到了指导规范作用。

2020 年 1 月，交通运输部在认真贯彻落实党中央、国务院关于推进政府购买服务的决策部署上，按照《财政部　中央编办关于做好事业单位政府购买服务改革工作的意见》(财综〔2016〕53 号)和《财政部关于切实做好中央部门公益二类事业单位政府购买服务改革工作的通知》(财综〔2019〕20 号)要求，积极推动将部属公益二类事业单位承担并且适宜由社会力量提供的服务事项，由财政拨款改为政府购买服务(以下简称"拨改买")，向财政部报送了《交通运输部“拨改买”工作方案》《交通运输部2020年“拨改买”服务项目清单》。这意味着政府购买服务在交通运输领域进一步补充健全。之后，交通运输部在城市客运人员安全考核、防疫检测、农村客运服务体系等多个领域积极推行实施政府购买服务方式，将相关项目纳入政府购买服务指导目录，大力推动政府购买服务相关制度的建立。

2022年和2023年，财政部连续两年发布了关于做好政府购买服务改革重点工作的通知，强调政府购买服务是党中央、国务院部署的一项重要改革工作。为更好地贯彻落实相关决策部署，通过强化政府购买服务政策执行，充分发挥政府购买服务对于改善公共服务、创新社会治理和提升政府支出绩效的积极作用，在规范调整政府购买服务指导性目录、加强合同管理、完善预算管理、严格控制政府购买服务事项等方面作出进一步指导。2023年12月，交通运输部更新政府购买服务指导性目录，本次更新是在2018年公布的指导性目录的基础上，由原有三级目录扩展为四级目录，其中一级、二级、三级目录内容与《财政部关于印发〈中央本级政府购买服务指导性目录〉的通知》（财综〔2020〕57号）保持一致，第四级目录由交通运输部根据实际情况，结合历届全国人大、政协提案意见及答复，经统筹考虑后研究确定，在第四级目录中涵盖了交通运输安全反恐防范应急中的专业技术支持、交通运输事故调查及分析、交通运输行业重点科研平台运行管理等条目。本次调整是对政府购买服务改革的又一实质性举措，有效增加了服务数量，有序扩大改革范围，对提升服务质效、提升管理水平具有重要保障作用。

在以上过程中，地方各级交通运输主管部门参照中央和行业主管部门政策文件，结合地方实际情况，也陆续出台了各自的实施意见和指导性目录。交通运输领域关于政府购买服务的政策文件和操作规程不断丰富完善。

三、政府购买服务政策发展总结

从中央和行业层面政府购买服务的政策梳理可以看出我国政府购买服务政策的特征主要表现为以下三个方面。

一是初步形成了政府购买服务的多级框架。由中央向地方、由行业部委向各级主管部门逐渐推进，并不断向专业领域细化。

二是缺乏统一的制度体系。由于购买服务经历了试点探索到全国推广的发展过程，因此其制度体系也带有“试验性”特征。

三是不同地区政府购买服务政策推进力度有所差异。政府购买服务推进与否，推进程度的高低与当代经济发展水平、社会组织的发育程度等因素息息相关。

第二节　交通运输行业科技管理现状与趋势

伴随着中国特色社会主义进入新时代的重大论断，党和国家事业发生了历史性变革。站在新的历史方位、新的时代坐标，社会发展需求也与时俱进发生着巨大变化。以习近平新时代中国特色社会主义思想为指导，党的二十大报告中明确提出，要完善科技创新体系，加快实施创新驱动发展战略，把科技创新摆在国家战略高度。深化改革、创新引领已是最鲜明的发展特征和时代标签。

在交通运输行业，加快建设交通强国是以习近平同志为核心的党中央立足国情、着眼全局、面向未来作出的重大战略决策，是建设现代化经济体系的先行领域，是全面建成社会主义现代化强国的重要支撑，是新时代做好交通工作的总抓手。为保障交通强国建设顺利实施，进一步改革完善科技创新机制，打造富有活力、智慧引领的科技创新行业新局面，成为交通行业科技发展的新目标。在国家和行业双重背景下，政府不断精简职能、行业持续开展科技创新，采用政府购买服务模式，引入市场购买机制，借助更多社会力量已成为交通运输行业科技管理的崭新创新模式。

一、科技管理现状

交通运输科技管理是一个综合性的管理领域，它涵盖了交通运输领域中的科学研究、技术开发、项目管理、成果应用及推广等多个方面，通常是指对交通运输领域内的科技项目进行规划、组织、实施、监督和评估的全过程管理。

交通运输科技管理经历了多个阶段。在20世纪中期之前，交通运输行业处于初步发展阶段，基础设施建设是行业主管部门的主要任务。该阶段科技管理手段相对简单，主要依赖于人工管理和基本的技术工具，尚未形成系统的科技管理体系，技术创新和应用相对有限。后来至21世纪初，随着经济的快速发展和技术的不断进步，交通运输行业进入快速发展阶段。科技创新成为推动行业发展的重要动力，智能交通系统、自动驾驶技术等前沿科技开始得到研究和应用，信息化和智能化成为科技管理的重要手段，交通信息平台、大数据、人工智能等技术得到广泛应用。这一阶段科技管理体系逐步完善，产学研合作和国际交流合作加强。进入21世纪后，特别是2010年之后交通运输科技管理进入深化与转型的新阶段。行业科技管理更加注重科技管理体系的优化和科技创新能力的提升，科技人才培养和引进持续加强，科技成果转化和应用更加广泛，绿色化、低碳化发展理念不断深入。该阶段，智能化、自动化、网联化成为交通运输科技管理的重要趋势，如自动驾驶技术、车联网技术等得到快速发展和应用。

交通运输科技管理的目的在于推动交通运输行业的科技进步和创新发展，提高交通运输系统的效率、安全性和可持续性。通过科技管理，促进了新技术、新工艺、新材料在交通运输领域的应用和推广，提升了交通运输行业的整体技术水平和管理水平。同时，科技管理还有助于培养交通运输领域的科技人才和创新团队，为行业的可持续发展提供有力支撑。随着科技的不断进步和交通运输行业的快速发展，交通运输科技管理将更加注重创新驱动和绿色发展，推动智能交通、绿色交通等新技术在交通运输领域的应用和推广。此外，科技管理还将加强与国际先进水平的交流和合作，引进和消化国际先进技术和管理经验，提升我国交通运输行业的国际竞争力。交通运输科技管理是交通运输领域中的一个重要管理领域，它对于推动交通运输行业的科技进步和创新发展具有重要意义。

虽然近年来交通运输科技发展取得了令人瞩目的成就,但也存在一些薄弱环节和深层次问题。比如基础性、前瞻性研究深度不够,前沿性技术储备不足;科技创新全链条设计不足,基础研究、技术研发、成果转化之间的通道不畅通、成果的工程化和产业化程度不高;科技创新能力有待提升,项目、基地、人才的结合不够紧密,领跑科技创新的重点科研平台、科技领军人才和卓越创新团队创新能力相对缺少;新技术、新材料、新装备的研究开发与推广应用不足,部分关键领域关键技术创新缺乏原创性、引领性成果,对标国际先进水平还存在一定差距。

所以,探究政府购买服务模式是必然选择,符合交通运输行业科技服务改革与国家发展进程的要求。设计和构建政府购买科技服务模式,切实提高交通运输行业采用政府购买服务模式的科技项目管理能力,更好地为服务对象提供高质量的科技管理服务,有效保障购买科技服务新模式的实施效果,对于提升交通运输行业科技项目管理能力具有深远意义。

科学技术服务行业的社会市场化是大势所趋。目前,采用政府购买服务模式的实践还处在积极拓展阶段,特别是针对交通运输行业的相关研究仍需完善。关于政府购买服务方式在交通运输行业科技项目管理中的问题研究还有待以整体视角予以梳理解决和全盘考虑。

二、新时期交通运输科技管理采用政府购买服务的必要性

1.采用政府购买服务模式是我国加速政府职能转变、推进行政体制改革、坚持创新驱动发展的必然趋势

自20世纪70年代以来,在新技术革命和经济全球化的影响下,面对不断增加的社会需求、持续扩张的政府财政赤字,政府机构庞大臃肿、办事效率低下等问题逐渐暴露。在以英国、美国为代表的西方发达国家,一场以降低政府成本、提高公共服务质量和效率、打破公共服务供给垄断地位为目的的政府改革浪潮在悄然兴起。在“新公共管理”理念和运动的推动下,为了实现建设“小政府、大社会”的格局目标,政府在公共服务领域所扮演的角色和地位发生了转变。政府不再作为公共服务的唯一供给主体,而是让市场与社会组织更多地参与进来,将良性竞争机制逐步引入公共服务领域。政府改变了以往的垄断地位,逐渐与企业或社会组织形成平等的合作关系。在这一方式的推动下,创新的政府工作模式、高效的公共服务效率为提升政府行政服务能力提供了新思路和新突破。自此,西方国家开始逐步扩大政府购买公共服务的范围与力度,政府购买公共服务机制逐渐完善。

我国政府购买服务的发展起步明显晚于西方国家。随着国内经济的高速发展,由于政府资源有限,面对日益增长的公共服务需求,在数量和质量等方面政府均难以提供足够的有效供给。为改善发展不平衡不充分、服务效率低下等问题,保障公共服务平等均衡,我国政府开始与社会组织合作,以购买的方式将政府公共服务交由社会组织提供,政府再根据其服务的效果支付相应费用。在此背景下,1995年上海浦东新区首次进行了实践尝试,以政府购买社会组

织服务的方式兴建了罗山市民中心。

在2012年十三次全国民政会议上，提出为降低公共服务成本、提高公共服务质量，政府可以把事务性的工作交给社会力量去承担，这为我国政府向社会力量购买服务提供了政策支持。2013年，国务院办公厅下发《关于政府向社会力量购买服务的指导意见》对政府购买服务做了官方规范性的指导，这是我国首部关于政府购买社会组织服务的全国性法律文件，为我国各地政府开展服务购买提供了方向性指导和法律依据，标志着我国政府购买公共服务开始进入全国推广阶段。2016年6月，国务院办公厅进一步发布《国务院办公厅关于成立政府购买服务改革工作领导小组的通知》(国办发〔2016〕48号)，明确了领导小组的主要职责，标志着政府购买公共服务迈入全面落实的时代。

为指导政府购买服务行为有序发展，此后政府每年都会出台相关政策文件与规定对政府购买服务的边界界限、购买内容、法规责任等各方面逐渐完善。各地方政府也纷纷根据国家政策结合自身实际出台地方条例与办法，逐步健全政府购买服务行为。在国家、地方及各行业实践中，推广采用政府购买服务的模式取得了显著的成绩，积累了丰富的经验，这对我国政府职能转型、不断深化改革、坚持创新驱动发展、全面塑造发展新优势有着重大意义。

2. 采用政府购买服务模式是完善行业科技创新机制、增加前沿科技供给、加快交通强国建设的重要举措

在我国政府服务范围内，最先引入政府购买服务机制的是社会服务领域，上海、深圳等地积极推动政府购买社工服务、居家养老服务等领域的实践，取得了较大的成效，积累了经验，但是对政府购买科技服务的实践还处在探索阶段，相关研究更是没有先例。科技服务是一种极具代表性的智力密集型服务，具有污染少、潜力大、效益好、外部性高等优势。同时，科技服务业作为战略性新兴产业，是现代服务业的重要分支，有助于转变发展方式，推动产业结构优化，是稳增长、调结构、促转型的重要手段。当前，政府科技部门在科技服务供给中面临新的挑战：一是服务对象的需求日益增长，政府内部高技术人才匮乏，政府高成本、低效率提供科技服务的问题日益凸显；二是科技服务机构自身不断发展，具备承接政府职能转移的条件。政府已充分认识到购买科技服务的重要性和紧迫性，由社会主体承接科技服务外包的时机已成熟。

伴随着中国特色社会主义进入新时代的重大论断，党和国家事业发生历史性变革。站在新的历史方位、新的时代坐标，社会发展需求也与时俱进发生着巨大变化。以习近平新时代中国特色社会主义思想为指导，党的十九大报告中明确提出，要加快建设创新型国家，引领科技创新新潮流，历史性把科技创新摆在国家战略高度。

特别是在交通运输行业，奋斗加快建设交通强国是以习近平同志为核心的党中央立足国情、着眼全局、面向未来作出的重大战略决策，是建设现代化经济体系的先行领域，是全面建成社会主义现代化强国的重要支撑，是新时代做好交通工作的总抓手。为保障交通强国建设顺利实施，进一步改革完善科技创新机制，打造富有活力、智慧引领的科技创新行业新局面，成为

交通行业科技创新的新目标。在国家和行业双重背景下，政府不断精简职能、行业持续开展科技创新，采用政府购买服务模式，引入市场购买机制，借助更多社会力量已成为交通运输行业科技项目管理的重要举措。

3. 采用政府购买服务模式是优化行业科技项目管理、提高财政资金使用效益、激发科研活力的关键抓手

科技项目管理是集成创新技术及推广应用新技术的重要环节，对于推进科技与经济结合、实现产业升级和结构调整具有不可替代的作用。科技项目管理通常指通过协调与科技项目相关的各种关系，有效地利用人、财、物等科技资源，以促进项目研究目标实现的动态活动，通常要经历项目可行性论证、规划计划、大纲评审、实施与控制、验收归档和推广应用等阶段。在现阶段交通运输行业，传统科技项目管理模式相对封闭僵化，政府在科技项目管理职能中的“缺位”“越位”等做法阻碍并制约了科技服务的有效供给。采用政府购买服务模式，利用市场竞争机制配置科技服务资源，打破了行业垄断，真正从社会需求角度出发，增加了科技服务的广度和深度，提高了公共科技资源的配置效率，对于行业科技项目管理模式改革具有重要的现实意义。

交通运输行业科技项目的经费管理是科技项目管理的核心环节，也是行业科技领域“放管服”改革的重点。采用政府购买服务模式，破除行政垄断的服务供给方式，政府不直接作为科技服务的生产者和供给者，而是交由更加广泛、更有专业经验和科技服务能力的社会组织承担，科技需求能够实现更加精确的匹配。通过公开的方式鼓励有实力的企业积极竞争，鼓励社会参与，极大地提升科技项目财政资金的使用效益。

科学技术服务行业的市场化是大势所趋。西方国家通过该模式改革培养了大批的社会服务机构，很好地促进了社会服务业发展。目前放眼行业科技整体，普遍存在市场低迷、缺乏活力的特征，主要体现出规模小、机构不强、业务不平衡、发展环境不完备等现象。将政府购买服务模式引入行业科技项目管理，就是要大力发展科技服务业，释放科研机构和科研人员活力，为科技创新提供动力。

所以，鉴于目前交通运输行业科技项目管理现状、发展趋势及存在问题，采用政府购买服务模式进行科研项目管理是必然选择，符合行业科技服务改革与国家发展进程的要求。设计和构建政府购买科技服务模式，切实提高交通运输行业采用政府购买服务模式的科技项目管理能力，更好地为服务对象提供高质量的科技管理服务，有效保障购买科技服务新模式的实施效果，对于提升行业科技项目管理能力具有深远意义和重要参考价值。

第三节 政府购买服务相关概念界定

本节首先阐释政府购买服务及与其相关的概念，树立政府购买服务研究可能涉及的理论等，分析这些理论与交通运输行业的契合点，进而明确政府购买服务的现状轮廓以及在所存在

的问题。

一、内涵定义

根据《政府购买服务管理办法》(财政部第102号令)的规定,政府购买服务是指各级国家机关将属于自身职责范围且适合通过市场化方式提供的服务事项,按照政府采购方式和程序,交由符合条件的服务供应商承担,并根据服务数量和质量等因素向其支付费用的行为。

而在《财政部　交通运输部关于推进交通运输领域政府购买服务的指导意见》(财建〔2016〕34号)中,并未针对政府购买服务的概念进行明确阐述。财政部、交通运输部的《指导意见》(财建〔2016〕34号)是根据《国务院办公厅关于政府向社会力量购买服务的指导意见》(国办发〔2013〕96号)、《政府购买服务管理办法(暂行)》(财综〔2014〕96号)等规定,结合公路水路交通运输领域实际提出的实施意见,但其中亦未针对政府购买服务的概念进行明确阐述。

而根据《指导意见》(国办发〔2013〕96号)和《管理办法(暂行)》(财综〔2014〕96号)中对政府购买服务的定义,政府购买服务就是通过发挥市场机制作用,把政府直接向社会公众提供的一部分公共服务事项,按照一定的方式和程序,交由具备条件的社会力量承担,并由政府根据服务数量和质量向其支付费用。

在《交通运输部机关政府购买服务操作规程(暂行)》(交办办〔2019〕106号)中,对政府购买服务的定义,是指把属于部机关职责范围且适合通过市场化方式提供的服务事项,按照一定的方式和程序,交由符合条件的社会力量和事业单位承担,并由购买单位根据合同约定向其支付费用。

对比《管理办法》(财政部第102号令)(2020年3月1日起实施)和《操作规程(暂行)》(交办办〔2019〕106号)(2020年1月2日)中关于政府购买服务的概念,可以发现有三方面不同:

(1)采用方式和程序

《操作规程(暂行)》(交办办〔2019〕106号)(2020年1月2日)中规定"按照一定的方式和程序",但在《管理办法》(财政部第102号令)中则明确表明"按照政府采购方式和程序"。

(2)承接主体

承接主体在《操作规程(暂行)》(交办办〔2019〕106号)(2020年1月2日)中为"符合条件的社会力量和事业单位承担",具体为包括登记管理部门登记或经国务院批准免予登记的社会组织、按事业单位分类改革应划入公益二类或转为企业的事业单位,依法在市场监督管理部门或行业主管部门登记成立的企业、机构等社会力量。行政类事业单位、公益一类事业单位以及纳入事业编制管理且经费完全或主要由财政负担的群团组织不得作为部机关购买服务的承接主体。尚未确定分类的事业单位,暂时维持现有做法,待明确分类后再按规定确定其是否具备承接资格。

在《管理办法》(财政部第102号令)中,可承接主体是指依法成立的企业、社会组织(不含由财政拨款保障的群团组织),公益二类和从事生产经营活动的事业单位,农村集体经济组织,基层群众性自治组织,以及具备条件的个人。公益一类事业单位、使用事业编制且由财政拨款保障的群团组织,不作为政府购买服务的购买主体和承接主体。

对比两者,《管理办法》(财政部第102号令)对于承担主体的定义既明确规定范围,又扩大选择范畴,采用服务供应商的说法,进一步体现出鼓励更多社会力量参与、利用更多社会力量资源、加大购买服务力度的开放态度和重大部署。

(3)履约管理

按照《操作规程(暂行)》(交办办〔2019〕106号)(2020年1月2日)中规定,"购买单位根据合同约定向其支付费用"。而在《管理办法》(财政部第102号令)中则表明,要根据服务数量和质量等因素向其支付费用的行为。虽然两者规定的合同中均明确了购买服务的内容、期限、数量、质量、价格、资金支付方式、各方权利义务事项和违约责任等内容作出了规定,但《管理办法》(财政部第102号令)直接明确标明服务的数量和质量,更加突显政府购买服务从实际出发、执政为民、以人民为中心,建设人民满意政府的实干务实精神,也更有利于指导和监督各地区、各部门政府在推进购买服务工作中进一步走深走实。

二、本质属性

通过概念界定,明确了在政府购买服务的整个过程中最重要的三大问题,即"如何购买""向谁购买"和"购买什么"的问题,从中可以看出:

改革开放以来,我国公共服务体系和制度建设不断推进,初步形成了政府主导、社会参与、公办民办并举的公共服务供给模式。同时,与人民群众日益增长的公共服务需求相比,仍需要政府进一步强化公共服务职能,创新公共服务供给模式,有效动员社会力量,构建多层次、多方式、多元化的公共服务供给体系,提供更加方便、快捷、优质、高效的公共服务。

近年来,一些地方立足实际,积极探索政府向社会力量购买服务,取得了良好效果,积累了宝贵经验。在总体探索的基础上,迫切需要出台全国性的纲领性政策,指导和推动各地开展政府向社会力量购买服务工作。

国务院对进一步转变政府职能、改善公共服务作出重大部署,明确要求在公共服务领域更多利用社会力量,加大购买服务的力度。创新公共服务供给方式,开展政府向社会力量购买服务,进一步提供更多更好的服务,是惠及人民群众、深化社会领域改的重大措施,是加快服务业发展、扩大服务业开放、引导有效需求的关键之举,是推动政府职能转变、推进政事、政社分开的必然要求。出台《管理办法》(财政部第102号令),对于深化社会领域改革、推动政府职能转变、整理利用社会资源、激发经济社会活力、增加公共服务供给、提高公共服务水平和效率具有重要意义。

《管理办法》(财政部第102号令)的基本定位是做好顶层设计,相关政策设计注重原则性、方向性、统筹性和指导性。既鼓励支持开展政府向社会力量购买服务的主动性、积极性，又明确一些基本原则要求，确保规范操作、稳妥推进。政府购买服务应当遵循预算约束、以事定费、公开择优、诚实信用、讲求绩效原则。由财政部负责制定全国性政府购买服务制度，指导和监督各地区、各部门政府购买服务工作。县级以上地方人民政府财政部门负责本行政区域政府购买服务管理。

本书整理分析了我国现行关于政府购买服务的系列政策文件要求，界定明确了政府购买服务模式的概念及理论，梳理了交通运输行业科技项目管理的现状及存在问题，总结了政府部门采用政府购买服务在决策机制、流程管理、购买双方关系及评估监管机制等方面的先进做法和问题经验，并结合交通运输科技项目管理特点，研究了政府购买服务模式下行业科技项目管理涉及的预算及需求管理机制、合同管理机制、履约管理、绩效管理和监督管理等各项运行保障机制措施，提出基于政府购买服务模式的交通运输科技项目管理的建议。

采用政府购买服务模式目前尚处于起步阶段。依托本书成果，可为行业主管部门采用政府购买服务机制提供科学的理论依据，也能从行业发展实际出发，提出合理有效的政府购买服务模式下的运行保障措施和绩效评价建议，充分调动社会组织的积极性，对提高行业科技项目的管理能力、提升购买项目科研质量、充分发挥行业主管部门在科技管理中的引领作用、加强政府部门的决策能力和推广实施具有重要的参考意义和实用价值。

第二章

交通运输科技政策管理

科技政策是科技管理的重要手段，作为资源调配的工具，服务于科技与社会的进步与发展，具有较强的公共性。科技政策与一般性政策一样，都呈现多层次性的特征，同时以多元形式存在。把握科技政策的本质特性、内容构成及其形式，理清科技政策制定的过程，是制定科技政策、实施科技管理、研究科技政策问题的基础。

第一节　交通运输科技政策概述

一、内涵与特征

1. 内涵

科技政策是为实现科技任务而规定的基本行动准则，是确定科技事业发展方向，指导整个科技事业的战略和策略原则。科技政策的概念早在1963年联合国在日内瓦召开的关于低开发区适用的科学技术会议（UNCAST）上被首次提出，并被世界上大多数国家认同和采用。目前科技政策已被广泛地使用并成为国家进行科学技术资源配置的重要手段。

“科技政策”一词的广泛应用，一方面是由于“科学”和“技术”的日益融合，另一方面是由于功利主义科学观的兴起以及科技振兴在国家政策体系中占有极为重要的位置。19世纪以来，各国都在为振兴科学技术而采取种种对策。不过，使科学政策制度化，还是以第二次世界大战的科学动员为契机的，从此各国政府都力图在功利主义科学观的基础上积极把握整个科学技术的发展方向。直至20世纪50年代末，尚没有出现专门承担制订国家科技政策的机关，各部门都只限于考虑本身的科技发展问题。高层政策所关心的领域只限于国防和与国防有密切关系的领域。当时，人们关心经济增长与科学技术的关系以及研究开发费用在国内生产总值中应占多大比例的问题，由此诞生了承担制定科技政策的国家机关。为了提出有效的科技政策法案而进行的研究（总称为科技政策研究）也在这个时期兴起，因此可以把50年代末看作是科技政策的确立期。在资本主义世界中，由一个或极少数机关来确定科技政策的国家有法国等,称之为中央集权系统;在美国、日本等国,确定科技政策的机关是很多的,称之为多元系统;这两种系统各有长短,科技政策在整体上是否有明确的方向性则与此无直接关系。

根据联合国教科文组织(UNESCO)的定义,所谓科技政策指的是一个国家或地区为强化其科技潜力,以达成其综合开发之目标和提高其地位,而建立的组织、制度及执行方向的总和。这一定义既反映了科技政策的功能,又反映了科技政策的构成。结合我国诸多学者对科技政策概念的研讨,补充了科技政策目的、科技政策类型以及科技政策体系等丰富内涵,使科技政策概念更加全面。科技政策是指一个国家或政党在一定历史时期,为实现政治、经济、社会的目标,在科学技术领域内采取的行动,规定的指导方针、行为准则,以及根据这些方针、准则制定的有关科学技术的法律、战略、规划、措施、条例等所组成的集合。通常来看,科学技术政策是政府为了振兴科学技术并使之与实用相结合而实施的政策体系。

结合交通运输行业特点,交通运输科技政策是交通运输行业为实现一定历史时期的科技任务而规定的基本行动准则,是确定行业科技事业发展方向,指导整个行业科技事业的战略和策略原则的总称。根据上述概念,对交通运输科技政策的界定包括:为促进交通运输行业科技发展而制定的战略、规划、政策、法规、体制机制以及措施条例的综合集合。

2. 特征

科技政策的特征可以归纳为以下几个方面:

(1)长期性和战略性。科技政策通常具有长远眼光,旨在引导国家的科技发展方向,并推动国家在科技领域的竞争力和创新能力。这些政策往往着眼于未来的科技趋势和国家发展战略,为科技创新提供长期稳定的支持。

(2)综合性和全局性。科技政策涵盖广泛的领域,包括基础科学研究、工程技术、教育培训、创新支持等多个方面。这些政策需要综合考虑各个方面的因素和需求,以实现科技发展的全面性和协调性。

(3)重视人才培养教育。科技政策将人才培养视为关键要素,通过提供良好的教育条件、配套设施和优厚待遇来吸引和留住高层次的科技人才。吸纳一切有利于科技发展的人才,以增强国家的科技创新能力。

(4)支持创新和研发。科技政策鼓励和支持创新活动和研发投入,通过提供资金支持、研发税收优惠等多种方式,促进科技创新成果的产出和应用。这些政策有助于激发企业和科研机构的创新活力,推动科技进步和产业升级。

(5)注重国际合作交流。当今世界正处于一个充满变革和挑战的时代,经济反复震荡与后疫情时代的影响,让国际合作与竞争交织,构成了复杂的战略图景。但在全球化背景下,科技政策应该更加重视国际合作和交流,通过与其他国家和地区的合作,共同推动科技进步和发展。这种合作不仅有助于引进先进技术和管理经验,还有助于提升国家的国际竞争力和影响力。

(6)社会参与和公众参与。科技政策鼓励社会参与和公众参与,通过吸纳各方意见和建议来制定政策,增加政策的可行性和合理性。这种参与机制有助于提高公众对科技政策的认知度和支持度,推动科技政策的顺利实施。

(7)风险管理和伦理道德考虑。随着科技的快速发展,与之相关的风险管理和伦理道德问题日益凸显。因此,科技政策在制定和实施过程中,需要充分考虑这些问题,以保障科技发展的安全性、可持续性和社会责任。

以上特征共同构成了我国科技政策的基本框架和指导思想,为科技创新提供了有力保障和支撑。

二、制定原则及程序

1. 制定原则

政策的本质是社会阶级意志和利益的集中体现,科技政策也在其中。科技政策制定的主体通常是一个国家和地区的政府。政府通过制定科技政策,来促进政治、经济、社会等各领域发展,以提升国家和区域的整体竞争力。特别是随着科学技术的迅猛发展,科学日益社会化,社会日益科学化,从而使科技政策的研究和制定显得日益重要。国家的科技事业要得到发展,既要处理好科技领域内部的各种关系,有利于科技事业的发展;又要处理好科技与社会、经济的相互关系,促进它们的协调发展。因此,从国家层面,必须制定统一的基本行动准则,发挥政府的宏观调控作用,实施有效的政策管理。

科技政策的研究和制定涉及的内容很广,从国家的科技发展战略、科技管理的基本原则,到具体的行业及地方性科技政策等。对于科技发展的问题及发展方向,看法往往不同。但无论是什么类型的制定主体,要解决好科技发展中的问题,都要参照一定的原则,遵循一定的依据,通常科技政策制定的依据包括以下几个原则:

(1)遵循客观规律。

与科技发展规律、科技劳动特点相适应科学技术有其自身的发展规律,科技劳动作为人类的一项社会活动也有其自身的特点。在制定科技政策时,必须认真研究和遵循科技发展规律,充分分析和尊重科技劳动的特点,使科技政策符合科技发展规律和科技劳动特点,从而真正起到推动科技事业发展的作用。科技政策的制定要遵循科技发展的一般性规律,如经济、社会发展的需要是科学技术发展动力的规律;科学技术加速发展的规律;科学技术不断革命的规律;科学技术相互渗透、高度综合的规律等。同时又要注意当前新的趋势和特点:科学技术发展呈群体突破的态势,进入了一个前所未有的密集创新时代;科研成果转化为现实生产力的周期越来越短;科技与人文、社会发展结合程度日益紧密。

(2)与国家上位政策保持一致。

国家最高政策是一切实际行动的依据和准则。国家各方面的政策如经济政策、文化政策、外交政策、教育政策等,都必须与国家最高政策保持一致,科技政策也不例外。科学技术是第一生产力,科学技术发展到今天,已成为国家兴亡盛衰的关键因素,科技政策也成了国家政策的重要组成部分，它与其他方面的政策一起，构成了一个国家的政策体系。因此，科技政策必须服从国家政治意志、服从国家经济发展的长远目标和根本任务。

(3)统筹兼顾，实事求是。

现代科学技术是一个巨大的系统，各行各业都有自己需要解决的实际科技发展中的问题，科学技术为了自身的进步，也要有各种各样的研究。但为了协调当前利益和长远利益，为了优化科技的发展，必须要站在全局角度对科技发展作出全面统筹安排。在制定科技政策时切忌面面俱到，要从经济发展和科技进步的角度考虑，实施统筹兼顾、实事求是的原则。不同国家和地区应结合自己实际情况，作出有效且针对性强的科技政策，不能生搬硬套，而是要走出适合自己发展的科技之路。

2. 制定程序

制定科技政策是一个系统性、动态化和多方参与的过程，其程序通常涵盖从问题识别到政策评估的全生命周期。结合理论与实践，科技政策制定通常包括问题识别与议程设置、政策研究与方案设计、政策论证与决策、政策发布与实施、政策监测与动态调整等环节。

1)需求分析

需求分析是科技政策制定的起点。在科技发展的不同阶段，会面临不同的问题。按照问题来源，可分为社会需求和战略需求。社会需求通常经过社会调查、公众意见征集(如听证会、网络问卷)等识别科技发展中的痛点，如"卡脖子"技术、成果转化率低等；战略需求则是结合国家和地区发展战略，明确科技政策的优先领域，比如国家"十四五"规划将人工智能、量子信息等列为前沿领域，推动政策资源倾斜。在明确需求后，政府相关机构、智库或行业协会以及有关单位会通过内参报告、提案等形式提出议题，将科技政策问题纳入政府决策议程，有时政府高层的批示、提案以及突发事件也会助推议题纳入正式议程。

2)政策研究与方案设计

政策研究与方案设计是科技政策制定的核心。在该阶段，通常首先通过科技数据收集和专家咨询开展政策研究。科技数据通常包括拟研究方向的科技基础背景、科技成果情况等，通过对标国际其他先进国家情况及做法，经专家咨询明确研究方向。在方案设计环节，一般在前期分析研究的基础上，明确政策的短期目标(如突破关键技术)和长期愿景(如建设科技强国)，进而围绕设定的目标，来拟定相关方案，如财政支持(如税收优惠、科研基金)、法规调整(如知识产权保护)、市场激励(如政府采购引导)等。

3. 政策论证与决策

政策论证与决策是科技政策制定的关键。对于设计的方案，首先要对齐进行可行性评估，从成本－效益方面，测算政策实施所需资金、人力资源及预期回报，同时对政策可能引发的负面效应(如市场垄断、伦理争议)进行评估研判，制定应对预案，此外还要对政策的合法性进行审查，确保政府符合现行法律法规的要求。经过反复论证，由相关部门审议通过并最终作出决策。

4. 政策发布与实施

审议通过的政策会以规划纲要、指导意见等形式发布。相关部门及地方各级政府会配套出台相关管理办法及实施方案,并通过设立专项资金及建设基础设施等方式进行资源调配,来推进政策落地。另外,有关部门还会通过新闻发布会、政策解读等形式向社会进行宣传宣贯,扩大政策的影响力和参与度。

5. 政策监测与动态调整

对于已实施的政策,要注重对政策的实时跟进与动态调整。通常采用自评估或第三方评估,以实施政策开展绩效评估的结果作为调整的依据。根据政策实施效果和外部环境变化,通过"政策迭代"优化内容,对政策进行反馈与修订;对失效政策应及时废止,避免资源浪费。

综上,科技政策制定是"科学"与"艺术"的结合,既要依赖数据分析与专家知识,也需平衡多方利益与政治考量。未来,随着技术迭代加速,政策制定程序将更加注重敏捷性、包容性和全球化视野。

第二节 国家和交通运输行业科技政策的发展历程

一、国家科技政策

国家科技政策的发展历程是一个长期且复杂的过程,它随着国家的发展阶段、国际环境以及科技水平的变化而不断演进。我国科技政策发展大概经历了以下阶段。

1. 初期成型阶段(1949—1978 年)

新中国成立后,国家开始着手建立自己的科技体系,仿照苏联模式,实行计划式的科技体制。先后成立了中国科学院等科研机构,并制定了科技工作总方针,旨在服务于工业、农业和国防建设。1956 年,国家制定了第一个全国性的科技发展远景规划——《1956—1967 年科学技术发展远景规划纲要》,规划指出重点要发展核技术、无线电技术、计算机技术等新兴技术。这一阶段,我国科技事业取得了显著成就,如成功爆炸了第一颗原子弹、实现了牛胰岛素人工合成等。后因政治原因,短时期科技政策发生转变,科技事业遭受重创,但在邓小平同志主管科技教育工作后,提出"科学技术是生产力"的重要观点,带领科技政策重新回到正确的方向。

2. 重建改革阶段(1978—1991 年)

1978 年全国科学大会的召开,标志着我国科技发展进入新时期,并将"科学技术是第一生产力"确立为我国科技发展指导思想。1985 年,中共中央发布了《关于科学技术体制改革的决定》,明确了"经济建设必须依靠科学技术,科学技术工作必须面向经济建设"的战略方针。随后的改革涉及产学研合作、科技成果转化、人才流动等多个方面，旨在解放科技生产力，促进经济和社会共同发展，该时期，国家实施了“863 计划”“火炬计划”等促进高新科技发展的重要计划，推动了科技创新和产业升级，提升了国家的科技竞争力。

3. 加速调整阶段(1992—2005 年)

在该阶段，国家更加注重科技创新体系建设，并将高等学校当作促进科技创新产出和成果转化的排头兵。1995 年，中共中央、国务院颁布了《关于加速科学技术进步的决定》，明确了“科教兴国”的战略，强调科技和教育在国家发展中的重要地位，推动了科技事业的快速发展。之后，顺应形势，国家掀起了高等教育改革，高等院校开始扩招，吸纳更多的人才为科技创新提供支持。

4. 创新发展时期(2006 年至今)

2006 年，国务院发布了《国家中长期科学和技术发展规划纲要(2006—2020 年)》，明确了“自主创新、重点跨越、支撑发展、引领未来”的科技事业发展方针，确立自主创新在国家发展中的重要地位，推动了科技创新能力的提升。在现阶段，科技政策更加开放、精准，更加注重瞄准世界经济和科技前沿阵地，同时陆续出台了多项支持科技创新的政策措施，不断推动科技创新的国际化合作和交流。在大环境的引领下，我国取得了丰硕的科技成果，特别是在航空航天、深海探测、大飞机制造、人工智能、能源技术等领域取得了重大突破和成果。科技成果的转化和应用又推动了产业升级和经济发展方式的转变。

长期以来，交通运输科技政策研究紧紧围绕事关交通发展的全局性、前确性和政策性等重大问题，围绕政府交通主管部门履行行业管理、宏观调控、市场监管和公共服务职能，相继在交通发展战略规划、政策法规、体制机制等方面取得了重要研究成果，为交通发展在各个时期进一步提升理念、理清思路，促进科学决策和民主决策提供了重要支撑。

二、交通运输行业科技政策

1. 交通探索发展阶段(1978—1991 年)

随着我国转入以经济建设为中心的轨道，国民经济迅速增长，交通运输逐渐成为国民经济发展的“瓶颈”，国家开始逐渐注重交通发展，把交通建设作为国民经济发展的战略重点。面对东南沿海能源短缺、沿海煤炭运输紧张、港口压船以及公路建设资金短缺等问题，交通部开展了沿海煤炭运输系统优化论证、沿海港口发展水上过驳作业、公路建设规模和资金筹措问题以及有关技术政策、运输价格和管理体制方面的研究。特别是 1986 年全国软科学研究工作座谈会后，交通运输科技政策的重要性更加凸显，面向政府宏观调控和交通行业管理的战略规划研究、体制机制研究等受到重视，决策支持研究的视角和层次开始发生实质性转变。

2. 交通跨越发展阶段(1992—2001 年)

从 1992 年开始，国家加大改革开放的力度和深度，将工作重点逐步转移到经济结构的战略性调整、提高经济增长质量和效益上来,国家经济进入快速发展轨道,国家加大了对交通建设的投资力度,同时进一步注重培育和规范交通建设市场和交通运输市场,加快交通生产力发展。为强化交通运输科技政策决策能力,交通部着重开展了培育和发展交通运输市场、加快交通基础设施建设、建立现代交通企业制度、改革交通管理体制、加强政府宏观调控、健全交通法规体系、强化科技发展战略、完善交通技术政策和交通行业政策等方面的决策支持研究。

3. 交通科学发展阶段(2001 年至今)

交通科学发展阶段,党的十六大以来这一阶段,按照全面建设小康社会的战略部署和实现全面建设小康社会奋斗目标的新要求,交通行业以科学发展观为统领,积极探索实践科学发展之路。这一时期,开展了《建设创新型交通行业战略研究》《公路水路由传统交通产业向现代服务业转型战略研究》《交通文化建设研究》和《现代交通运输人才队伍建设战略研究》等系列重大战略研究,编制了《国家高速公路网规划》《全国农村公路建设规划》《全国沿海港口布局规划》《全国内河航道及港口布局规划》《水上安全和助设施建设规划》等重要规划,同时在交通法规建设方面也开展了一系列的研究,为《中华人民共和国港口法》《中华人民共和国道路运输管理条例》《收费公路管理条例》和《中华人民共和国国际海运条例》等国家法律法规的颁布实施提供了科学依据,为推进依法行政奠定了基础。组织开展了有关管理体制、机制方面的研究,为水上搜救体制改革、交通基础设施建设投融资体制改革、公路特许经营制度建立等方面提供了重要依据。

第三节 案例:交通运输行业科普工作

交通运输行业科普作为政府购买服务的内容,归属于公共服务中科技公共服务的科技交流、普及与推广服务类别。近五年来,交通运输部在交通运输行业科普方面实施了一系列政策和发展举措,旨在提升公众的科学素养,推动交通运输科学知识的普及,以及促进科技创新与科学普及的协调发展。本节以从交通运输科普工作相关政策方面,来阐述政府购买服务背景下交通运输科普相关政策形成及成效。

科学普及简称科普,又称大众科学或者普及科学,是指利用各种传媒以浅显的、通俗易懂的方式,让公众接受自然科学和社会科学知识,推广科学技术的应用,倡导科学方法,传播科学思想,弘扬科学精神的活动。科学普及是一种社会教育。

早在新中国成立前夕,党中央为团结科技工作者,拟筹备召开中华全国自然科学工作者代表会议(简称科代会)。科代会筹备会在北平召开,随后成立文化部科普普及局。科普局的建立,为当时人民群众的科普工作开创了生机勃勃的局面。

1950 年 8 月,中华全国自然科学工作者代表大会在北京举行,决定成立“中华全国自然科学专门学会联合会”(简称全国科联)和“中华全国科学技术普及协会”(简称全国科普)。

1951年,文化部科学普及局撤并,科普职能转至全国科普。1958年9月,全国科联和全国科普合并,正式成立中国科学技术协会,内设科普部。“文化大革命”期间(1966—1976年),中国科协被解散,各级科协也被取消,科普工作受到严重冲击。

1978年3月,全国科学大会在北京召开,标志着中国科学技术面向世界、面向未来的转折点。大会通过了《1978—1985年全国科学技术发展规划纲要(草案)》,表彰了先进集体和科技工作者。1979年8月,中国科普创作协会第一次代表大会在北京召开,科普工作逐步恢复和发展。1993年,国家修订了《中华人民共和国科学技术进步法》,党和政府日益重视科技创新和科学技术普及,重视全民科学素质提升,在国家法律层面鼓励推动普及科学技术知识。

从1994年开始,国家出台了关于加强科学技术普及工作的若干意见,之后印发了2000—2005年科学普及工作纲要等。进入21世纪,随着《中华人民共和国科学技术普及法》的颁布和实施,以及《全民科学素质行动计划纲要》的推出,我国科普工作进入了一个新的发展阶段。1994—2015年,这二十年国家陆续建立起以科普法为核心的政策法规体系,科普工作走上了规范化和法制化的道路。

自2016年至今,习近平总书记指出“要加强国家科普能力建设”“树立热爱科学、崇尚科学的社会风尚”。党的二十大报告将科普作为提高全社会文明程度的重要举措,强调“培育创新文化,弘扬科学家精神,涵养优良学风,营造创新氛围”“健全基本公共服务体系,提高公共服务水平”“加强国家科普能力建设”,这一系列重要论述为加强新时期科普工作指明了方向。之后,国家在“十三五”期间印发了《“十三五”国家科普与创新文化建设规划》《“十四五”国家科普发展规划》及《关于新时代进一步加强科学技术普及工作的意见》等一系列政策文件,国家把科学技术普及置于与科学技术创新同等重要的位置,科普事业进入全新的发展阶段。

党的十八大以来,以习近平同志为核心的党中央,对于科普工作提出了一系列新论述新思想新战略,特别是在2016年的“科技三会”上,习近平总书记指出“科技创新、科学普及是实现创新发展的两翼,要把科学普及放在与科技创新同等重要的位置。没有全民科学素质普遍提高,就难以建立起宏大的高素质创新大军,难以实现科技成果快速转化”。总书记关于科普工作的重要论述,为在新的历史起点上推动我国科普事业的发展指明了方向。为贯彻落实习近平总书记关于科普工作的重要讲话精神,交通运输部在2019年1月出台了《交通运输部关于加强交通运输科学技术普及工作的指导意见》(交科技发〔2019〕9号),对交通运输科普工作作出了总体部署。这是交通运输部出台的第一部关于行业科学技术普及工作的指导意见,该意见也是行业积极响应国家关于科普工作的要求,推动交通运输科技创新和科学技术普及(以下简称科普)工作协同发展,更好地服务于现代化综合交通运输体系建设。

该指导意见明确了三个基本原则,分别是坚持创新引领,推进交通运输科普在内容创作、表达方式、传播手段、平台基地、管理机制等方面实现全方位创新,完善科普资源体系,提高交通运输科普供给能力;坚持开放协同,充分发挥交通运输社团组织、科研院所、高校、企业等各方面在科普工作中的主体作用,加强跨部门协作和国际交流合作,形成开放、协调、共享的交通运输科普大格局;坚持普惠利民,结合不同群体的需求和特点,有针对性地开展科普教育培训,并推动交通运输知识普及、科技成就宣传与科普培训教育相结合,惠及社会公众和交通运输从业人员。

同时,该指导意见强调,到2025年,要着力培育建设一批高质量的科普教育基地,优质科普内容供给能力不断提升;科普信息化水平大幅提高,科普传播网络持续完善;科普人才队伍稳定发展,结构持续优化;科普经费渠道更加多元;社会公众对交通运输科学技术的认知水平和广大交通运输从业者及管理者的科学素质均得到显著提高。到2035年,建成适应交通强国建设需求的现代交通运输科普体系,交通运输科普工作取得显著成效。对于行业科普工作的中远期发展目标进行了进一步明确。

紧跟交通运输部关于科普工作的精神,交通运输行业上下也积极响应,各级交通运输部门将科普工作纳入年度工作计划,并联合科技、教育等部门共同推进,为科普工作提供了有力的政策支持和组织保障。自2019年至2024年五年期间,交通运输行业科普工作取得了一系列显著成效,主要体现在以下几个方面:

(1)组织与开展特色科普活动

交通运输部主办的全国交通运输科普讲解大赛,该项比赛是交通运输行业内范围最大、水平最高、代表性最强的科普讲解比赛。通过初赛、半决赛和总决赛的层层选拔,来自部属单位、国家交通运输科普基地依托单位、共建高校、省级交通运输主管部门等单位的优秀选手脱颖而出,充分展示了交通运输领域的科普成果和风采。同时,为深入学习贯彻党的二十大精神和习近平总书记关于科技创新的重要论述精神,交通运输部定期举办交通运输科技活动周,通过一系列特色科技活动,如交通科普进校园、进社区、进企业等,面向社会公众、在校学生、交通运输从业人员等重点人群普及交通运输科技知识,激发创新活力。

(2)建设与发展行业科普基地

交通运输部积极推动国家交通运输科普基地的建设与发展,这些基地在科普教育、科普宣传、科普服务等方面发挥了重要作用。2020年和2021年,经各地各部门推荐、专家评审及公示、交通运输部和科学技术部审定,先后分两批公布了共30家国家交通运输科普基地名单,并引导入选名单的单位积极整合内外部科技资源,保障科普工作投入,加强科普人才队伍建设,发挥特色优势积极开展交通运输科普工作,在支撑加快建设交通强国和科技强国中发挥引领示范作用。其中,人民交通出版社作为首批国家交通运输科普基地,大力推进交通科普工作,策划并出版了一批高质量交通科普图书,传播交通科普知识,展示交通发展成就。

在地方层面,各地交通运输主管部门也结合本地实际,建设了一批具有地方特色的交通运输科普基地。如四川省交通运输厅构建了"2+3"科普基地体系,包括四川交职学院"川藏公路博物馆"和西南交大"陆地交通防灾减灾"等国家交通运输科普基地,以及多个省级科普基地。

(3)创新与传播优秀科普内容

交通运输部注重科普内容的创新,鼓励将科学思维、科学方法以及科学家精神融入科普作品中。例如,科普作品应以工程建设成就、系统技术集成为背景,从启发科学思维的角度出发,阐述技术发展简史、工程结构与构成、系统技术集成、技术基本原理等。同时,不断拓展科普传播渠道,交通运输部充分利用各种媒体平台,如融媒体矩阵、VR网上展馆等,拓宽科普传播渠道。同时,还通过制作科普动画、视频、海报等多媒体产品,提高科普内容的吸引力和传播效果。

(4)建立和完善科普工作保障机制

交通运输部逐步建立了完善的科普工作机制,包括科普工作规划、科普活动组织、科普基地建设、科普人才培养等方面。同时,还注重加强跨部门协作和国际交流合作,形成开放、协调、共享的交通运输科普大格局。通过积极争取科普经费,交通运输部及地方交通运输主管部门为科普工作的开展提供有力保障。同时,还鼓励和支持有条件的项目将科普作品创作、科普人才培养等纳入科技项目考核指标,推动科普与科研的深度融合。

当前,诸多政策引领下,交通运输行业的科普工作已经取得了显著成效,科普活动的覆盖面和影响力不断扩大。越来越多的公众开始关注交通科技知识,了解交通行业的最新发展动态。同时,科普基地和科普作品也在不断更新和完善,为公众提供了更加优质、便捷的科普服务。

在取得成绩的同时,交通运输行业的科普工作也同样面临一些挑战。例如,科普资源的分布不均、科普活动的覆盖面有限、科普作品的质量和数量有待提升等问题仍须解决。此外,随着科技的不断进步和交通行业的快速发展,新的科普需求和挑战也在不断涌现。

未来,交通运输行业将继续加强科普工作,推动科普与科技创新的协同发展。一方面,将进一步完善科普基地体系和科普服务体系,提升科普工作的覆盖面和影响力;另一方面,将加强科普作品的创作和推广,提高科普作品的质量和数量。同时,还将积极探索新的科普模式和手段,如线上线下融合、虚拟现实等技术的应用,以更好地满足公众的科普需求。

第三章
交通运输科技项目管理

第一节 交通运输科技项目管理概述

一、内涵界定

科技项目是政府实施科技计划的载体,是指以项目形式开展科学研究和技术研发,来解决经济和社会发展中出现的科学技术问题。根据《交通运输科技管理办法》(交科技发〔2010〕334号)的规定,交通运输科技项目(以下简称科技项目)是指列入年度《交通运输科学技术项目执行计划》并依据科技项目任务书(合同)管理、在一定时间周期内组织实施的科学研究与技术开发活动。

科技项目通常涉及从事科学研究的项目承担单位、项目管理单位及项目立项单位三个主体。三者对项目的侧重点不同,项目承担单位多关注如何具体开展科学研究活动;项目管理单位多关注项目过程管理;项目立项单位则聚焦于研究成果是否能够满足立项需要、达到研究目的。

科技项目管理是指采用系统管理的方法,对项目进行高效率的计划、组织、指导与控制,以实现项目目的。科技项目管理通过协调与科技项目相关的各种关系,有效地利用人、财、物等科技资源,以促进项目研究目标实现的动态活动。现阶段,科技项目管理通常要经历项目申请、可行性论证、规划计划、大纲评审、实施与控制、验收归档和推广应用等阶段。

科技项目管理是集成创新技术及推广应用新技术的重要环节,对于推进科技与经济结合、实现产业升级和结构调整具有不可替代的作用。伴随着科学技术的迅猛发展,科技项目管理在促进国家经济和社会进步、建设“国家科技创新体系”、发展“新质生产力”中发挥着越来越重要的作用。

科技项目管理是对以项目形式进行的科学研究活动的全过程管理,它是一种典型的高层次知识管理实践活动,由于是一种创造和创新活动,具有以下特点:

(1)鲜明指向性。科技项目管理具有明确的指向性,项目旨在解决某个具体的技术问题或行业共性技术关键技术问题。这种明确指向性贯穿于整个项目管理周期。

(2)高度创新性。科技项目管理的核心在于创新,包括技术创新、管理创新等,通过创新推动科技进步和社会发展。科技项目管理的群体多为知识型人员,管理的目的也是提升科技人员的研发能力、知识储备、管理理念的变革和管理能力的创新。

(3)多重风险性。在科技项目管理中由于技术、市场、科技活动的创新性或其他因素引起的大量不确定性因素,科技项目具有较高的风险性,包括技术风险、市场风险、资金风险等。因此,科技项目管理需要具备较强的风险应对能力。

二、管理主要事项

随着社会和经济发展,如何高效开展科技项目管理,扎实推动科技进步,已成为社会广泛关注的焦点。在我国,不同的科技项目对应不同的管理办法,不同的科技项目管理又有一定的共性规律。科技项目管理坚持依法管理、职责明确、分类指导、注重实效的原则。在交通运输科技管理中,主要包括前期工作、组织实施、验收、成果管理等。

1. 前期工作

交通运输行业科技主管部门在启动科技项目申请工作前,通常根据行业科技发展规划中所确定的发展目标和重点领域,结合发展需求,编制项目计划。在广泛征求有关部门和专家意见的基础上,发布项目指南。在项目指南中,通常会明确项目申请的主题类别、资金规模以及时间渠道等具体内容。

项目申报单位根据项目指南,按要求向科技管理部门提出申请。申请渠道通常按行政隶属关系逐级汇总、审核,或由申报者经行业和地方交通主管部门推荐后直接申报,最终由部科技主管部门受理。申请的项目应符合科技、经济和社会发展战略,符合国家产业政策和科技政策,符合科技发展规划、计划总体部署和安排。申请项目还需按照相关要求提交项目建议书。此外,通常科技计划或项目指南中,对申请项目的申请者(包括单位和个人),应当符合的基本条件会作出明确的要求。

行业科技主管部门通常会组织专家对项目建议进行评议,确定项目承担单位及主要研究内容。项目承担单位要根据项目评议结果,负责编写项目可行性研究报告,并按规定要求报行业科技主管部门。需采用招投标方式的科技项目应根据科技项目招投标管理办法确定项目第一承担单位。

通过可行性研究评审的科技项目和招投标的科技项目,行业科技主管部门与承担单位签订任务书(合同)。项目任务书(合同)的签署要依据批准的项目可行性研究报告,通常包括:项目立项背景和意义、主要研究内容及关键技术、验收考核指标、技术路线与年度计划进度、项目经费预算和用途等内容。

2. 组织实施

科技项目组织实施单位包括行业科技主管部门、行业科技管理单位、项目保证方或推荐单位(如需)、项目第一承担单位及其他承担单位等。专家及科技服务机构根据工作需要按照委托参与有关咨询或服务工作。

行业科技主管部门负责科技项目的总体实施和管理。在项目执行过程中,依据任务书(合同)对项目实行全方位管理,协调并处理项目执行中的重大问题;可根据实际情况,会同有关业务主管部门、地方各级交通运输主管部门和大型交通运输企业,对项目执行情况、组织管理、经费管理、配套条件落实以及项目预期效益等情况进行中期检查;也可聘请专家对项目进行检查或评估,提出检查或评估报告。

行业科技管理单位负责科技项目执行过程中的具体管理事宜。受行业科技主管部门委托,根据主管部门意见,代主管部门负责科技项目的过程管理。在主管部门指导下,行业科技管理单位负责协助组织开展项目前期立项评审、项目任务书(合同)审核与签订、项目经费拨付、项目阶段评审及主管部门委托执行的其他事宜。

行业业务主管部门、交通运输主管部门和大型交通运输企业作为科技项目保证方或推荐单位,主要负责协调项目实施,协助科技主管部门监督、检查项目执行情况和经费使用情况,按要求报告项目年度执行情况及有关信息,督促项目承担单位按期保质完成研究任务,落实项目约定支付的匹配经费及其他配套条件等。

科技项目第一承担单位对项目任务的完成及实施效果负责,并协调各项目承担单位研究工作。其他项目承担单位根据项目任务分工要求,按期保质完成研究工作。

科技项目拨款按照财务预算计划执行,主管部门负责对经费使用情况进行检查和监督。为保证项目按计划进行,主管部门通常委托科技管理单位开展项目执行情况统计或项目进度专项督导工作。执行情况应真实准确反映项目进展情况、存在问题及下一步工作计划。项目保证或推荐单位、项目第一承担单位应按时间要求将项目执行情况报至科技管理单位。需对科技项目的考核目标、研究内容、关键技术方案、负责人、完成时间等事项作调整和变更的,由项目第一承担单位通过项目保证方或推荐单位报部科技主管部门批准。未经批准,不得变更任务书(合同)内容。

如科技项目在执行过程中发生科技项目配套资金或依托工程、技术引进等条件不落实,科技项目长期拖延、执行不力,或技术骨干发生重大变化,致使项目无法执行的;由于不可抗拒的因素造成项目无法完成的,行业科技主管部门有权撤销或解除项目研究任务。

对不按时上报科技项目年度执行情况报告、擅自变更任务书(合同)内容或不接受监督检查的科技项目,科技主管部门将要求项目保证方和项目第一承担单位限期整改。对项目主要研究人员未能按照任务书(合同)有效地履行职责,致使项目进度或质量受到较大影响的,科技主管部门将有权责成其所在单位予以调整,视情节暂停其承担科技项目的资格并予以公布。此外,项目承担单位应加强对项目经费的使用管理,严格按照批准的预算执行,做到专款专用,不得自行扩大使用范围。对违反者除按照有关规定处理外,将暂停项目经费拨付,并责成限期整改。在采用政府购买服务模式后,项目经费的预算和使用更加灵活,对释放科研工作活力、激发科研工作者积极性具有重要推动作用。

3. 验收

科技项目在规定执行期结束后,项目第一承担单位应在三个月内提出验收申请,并按规定提交验收申请材料,供科技主管部门审核。经科技主管部门或委托管理部门审核,符合验收条件的,将对项目开展验收;对不符合验收条件的项目,将责令项目第一承担单位限期整改后再次提出验收申请。

科技项目因故不能按期完成的,项目第一承担单位应在执行期结束前三个月提出延期申请,并报部科技主管部门批准。项目延期时间不得超过半年。科技项目第一承担单位在规定执行期结束三个月后仍未提出验收申请或未按规定期限提出延期申请的,科技主管部门将有权撤销项目研究任务,并对有关单位和责任人进行通报。

项目验收通常采用会议审查验收方式,也可采用网上(通信)审查验收的方式以及两种方式相结合。科技项目验收以任务书(合同)确定的研究内容和考核目标为基本依据,主要对项目研究工作的完成情况、实施的技术路线、攻克的关键技术、科技成果应用及对经济和社会的影响、知识产权的形成与管理、项目组织管理的经验、科技人才的培养情况以及经费使用的合理性等方面作出客观的、实事求是的评价。验收工作通常由科技主管部门委托科技管理部门聘请从事该专业领域的技术专家和管理专家等组成验收组进行。验收组专家一般不得少于7人。验收专家在审阅资料、听取汇报、提问质询的基础上,独立提出意见,讨论后形成验收意见。

对因提供文件资料不详、难以判断等导致验收意见争议较大,或成果资料未按要求进行归档和整理,或研究过程及结果等存在纠纷尚未解决的科技项目,均列为需要复议的项目。需要复议的项目,应在首次验收后的要求时限内针对存在的问题进行整改后再次提出验收申请。未按期提出验收申请或未按要求进行整改的,为不通过验收。对无正当理由造成科技项目任务终止或不通过验收的项目,科技主管部门可对项目第一承担单位及项目负责人进行通报,并记入科研信用档案,该负责人一定时间内将不得承担相关科技项目。

4. 成果管理

科技成果系指科技项目在实施中所取得的成果,包括新技术、新产品、新工艺、新材料、新设计、新装置、计算机软件以及专利、论文和专著等。按照部科技项目管理办法规定,科技成果实行登记制度,即凡通过部科技主管部门组织验收、鉴定(评审)的科技成果,项目第一承担单位应按照《交通运输部科技成果登记办法》履行登记手续。部科技主管部门负责定期或按需将已登记科技成果的公布及管理。科技成果归属关系存在争议或其公布、发表将影响专利申请或其他知识产权保护的,将暂不对外公布、发表。

科技项目承担单位应对科技成果及时采取知识产权保护措施,依法取得相关知识产权。项目所形成的知识产权,其归属、管理和使用按照《交通运输行业知识产权管理办法》的规定执行。科技项目所产生的学术报告、论文和专著等对外公开发表时，无论个人或单位，必须标注“交通运输部科技项目”字样，且不得影响项目的专利申请或其他知识产权保护；公开发表后，应将学术报告、论文和专著的名称以及发表刊物名称、著作权人等基本信息在项目执行情况中报告。鼓励科技成果转化。对适宜转化的科技项目，在项目任务书（合同）中应包括成果转化方案，明确项目第一承担单位促进成果转化的责任和义务；科技项目验收意见中应提出今后科技成果转化建议。

此外，科技项目承担单位应按照国家科技成果转化的有关规定，积极支持成果完成人做好成果转化工作。科技成果涉及国家秘密的，有关单位和人员应按照《中华人民共和国保守国家秘密法》《科学技术保密规定》及有关规定，切实做好保密管理工作。

第二节　交通运输科技项目管理现状

交通运输科技项目管理是推动行业技术创新、提升服务效能的重要支撑。随着智慧交通、绿色出行等国家战略的推进，项目管理在机制、技术和实践层面呈现出新的特征。

在管理机制方面，目前基本形成由交通运输部统筹，地方交通运输主管部门、科研院所、企业协同参与的“部－省－企”三级联动机制。依托《交通强国建设纲要》《“十四五”现代综合交通运输体系发展规划》等文件，行业科技研发重点方向更加明确，在自动驾驶、智慧物流、低碳交通等关键技术方面的研究不断深入。除中央财政专项资金（如车购税资金）用于科技项目研究，鼓励地方配套补贴以及吸引社会资本共同参与。

在管理方式方面，随着管理水平的提高和信息化手段的应用，行业标准化与规范化管理逐步完善。项目引入全生命周期管理理念，强化风险预警与动态调整机制。项目按需求导向申报，强化项目与产业需求的匹配度，尝试“揭榜挂帅”机制，采用“里程碑”节点考核，引入第三方评价，注重成果转化指标（如专利数量、技术落地场景），而非单纯论文产出。推广数字化工具应用，如利用 BIM 技术进行交通工程设计施工一体化管理，利用大数据平台整合项目进度、资金使用和质量安全数据，利用区块链技术确保科研数据可信共享

在管理成果方面，以智慧交通、绿色低碳、安全应急等为核心研究方向，产出了一大批具有高度创新性和实用价值的尖端技术、如车路协同、MaaS 出行服务、港口岸电技术应用、新能源车辆推广等。按照基础研究类、应用示范类和产业生产类对项目进行分类，实现了精细化管理。

目前，行业科技项目管理已经取得了长足进步，但是在某些方面仍然有待突破，如管理仍碎片化，多主体权责不清，存在重复立项的情况；部分项目技术风险高，存在安全伦理争议；专业化管理人才短缺，复合型交通科技管理人才不足等情况。在未来，科技项目管理可以探索从“单一项目管控”转向“产业链创新生态构建”，针对快速迭代技术（如 AI 交通控制）建立试点

"容错备案制"审批来缩短项目管理周期管理方式的升级。

当前交通运输科技项目管理已从粗放式向精细化、数字化转变,但仍需在跨域协同、风险管控和市场化机制上突破。未来需进一步强化"需求牵引、场景驱动"的管理思维,通过政策工具创新(如科技金融、开放创新平台)激发多元主体活力,最终实现从"跟跑"到"领跑"的跨越。

第三节　案例:交通运输标准化经费项目

一、总体情况

交通运输标准化经费项目是指交通运输部从一般公共预算中列支经费,为加快建设交通强国需要、落实行业标准化发展规划及行业重点领域标准体系建设任务和重点工作提供支撑的课题研究项目。因不同时期的管理需要,该类项目曾采用交通运输标准化计划制修订项目、交通运输标准(定额)项目、交通运输部标准规范研究制(修)订经费项目等名称,本书统一采用交通运输标准化经费项目(以下简称"标准经费项目")来统称,不包括工程标准项目。根据部相关文件规定,该类项目自2020年纳入政府购买服务目录,采用政府购买服务方式进行管理,隶属行业标准制修订服务。

作为健全行业重点标准体系、深化对外交流合作、提升标准化管理效能、支撑引领交通运输标准化高质量发展的关键抓手,特别是在"十四五"期间,标准经费项目的研究开展对加强标准化管理体系建设、构建适应高质量发展的标准体系、加快服务国家重大战略标准研制、加强重点领域高质量标准有效供给、推进国际标准共建共享、创新标准实施应用和监督管理机制、加强计量、检验检测和认证认可体系建设提供了有力支撑。

二、管理要求

根据项目性质和成果特点,标准经费项目通常包括制修订类项目、研究类项目及支撑类项目三种类型。制修订类项目是指优先支持部中心工作和重点任务落实的标准、基础标准,以及采用国际标准、国际国内同步推进的重点标准制修订项目。研究类项目是指加强标准化体系建设所需的政策制度、体系研究以及标准预研项目。支撑类项目包括标准外文版翻译、标准宣贯、实施效果评估等项目。

项目申报前部里都会紧密结合加快建设交通强国需要,聚焦行业年度重点工作,明确申报原则,优先支持列入部有关重要任务清单及交通运输各专业领域标准体系的标准制修订需求,服务交通运输高质量发展。在具体申报要求方面,申请单位及项目负责人应具有交通运输标准化项目研究经验,项目负责人应具有较强的组织能力、专业技术能力和良好的文字表达能力,且具有较好的项目工作情况。

项目申报单位应根据申报项目类型按要求准备项目申报材料，申报材料包括申报书及支撑材料（其中，标准制修订、预研类项目需提交工作大纲和标准草案，标准草案应明确提出主要章节及各章节所规定主要技术内容；标准政策研究类项目需提交研究大纲；支撑类项目需提交工作大纲或实施计划）。项目申报单位做好申报准备后将相关材料报给交通运输各专业标准化技术委员会和计量技术委员会（以下简称标委会），标委会作为项目推荐单位，负责本领域项目的组织推荐工作，注重发挥项目对本领域标准体系建设的支撑作用，目前交通运输各专业标准化技术委员会共计20个，详见表3-1。部内司局、地方交通运输主管部门也可作为推荐单位，按照申报原则，对项目申报材料进行审查，提出推荐项目，并按重要性进行排序。项目主管司局会同业务主管司局组织有关专家对立项建议进行评审，遴选确定项目和项目承担单位，根据评审意见形成年度立项清单。项目过程管理单位受主管业务司局委托，负责对确认立项的项目进行具体管理，主要包括协助项目任务书（合同）签订、开展项目开题相关工作、项目经费拨付、组织项目验收归档、项目评估及监督检查等上级主管部门交办的其他事项。

交通运输各专业标准化技术委员会 表3-1

序号	简称	全称	标委会秘书处所在单位
1	综合运输	全国综合交通运输标准化技术委员会（SAC/TC 571）	北京市朝阳区惠新里240号，交通运输部科学研究院（邮编：100029）
2	集装箱	全国集装箱标准化技术委员会（SAC/TC 6）	北京市海淀区西土城路8号，交通运输部水运科学研究院（邮编：100088）
3	内河船与水路运输	全国内河船与水路运输标准化技术委员会（SAC/TC 130）	北京市海淀区西土城路8号，交通运输部水运科学研究院（邮编：100088）
4	交通工程	全国交通工程设施（公路）标准化技术委员会（SAC/TC 223）	北京市海淀区西土城路8号，交通运输部公路科学研究院（邮编：100088）
5	汽车维修	全国汽车维修标准化技术委员会（SAC/TC 247）	北京市海淀区西土城路8号，交通运输部公路科学研究院（邮编：100088）
6	智能运输	全国智能运输系统标准化技术委员会（SAC/TC 268）	北京市海淀区西土城路8号，交通运输部公路科学研究院（邮编：100088）
7	道路运输	全国道路运输标准化技术委员会（SAC/TC 521）	北京市海淀区西土城路8号，交通运输部公路科学研究院（邮编：100088）
8	城市客运	全国城市客运标准化技术委员会（SAC/TC 529）	北京市东城区和平里东街10号院，交通运输部科学研究院（邮编：100013）
9	港口	全国港口标准化技术委员会（SAC/TC 530）	北京市海淀区西土城路8号，交通运输部水运科学研究院（邮编：100088）
10	疏浚	全国港口标准化技术委员会疏浚装备分技术委员会（SAC/TC 530/SC 1）	天津市滨海新区天津港保税区跃进路航运服务中心9号楼1601室（邮编：300461）
11	挂车	全国汽车标准化技术委员会挂车分技术委员会（SAC/TC 114/SC 13）	北京市海淀区西土城路8号，交通运输部公路科学研究院（邮编：100088）
12	客车	全国汽车标准化技术委员会客车分技术委员会（SAC/TC 114/SC 22）	北京市东城区和平里东街航星科技园8号楼9层（邮编：100055）

续上表

序号	简称	全称	标委会秘书处所在单位
13	臂架	全国起重机械标准化技术委员会臂架起重机分技术委员会(SAC/TC 227/SC 4)	北京市海淀区西土城路8号,交通运输部水运科学研究院(邮编:100088)
14	航海安全	交通运输航海安全标准化技术委员会	上海市虹口区四平路190号1504室,上海海事局航海保障管理处(邮编:200086)
15	航测	交通运输航测标准化技术委员会	天津市河西区黑牛城道34号,北海航海保障中心天津航测科技中心(邮编:300211)
16	救捞	交通运输救捞与水下工程标准化技术委员会	北京市东城区建国门内大街11号,交通运输部救助打捞局(邮编:100736)
17	信息通导	交通运输信息通信及导航标准化技术委员会	北京市朝阳区尚8远东科技文化园26#楼西入口2层,中国交通通信信息中心智慧交通事业部(邮编:100013)
18	环保	交通运输环境保护标准化技术委员会	北京市海淀区西土城路8号,交通运输部公路科学研究院(邮编:100088)
19	公路计量	全国公路专用计量器具计量技术委员会	北京市海淀区西土城路8号,交通运输部公路科学研究院(邮编:100088)
20	水运计量	全国水运专用计量器具计量技术委员会	天津市滨海新区塘沽新港二号路2618号,交通运输部天津水运工程科学研究院(邮编:300000)

三、成效与展望

交通运输标准化经费项目的开展实施,对交通运输行业标准化高质量发展作出了重要贡献,尤其是在健全综合交通运输、智慧物流、绿色交通、安全应急等重点标准体系,促进国家标准、行业标准、地方标准与团体标准、企业标准协调发展等方面发挥了重要支撑保障作用。2016—2022年,标准经费项目共立项710项,共计投入项目总经费近2亿元,170余家单位作为项目承担单位共同支撑行业标准化经费项目研究工作。

按照项目类型划分,项目以制修订类为主(441项),占62%;研究类200项,占28%;支撑类69项,占10%,具体如图3-1所示。

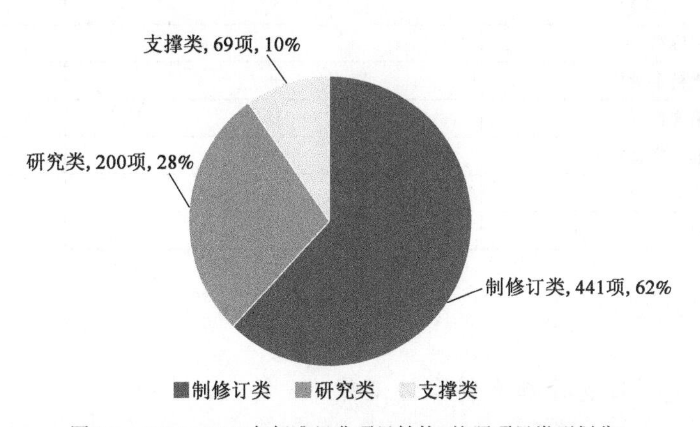

图3-1　2016—2022年标准经费项目结构(按照项目类型划分)

与项目类型相似，在项目成果产出方面同样以标准编制类为主，其中：标准编制类571项，占81%；政策体系类95项，占13%；宣贯类44项，占6%，具体如图3-2所示。

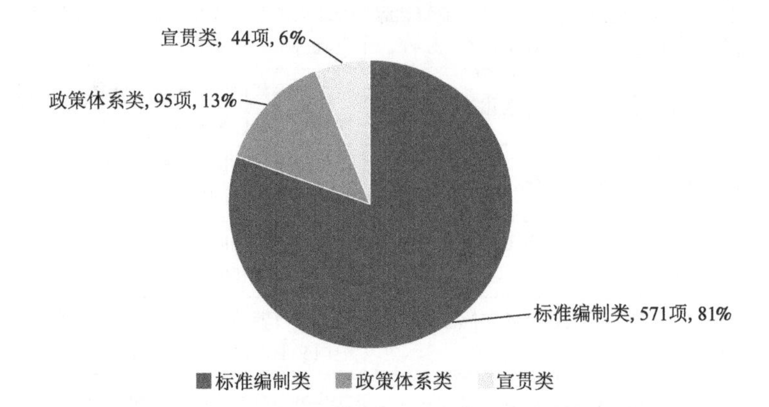

图3-2　2016—2022年标准经费项目结构（按照成果类型划分）

按照归口管理单位划分，710个项目分属24个归口管理单位，包含20个标委会及4个部内业务司局。归口标委会的项目有597项，占84%；归口部内各业务司局的项目有113项，占16%。

2016—2022年期间，标准经费项目取得了丰硕的研究成果，项目成果转化率为54.5%。385个项目转化发布标准和政策等成果共计478项，平均每个项目转化成果1.24项（转化成果类型分布见表3-2），较好地支撑了标准制修订、政策体系发布及宣贯培训等交通运输标准化工作。

2016—2022年标准经费项目转化成果类型　　表3-2

转化成果类别	转化成果数量	占比
国际标准	2	0.42%
国家标准	83	17.36%
国家标准外文版	7	1.46%
行业标准	282	59.00%
行业标准外文版	8	1.67%
团体标准	3	0.63%
部门计量检定规程	38	7.95%
政策文件	18	3.77%
行业监督抽查实施规范	29	6.07%
体系	8	1.67%
总计	478	100.00%

（一）取得的成效

1. 标准编制类项目支撑标准制修订工作

2016—2022年期间，共有标准编制类项目571项，依托这些项目转化发布了423项成果，其中,国际标准2项,国家标准83项,国家标准外文版7项,行业标准282项,行业标准外文版8项,团体标准3项,部门计量检定规程38项。这些标准或规程涵盖了交通工程、综合运输、道路运输、水路运输、智能运输、汽车、港口、集装箱、航海、救捞、疏浚等交通运输子领域,为推动交通运输高质量发展提供了有力保障。

2. 政策体系类项目支撑行业政策和标准体系研究

2016—2022年期间,共有政策体系类项目95项,依托这些项目转化发布了55项成果,其中,政策文件18项,行业监督抽查实施规范29项,行业标准体系8项,在贯彻落实国家重大战略与行业重点工作方面起到支撑作用。例如,"交通运输信息化标准体系2019"包含交通运输信息化标准体系框架、交通运输信息化标准体系表及标准体系制修订方法,有效指导了交通运输行业信息化标准应用和发展工作,同时进一步明确了同时期和其后一段时期的标准制修订任务,为交通运输信息化发展提供了标准支撑。"综合交通运输标准体系(2022年)"明确了包括92项国家和行业标准制修订任务。通过标准体系建设,有力推动综合交通运输重点领域标准补齐短板、提档升级,为加快建设交通强国提供了有力支撑。

3. 宣贯类项目支撑标准宣贯培训,推动标准的应用和推广

2016—2022年,计划开展宣贯培训会101期,实际开展106期,计划培训1.8万人/天,实际培训3.1万人/天。除了传统的线下培训形式,宣贯采用了线上和公众号视频直播等新方式,取得了良好效果。通过对全国各级交通运输主管部门、交通建设运营单位、交通运输企业、设备生产企业、检验检测机构、行业协会等单位开展标准培训,使相关管理人员和技术人员更深入地认识、更准确地理解交通运输标准,更广泛地在实际工作中应用这些标准。

总之,项目在实施过程中取得了重要的成果和成效,为推动交通运输标准规范和政策体系的制定、完善提供了有力的支持,为推进交通运输标准实施、充分发挥标准的支撑引领作用奠定了坚实的基础。

(二)项目产生的经济、社会效益

1. 项目成果有力支撑国家重大战略实施

项目成果有利于推动交通运输行业的高质量发展,有力支撑了国家重大战略实施。"支撑交通强国建设的高质量标准体系研究"项目成果进一步阐释了《交通强国建设纲要》所提出的"构建适应交通高质量发展的标准体系"的发展目标的内涵,为交通运输标准体系补缺、提质与升级提供了重要指引与参考,为交通运输国家标准和行业标准的制修订工作提供了规划指导,为交通运输高质量发展提供了标准化技术支撑。此外,"一带一路"相关项目研究成果在上海合作组织青岛峰会、2020年重型车辆运输技术研讨会中得到了应用,有效指导我国同"一带一路"共建国家开展交通运输标准化合作,推进交通运输领域标准互认,有利于推动我国交通运输标准"走出去",提升国际话语权和影响力。

2. 项目成果有力促进经济发展和产业升级

项目成果有利于加快新技术、新业态、新模式的应用，促进经济提质增效，推动产业优化升级。一批交通运输重点标准发布实施，解决了交通运输建设和发展的一些突出问题，促进了各种运输方式协调发展，产生了良好的经济社会效益。例如，《国内集装箱多式联运运单》《空陆联运集装货物转运操作规范》《海铁联运　列车运行与货物追踪接口》等23项多式联运标准，解决了当前多式联运单证不统一、交接转运作业不规范、信息衔接不通畅等问题，为促进提高我国多式联运发展水平提供了标准化支持。“北斗卫星导航系统船舶监测终端”“基于北斗系统的船舶遇险示位信标技术要求”有利于进一步推广北斗终端生产和销售、促进产业良性发展，项目成果巩固交通运输部作为北斗民用应用领头人、排头兵的重要地位，为各级海事、救捞、航海保障机构通过北斗进行船舶监控、信息播发及遇险救援等工作创造了有利条件，同时也是对北斗国际化推进工作的重要支撑。数十项部门计量检定规程成果的落地落实，规范了行业相关设备的计量管理，实现了对设备状况的有效评估，促使设备量值更加科学、准确、可靠，促进设备不断改造提升，促进产业不断优化升级；进一步提高了工程质量检测的规范性与科学性，助力产品、工程质量有效提升，为提高行业整体水平、增强行业的竞争力奠定坚实基础。依据计量技术规范开展设备检定或校准工作，直接或间接产生良好的经济、社会效益，有助于吸引更多的投资和资源，推动经济社会发展，促进城市化和基础设施建设。

3. 项目成果有力保障社会民生和国家安全

在社会民生方面，项目成果有利于提高交通运输服务的质量和效率，提升运输资源配置效率，为人民群众提供更便捷高效的出行服务。例如，《旅客联程运输服务质量要求》等旅客联运标准，解决了旅客联运服务过程不规范、信息系统数据资源不统一等问题，有利于提升旅客联运服务水平。《空陆联运集装货物转运操作规范》等23项多式联运标准，为促进提高我国多式联运发展水平提供了标准化支持。《汽车维修电子健康档案系统》系列标准的发布实施，是加强民生服务的重要措施，对于保障消费者合法权益、提升汽车维修行业的管理效率和服务品质、促进汽车维修行业转型升级具有重要意义。

在国家安全方面，项目成果有利于加强安全和应急处置能力建设，提高交通运输运行安全水平和对国家战略安全的保障能力。以救捞业标准为例，救助打捞行业是国家应急救援保障体系的重要组成部分和国防交通战备的重要力量，对于保卫国家安全有着重要的作用。“打捞作业起重安全操作规程标准研究”“潜水员高压水射流作业安全规程”“水下空气提升袋操作与安全要求标准修订”等安全方法类标准的研制有利于提升相关装备设施的安全管理水平，加强关键作业程序规范化建设，强化紧急情况下的应急处置能力，避免重大事故发生，对提升救捞与水下工程领域安全作业水平具有重要的意义。又比如，“交通运输二维码标准应用研究”项目研究制定我国交通运输二维码标准，对我国逐步掌握全球交通运输及二维码战略主动和行业发展话语权，保障国家与行业的信息安全具有重要意义。“交通运输信息资源安全分级要求和脱敏指南标准研究”项目成果对开展行业数据安全管理、指导数据安全合规应用具有非常重要的意义，为今后交通运输行业各级主管部门开展数据分级保护工作提供了参考和依据。

4. 项目成果有力推动绿色低碳转型和生态环境保护

项目成果有利于交通运输绿色发展，推动交通运输绿色低碳转型。例如，《船舶节能产品使用技术条件及评定方法》(GB/T 27874—2023)的发布实施，有效地规范了船舶节能产品的评估及认证工作，对推动优质节能产品在行业内推广应用、保障水运行业绿色可持续发展具有十分重要的意义。系列标准《绿色交通设施评估技术要求》(JT/T 1199)的发布实施，对集约节约利用资源、保护生态环境、控制碳排放、调整运输组织结构、提升行业监管能力等发挥了重要作用，间接经济效益突出。一方面，有效促进了交通设施建设与自然环境的有效融合，减少了建设、运营期对周边环境产生的不利影响；另一方面，提高了能源和资源的利用效率，推动了生态环保新技术、新材料、新装备在交通运输设施建设和养护中的应用，具有显著的生态环境效益。

5. 项目成果有力促进合作交流与人才培养

在合作交流方面，标准经费项目有力推动了标准的国际化工作，促进了国际合作交流。2016—2022 年期间，依托项目成果，发布了国际标准 2 项，国家标准外文版 15 项，行业标准外文版 13 项。“标准”作为世界通用语言，在国际交流合作中发挥着桥梁和纽带的作用，提升了我国在交通运输标准化领域的国际影响力。标准的国际化工作大力推动了相关单位和专业人员积极参与国际标准化活动，有助于我国交通运输行业争夺国际话语权，有效提升标准的整体质量，以高标准建设推进高质量发展。例如疏浚分委会组织《船舶与海上技术耙吸挖泥船耙臂位置显示系统》(ISO 7613)申报为国际标准提案，有利于进一步扩大我国疏浚技术迈出国门，走向国际；有利于我国企业参与到更多国际技术领域，体现科技强国、科技兴企的战略。“中印尼水运标准计量交流合作机制研究”从完善水运标准计量国际化的顶层设计、提升标准和计量技术规范的技术水平和国际化水平、建立标准计量联合研究的平台三个方面，提出了水运计量标准计量国际化的对策与建议，支撑水运计量的国际化路线，对国际计量技术合作与交流具有支撑作用。

在人才培养方面，标准经费项目提供了人才公平竞争的平台，培养了标准化专业人才。标准经费项目解决了开展标准化专项科研缺少资金支持的难题，调动了科研机构、大专院校、企业等优秀人才参与标准化工作的积极性。几年来，依托标准经费项目，培养了一大批优秀的标准化人才，建成了专业精湛、素质优良的标准化人才队伍。通过每年对项目转化成果的宣贯培训和推广应用，促进了行业内不同专业间标准化人才的交流与合作，推动了知识与经验的共享，加强了各方的合作能力，大力提升了科研人员的标准化水平。

6. 项目成果有力推动成果示范与推广

在成果示范与推广方面，标准经费项目推动科技成果上升为标准、规范、政策、体系，有力促进了标准化成果与产业发展、科技创新、社会需求等方面的协同，有效发挥了标准化工作在交通运输行业中的基础性、引领性作用，推动科技成果转化为生产力。标准经费项目每年支持标准宣贯活动，宣贯的标准数量多、行业受众面广。标准宣贯是促进和推广标准应用的有效手段，有效推动了新标准的实施。

四、评估主要结论

项目实施取得了以下管理经验：

1. 标委会是项目实施管理的有力抓手

标准经费项目以归口管理单位为纽带，充分发挥20个标委会的归口管理作用。标委会负责本领域标准经费项目的技术把关，把握和引领本领域行业需求，成为项目管理单位和承担单位间沟通联络的桥梁。项目管理单位要求项目承担单位积极与部主管业务司局沟通联络，标委会认真督办，使研究项目成果充分征求和吸纳主管业务司局意见，同时，结合行业重点工作推进项目落地转化，支撑行业政策和相关标准的发布实施。

2. 管理机制创新是提高管理效能的关键因素

标委会创新管理机制，扎实开展标准经费项目前期工作，有效提高了管理效能。例如，集装箱标委会建立标准经费项目预申报机制和入库机制。行业内各单位可在全年度任意时间提交标准经费项目申报材料，经标委会秘书处初步形式审查，满足要求的项目可以预入库。每年召开年度标准经费项目工作会和专家研讨会，对已入库项目开展评审工作，并进行推荐名单排序。利用主任委员办公会对推荐项目名单和排序进行评议，最终形成年度标准经费项目申报名单。

3. 进度督导是推进项目有序执行的必要手段

项目管理单位制定工作进度计划，明确关键时间节点，经常提醒项目归口单位督导项目承担单位严格按照合同、研究大纲和实施计划，认真组织开展标准研究、制修订和宣贯工作，加大工作指导和督办力度，有序推进项目执行。各标委会将标准经费项目管理纳入秘书处日常工作，按照项目管理单位的相关要求，与项目承担单位密切沟通，跟踪项目进展，及时发现和解决项目执行过程中存在的问题，督促项目组按时提交研究成果，保质保量完成任务，实现项目研究目标。特别是制修订项目和预研项目在实施过程中，标委会积极组织和协助承担单位申报标准制修订计划、严格把控标准制修订各环节、及时组织标准征求意见、审查和报批，使项目及时落地、项目成果转化为标准、体系等，在行业中广泛应用。

4. 网络平台是提升宣传广度的有效工具

除了宣贯类项目按合同要求履行宣贯培训任务，各标委会及时组织标准编制类项目的承担单位开展标准宣贯工作,有序推进标准“宣贯落”。2020 年 2 月—2022 年 12 月,受各地防疫政策影响,线下会议难以组织召开,标准培训宣贯工作普遍面临较大挑战。针对这一情况,项目承担单位和标委会积极采用互联网新技术,利用直播平台、空中课堂等多种方式加强宣传,利用成熟、受众群体多的微信公众号直播腾讯会议的线上培训和宣贯,进一步扩大了标准宣贯解读的受众面,切实提升了标准化的宣传力度。利用网络平台直播的好处有:第一,在宣贯质量上不打折扣,只要保障网络顺畅,视频画面可以完全复制腾讯会议的宣贯画面,收音效果也很好;第二,公众号直播不限人数上限,可以解决目前腾讯会议人数和时长的限制问题;第三,微信扫描二维码直接进入直播画面,不用下载等程序,对一线工作人员参加培训来说更便捷;第四,网络直播可以设置回看,可以反复进行再学习,有助于加强标准的宣贯效果;第五,网络直播二维码转发方便,可以吸引更多的学员参加培训。例如在 2022 年 11 月 25 日,由交通运输部公路科学研究院组织召开了《纯电动汽车维护检测诊断技术规范》(JT/T 1344—2020)标准的线上宣贯,全国各地在线观看直播的从业人员累计达到 4.1 万人。

今后,交通运输标准化经费项目的规划可以围绕以下几个方面展开:

1. 构建高质量标准体系

完善标准体系,继续加强综合交通运输标准体系的建设,确保标准覆盖全面、结构合理、衔接顺畅。特别是在综合交通运输、安全应急、绿色发展、新基建新业态新模式等新兴和“短板”领域,加快制定和完善相关标准;提升标准质量,注重标准的科学性、先进性和适用性,加强标准的制修订工作,确保标准能够反映行业发展的最新成果和最佳实践。同时,对现有标准进行整合优化和提档升级,提高标准的整体质量水平。

2. 加强标准化管理

健全管理机制,完善标准化管理机制,明确各级管理部门的职责和权限,加强标准化工作的组织协调和监督检查。推动标准化工作与政府管理、市场监管、行业自律等相结合,形成合力;推广标准应用,加大标准的宣传推广力度,提高行业内外对标准的认知度和认同感。通过示范项目、典型案例等方式,引导企业积极采用先进标准,提升产品和服务质量。

3. 推动标准国际化

参与国际标准制定,积极参与国际标准化组织的活动,加强与国外相关机构的交流合作,共同制定国际标准。推动我国优势技术和标准走向世界,提升我国在国际标准化领域的影响力和话语权;提升标准国际化水平,加强与国际标准的对接和互认工作,推动国内标准与国际标准接轨。在重点领域和关键环节上,率先实现与国际标准的等效或互认。

4. 强化科技创新与标准融合

推动科技创新,鼓励和支持企业、高校、科研院所等创新主体开展交通运输领域的科技创新活动,加强关键技术研发和成果转化。通过科技创新推动标准升级和更新换代;促进标准与科技创新融合,加强标准与科技创新的协同互动,将科技创新成果及时转化为标准。通过标准的制定和实施,推动科技创新成果在交通运输行业的广泛应用和产业化发展。

5. 优化营商环境

简化标准审批流程,优化标准审批流程和时间表,提高审批效率和质量。加强标准制定的公开透明度和社会参与度,广泛听取各方意见和建议;加强标准服务,建立健全标准服务体系,为企业提供标准咨询、培训、检测认证等一站式服务。加强标准信息资源的共享和开放利用,提高标准服务的便捷性和有效性。

综上所述,交通运输标准项目的未来规划将围绕构建高质量标准体系、加强标准化管理、推动标准国际化、强化科技创新与标准融合以及优化营商环境等方面展开。这些规划的实施将有助于提升我国交通运输行业的整体水平和国际竞争力。

第四章

交通运输科技成果管理

第一节　交通运输科技成果管理概述

根据《中华人民共和国促进科技成果转化法》(2015)的定义,科技成果,是指通过科学研究与技术开发所产生的具有实用价值的成果。职务科技成果,是指执行研究开发机构、高等院校和企业等单位的工作任务,或者主要是利用上述单位的物质技术条件所完成的科技成果。在《中国科学院科学技术研究成果管理办法》中,对科技成果的含义界定是对某一科学技术研究课题,通过观察实验、研究试制或辩证思维活动取得的具有一定学术意义或实用意义的结果。

交通运输部在此基础上又做了进一步的延伸,根据《交通运输部促进科技成果转化办法》(交科技发〔2022〕67号)规定,交通运输科技成果为职务科技成果,是指科技人员执行单位工作任务或主要利用单位的物质技术条件,开展科学研究、技术开发所产生的具有实用价值的技术成果。根据交通运输部关于科技成果这一概念的含义,有三点需要注意:一是交通运输部科技成果是职务科技成果而非其他,这对成果范围做了根本性的界定;二是科技人员获得成果的前提是执行单位工作或利用单位的物质技术,这对职务科技成果做了进一步的解释补充;三是成果不管是科学研究所得还是技术开发所得,必须要具有实用价值,可见实用性是对科技成果的重要要求。

科技成果按其研究性质,分为基础研究成果、应用研究成果和软科学研究成果,如表4-1所示;按表现形式分,可分为科研项目、学术论文专著和专利等;此外,科技成果还可以按照学科领域分类、按照成果来源分类以及成果影响分类。对科技成果进行分类便于对成果进行针对性分析,这样既能推动科技成果的应用和推广,又能推动科技成果管理工作的有效开展。对于科技成果的分类评判,通常从创新性、先进性、成熟性及实用性等方面开展。

不同研究性质科技成果的定义、形式及特点　　表 4-1

类型	基础理论成果	应用技术成果	软科学成果
定义	在基础研究和应用研究领域取得的新发现、新学说	在科学研究、技术开发和应用中取得的新技术、新工艺、新产品、新材料、新设备以及农业、生物新品种、矿产新品种和计算机软件等	对科技政策、科技管理和科技活动的研究所取得的理论、方法和观点
主要形式	科学论文、科学著作、原理性模型或发明专利等	专利、软著、工艺、工法、标准规范	研究报告
特点	主要关注自然现象、特征、规律及其内在联系，为学科的发展提供理论基础	这类成果具有直接的应用价值，能够推动生产技术的进步和产业升级	这类成果关注科技活动的组织、管理和决策过程，为科技政策的制定和实施提供理论支持

科技成果是通过科学研究与技术开发所产生的具有学术意义和(或)实用意义的成果。科技成果是科技人员开展科学研究的结晶，是人类社会的重要智力资源，对推动经济发展和社会进步具有十分重要的作用，特别是随着时代的发展进步，科技成果在全球范围得到越来越多的关注，对科技成果得到了前所未有的重视。正因如此，对科技成果进行有效管理，为科技管理工作提供重要决策依据，能够进一步促进科技计划的制定和科技成果的交流与应用，激发广大科研工作者的创新积极性，推动科技人才的成熟孵化，对打造高水平科学技术、发展新质生产力有巨大的促进作用。科技成果管理通常包括科技成果评价、科技成果登记、科技成果奖励及科技成果转化四方面工作。

第二节　交通运输科技成果管理工作内容

一、科技成果评价

1. 概况

科技成果评价是对科研成果的价值和影响进行系统评估的过程，它涉及对科技成果的科学价值、技术价值、经济价值、社会价值和文化价值等多元价值的综合评价。科技成果评价的作用在于激发科技人员的积极性，推动高质量成果的产生，促进创新链、产业链、价值链的深度融合，为构建新发展格局和实现高质量发展提供有力支撑。近年来，随着我国科技、经济、社会的快速发展，科技成果评价越来越受到党和国家以及社会各界的广泛关注。

2016 年科技部废止了《科学技术成果鉴定办法》，这标志着政府将成果鉴定评价活动交由第三方专业评价机构执行，以促进评价活动的客观性和公正性。2021年，习近平总书记在中央全面深化改革委员会第十九次会议的讲话中对科技成果评价作出重要指示，要求"加快实现科技自立自强，要用好科技成果评价这个指挥棒，遵循科技创新规律，坚持正确的科技成果评价导向，激发科技人员积极性"。同年7月，《国务院办公厅关于完善科技成果评价机制的指导意见》（国办发〔2021〕26号）明确提出："坚持正确的科技成果评价导向，创新科技成果评价方式，通过评价激发科技人员积极性，推动产出高质量成果、营造良好创新生态，促进创新链、产业链、价值链深度融合，为构建新发展格局和实现高质量发展提供有力支撑。""全面准确评价科技成果的科学、技术、经济、社会、文化价值。根据科技成果不同特点和评价目的，有针对性地评价科技成果的多元价值。"同年11月，科技部联合十部门共同开展科技成果评价改革试点工作，尝试建立科技成果五元价值评价机制，为科技成果评价改革提供支撑。

交通运输行业科技主管部门积极贯彻落实国家及科技部关于科技成果评价方面的相关指示。在2016年科技部文件《国务院办公厅关于做好行政法规部门规章和文件清理工作有关事项的通知》提出废止《科技成果鉴定管理办法》后，科技成果鉴定成为历史，交通运输行业科技主管部门顺应要求，将科技成果评价工作交由行业协会、学会、研究会、专业化评估机构等第三方组织，也就是采用市场化运作。由第三方组织根据相关要求开展交通运输行业科技成果评价。

科技成果评价是一个系统的过程，该过程通过评价体系对科技成果各方面价值进行综合评估。政府与市场在科技成果评价体系中的角色是相辅相成的。政府主要通过制定政策、法规以及提供相应的指导和资助来支持科技成果的评价，而市场则通过需求牵引和资源配置来影响评价的方向和重点。

2. 作用

科技成果评价具有多方面的重要作用。科技成果评价不仅有助于科技成果的推广应用，还是科研项目结题验收的重要依据。通过行业权威专家的评价，不仅可以确保技术成果的科学性、可靠性和实用性，还可以更快速地获得行业及市场的认可，帮助投资者、合作者和潜在用户更好地理解成果价值，促进科技成果的快速推广和产业化应用，提高资源利用效率和经济效益。此外，高质量的评价报告是申请国家和地方科技奖励、专项经费支持、高新技术企业认定等的重要依据，通过将科研成果转化为市场语言，降低沟通成本，加速科技与经济的深度融合。对于科研人员自身而言，评价结果还可被用作职称评定的重要依据，这有助于激励科研人员投入更多精力于创新研究。科技成果评价不仅限于科研项目完成后的总结性评估，还应包括周期性和阶段性评估，以便及时调整研究方向，确保科研活动更加贴近市场需求和社会发展需要。评价体系的完善还应当注重评价的公正性，避免功利化和形式化评价，确保评价工作真正能够促进科技成果的高质量发展。

3. 评价流程

科技成果评价流程需要遵循科技成果评价最新的规定和标准，确保评价的公正性和科学性。目前，在交通运输行业，主要依据《国务院办公厅关于完善科技成果评价机制的指导意见》（国办发〔2021〕26 号）与《科技成果五元价值评估指南》（T/CASTEM 1009—2023）相关要求与规定开展。

科技成果评价通常包括以下几个主要步骤：

准备阶段：申请评价的单位或个人需要填写科技成果评价申请表及相关文档，如成果研究报告、应用证明、科技查新报告等。申请评价的科技成果要求产权权属清晰，在科学、技术、经济、社会、文化等价值方面，对经济社会效益和行业科技进步具有促进作用。

组织评价：科技成果评价单位接收申请单位提交的评价材料，并进行符合性审查。审查通过的成果采取现场或视频会议的形式组织开展科技成果评价工作。

专家评审：邀请相关专家，运用科学、可行的方法对科技成果进行评价、评审、评议、论证、验收。评价完成后，评价机构会出具评价报告。

二、科技成果登记

1. 概况

科技成果登记是指科技成果完成单位在项目验收完成后，通过科技成果管理部门的平台或系统完成审查、编号、登记的过程。早在 2000 年，科学技术部就通过并印发了《科技成果登记办法》，办法的出台主要是考虑到对于政府财政资金支持的科技项目，要充分运用知识产权信息资源，选准高起点，避免重复研究。办法规定，执行各级、各类科技计划（含专项）产生的科技成果应当登记，非财政投入产生的科技成果自愿登记。对国家秘密的科技成果，按照国家科技保密的有关规定进行管理，可不按照该办法登记。

全国的科技成果登记工作由科学技术部管理和指导，省、自治区、直辖市科学技术行政部门负责各自地区的科技成果登记工作，国务院有关部门、直属机构、直属事业单位负责各自部门的科技成果登记工作。省、自治区、直辖市科学技术行政部门和国务院有关部门、直属机构、直属事业单位科技成果管理机构授权的科技成果登记机构，对符合登记条件的科技成果予以登记。

交通运输部负责交通运输行业的科技成果登记管理工作，部科技司委托直属事业单位相关部门（交通运输部科学研究院交通科技发展促进中心）具体负责行业科技成果登记工作，该中心对每年行业重点科技项目清单中完成验收及办理登记的成果进行形式审查，经汇总后对符合要求的成果进行编号并上报部科技司，由部统一报送至火炬高技术产业开发中心，从而最终统一完成登记并发布。成果的批准登记号由省市（部门）的科技成果登记管理机构统一分配。成果登记过程中，申报单位可忽略“批准登记号”和“批准登记日期”指标项；成果登记完成后,管理部门会统一公布登记成功成果的"批准登记号"和"批准登记日期"。

目前国家科技成果登记系统的开发和应用,为国家科技成果库的建设提供了统一的技术支撑,并在全国科技成果管理机构和成果完成单位得到广泛应用。科技成果登记系统包括在线登记系统和脱机登记系统。科技成果登记机构对办理登记的科技成果形式审查符合条件的成果予以登记,并出具登记证明。科技成果登记证明不作为确认科技成果权属的直接依据。两个或两个以上完成人共同完成的科技成果,由第一完成人办理登记手续。

2. 具体要求

国家科技成果登记主要是为了增强财政科技投入效果的透明度,规范科技成果登记工作,保证及时、准确和完整地统计科技成果,为科技成果转化和宏观科技决策服务。科技成果登记应当以客观、准确、及时为原则,充分利用现代信息技术,促进全国科技成果信息的交流。

科技成果登记应当同时满足三个条件:一是登记材料规范、完整;二是已有的评价结论持肯定性意见;三是不违背国家的法律、法规和政策等。

办理科技成果登记应当提交《科技成果登记表》及下列材料:

(1)应用技术成果:相关的评价证明(鉴定证书或者鉴定报告、科技计划项目验收报告、行业准入证明、新产品证书等)和研制报告;知识产权证明(专利证书、植物品种权证书、软件登记证书等)和用户证明。

(2)基础理论成果:学术论文、学术专著、本单位学术部门的评价意见和论文发表后被引用的证明。

(3)软科学研究成果:相关的评价证明(软科学成果评审证书或验收报告等)和研究报告。

《科技成果登记表》格式由科学技术部统一制定。

三、科技成果奖励

1. 概况

科技奖励制度是党和国家为激励自主创新、激发人才活力、营造良好创新环境采取的重要举措,是我国长期坚持的一项重要制度,对于促进科技支撑引领经济社会发展、加快建设创新型国家和世界科技强国具有重要意义。

近年来,为贯彻落实党中央、国务院决策部署,深入推进创新驱动发展战略实施,调动广大科技工作者积极性和创造性,同时,为了解决科技奖励制度改革实践中出现的一些新情况、新问题,自2003年开始,国务院对《国家科学技术奖励条例》先后进行了四次修订,2024年5月26日,最新一版条例正式颁布。条例根据《中华人民共和国科学技术进步法》制定,为了奖励在科学技术进步活动中作出突出贡献的个人、组织,调动科学技术工作者的积极性和创造性,建设创新型国家和世界科技强国。

根据该条例规定，目前在国家层面，设立的国家科学技术奖主要包括：国家最高科学技术奖、国家自然科学奖、国家技术发明奖、国家科学技术进步奖、中华人民共和国国际科学技术合作奖。以上国家科学技术奖应当坚持国家战略导向，与国家重大战略需要和中长期科技发展规划紧密结合。国家加大对自然科学基础研究和应用基础研究的奖励。国家自然科学奖应当注重前瞻性、理论性，国家技术发明奖应当注重原创性、实用性，国家科学技术进步奖应当注重创新性、效益性。其中，国家最高科学技术奖是我国科技界最高奖项，主要是为了奖励在当代科学技术前沿取得重大突破或者在科学技术发展中有卓越建树、在科学技术创新、科学技术成果转化和高技术产业化中，创造巨大经济效益、社会效益的科学技术工作者。国家最高科学技术奖不分等级，每次授予人数不超过 2 名。

在国家科学技术奖的提名、评审和授予中，国家科学技术奖实行提名制度，不受理自荐。候选者由具备资格条件的专家、学者、组织机构，中央和国家机关有关部门，中央军事委员会科学技术部门，省、自治区、直辖市、计划单列市人民政府提名推荐。香港特别行政区、澳门特别行政区、台湾地区的有关个人、组织的提名资格条件，由国务院科学技术行政部门规定。中华人民共和国驻外使馆、领馆可以提名中华人民共和国国际科学技术合作奖的候选者。在具体评审过程中，评审活动应当坚持公开、公平、公正的原则。评审专家从国务院科学技术行政部门建立的覆盖各学科、各领域的评审专家库中抽取产生。评审专家精通所从事学科、领域的专业知识，具有较高的学术水平和良好的科学道德。国家最高科学技术奖报请国家主席签署并颁发奖章、证书和奖金。国家自然科学奖、国家技术发明奖、国家科学技术进步奖颁发证书和奖金。

2. 行业现状

交通运输行业科技进步奖的评选工作目前由社会力量来承接。早在 2013 年 5 月，国务院根据第十二届全国人大第一次会议批准的《国务院机构改革和职能转变方案》指示，要求减少和下放投资审批事项，减少和下放生产经营活动审批事项，减少资质资格许可和认定，取消不合法、不合理的行政事业性收费和政府性基金项目，随即印发了《关于取消和下放一批行政审批项目等事项的决定》，取消社会科技奖登记事项，要求切实加强后续监管。2017 年 5 月，国务院办公厅印发《关于深化科技奖励制度改革的方案》，明确鼓励社会科技奖健康发展，坚持公益化、非营利性原则，引导设立目标定位准确、专业特色鲜明、遵守国家法规、维护国家安全、严格自律管理的科技奖项。2020 年 10 月，国务院公布《国家科学技术奖励条例》，要求对社会科技奖的有关活动进行指导服务和监督管理，并制定具体办法。2021 年 12 月，《中华人民共和国科学技术进步法》修订公布，明确国家鼓励国内外的组织或者个人设立科学技术奖项，对科学技术进步活动中作出贡献的组织和个人给予奖励。2023 年 3 月，为引导社会力量设立科学技术奖规范健康发展，提高社会科技奖整体水平，根据《中华人民共和国科学技术进步法》《国家功勋荣誉表彰条例》《国家科学技术奖励条例》等法律法规，制定《社会力量设立科学技术奖管理办法》。至此，社会力量设立科学技术进步奖的相关管理办法得以正式明确。

社会科技奖指国内外的组织或者个人(以下称设奖者)利用非财政性经费,在中华人民共和国境内面向社会设立,奖励在基础研究、应用研究、技术开发以及推进科技成果转化应用等活动中为促进科学技术进步作出突出贡献的个人、组织的经常性科学技术奖。目前在交通运输行业,科学技术奖评审单位包括中国公路学会、中国航海学会、中国交通运输协会及地方交通运输相关学会、协会及研究会等。

以中国公路学会科学技术奖为例,该奖下设科学技术进步奖、技术发明奖、青年科技奖及创新团队奖,中国公路学会科学技术进步奖旨在奖励公路交通行业具有重大经济社会价值的科技创新成果,促进科学研究、技术开发与经济社会发展的密切结合,推动行业整体科技进步。授予在完成并应用推广创新性科学技术成果,对推动公路交通运输行业科学技术进步和经济社会发展作出突出贡献的组织和个人。

中国公路学会科学技术奖申报包括推荐申报和直接申报两种形式。学会科技评价中心负责组织开展科技奖评审活动,包括网评、初评、复评答辩、报批审定等工作,参与评审的专家由行业内各专业领域权威专家、学者担任,实行动态聘任制。中国公路学会科学技术奖每年评选一次。该奖项的设立对奖励在公路交通科学技术进步中作出突出贡献的个人和组织,激发行业内外的积极性和创造性,促进行业科技进步与创新,增强社会影响力和参与度等方面都发挥着重要的作用。

四、科技成果转化

1. 概况

《中华人民共和国促进科技成果转化法》(以下简称"《办法》")早在1996年就已颁布实施,虽然我国对科学技术研发的投入保持高增长,但科技成果转化率较低。我国智力资源数量和国际科技论文数量均位居世界前茅,科技创新能力却仅排世界第19位,科技成果转化率仅约为10%,尚未彻底走出"低效泥潭"。于是,在2015年,为促进科技成果转化为现实生产力,规范科技成果转化活动,加速科学技术进步,推动经济建设和社会发展,新一版《办法》经修订后发布。促进科技成果转移转化是实施创新驱动发展战略的重要任务,为深入贯彻落实党中央、国务院一系列重大决策部署,加快《办法》落实落地,打通科技与经济结合的通道,促进大众创业、万众创新,鼓励研究开发机构、高等院校、企业等创新主体及科技人员转移转化科技成果,推进经济提质增效升级,加快推动科技成果转化为现实生产力,国务院在2016年又先后印发实施了《中华人民共和国促进科技成果转化法》若干规定及《促进科技成果转移转化行动方案》,科技成果转化相关制度规定逐步完善。

科技成果转化,是指为提高生产力水平而对科技成果所进行的后续试验、开发、应用、推广直至形成新技术、新工艺、新材料、新产品,发展新产业等活动。在组织实施方面,对能够显著提高产业技术水平、经济效益或者能够形成促进社会经济健康发展的新产业的,能够显著提高国家安全能力和公共安全水平的,能够合理开发和利用资源、节约能源、降低消耗以及防治环境污染、保护生态、提高应对气候变化和防灾减灾能力的,能够改善民生和提高公共健康水平的,能够促进现代农业或者农村经济发展的,能够加快民族地区、边远地区、贫困地区社会经济发展的,国家通过政府采购、研究开发资助、发布产业技术指导目录、示范推广等方式予以支持。在转化方式上,科技成果持有者可以采用自行投资实施转化、向他人转让该科技成果、许可他人使用该科技成果、以该科技成果作为合作条件与他人共同实施转化、以该科技成果作价投资或折算股份或者出资比例及其他协商确定的方式。

由于市场机制在对科技成果进行资源配置时存在着"市场失灵",如信息不对称,基础技术和共性技术应用具有正外部性,因此必然要求政府有所为。但是政府介入科技成果转化要把握一个基本的原则,就是在科技成果转化中凡是市场机制能够解决的,应尽量通过市场机制去解决,政府的作用主要在于对市场机制的"拾遗补阙",纠正市场机制在科技成果转化中存在"失灵"的部分,为市场机制在科技成果转化中更好地发挥基础性作用创造条件。

为此,为进一步促进科技成果转化工作,国家出台了一系列政策措施以促进科技成果的商业化应用。这些政策涵盖了多个方面,旨在打破科技成果转化壁垒,加速科技成果从实验室走向市场的进程。

一是强化企业主体地位。党的二十大和二十届中央委员会第三次全体会议强调,要着眼于科技创新和产业创新深度融合,强化企业主体地位,加强企业主导的产学研深度融合。这一政策导向旨在更好地发挥企业在科技成果转化中的市场导向作用,提高转化效率。

二是深化科技成果转化机制改革。深化科技成果转化机制改革,构建同科技创新相适应的科技金融体制。通过优化激励政策、完善国有资产管理方式、构建更加灵活高效的转化流程等措施,激发科研人员和企业参与科技成果转化的积极性。

三是支持高校和科研院所科技成果转化。完善高校科技创新机制,提高成果转化效能。鼓励高校和科研院所按照先使用、后付费的方式把科技成果许可给中小微企业使用,降低中小微企业获取科技成果的门槛。同时,推动高校区域技术转移转化中心建设,加快布局建设高等研究院,提升高校科研成果的转化能力。

四是加强技术转移体系建设。加快布局建设一批概念验证、中试验证平台,为科技成果提供从实验室到市场的桥梁。加强技术经理人队伍建设,提升技术经理人的专业能力和服务水平,以更好地服务于科技成果的转化工作。

五是完善知识产权保护与标准化建设。加大对知识产权侵权行为的打击力度,完善知识产权保护体系。同时,加快新材料等领域的标准化建设步伐,制定统一的设计规范、质量控制规范和评价标准,为科技成果的产业化提供有力支撑。

六是引导社会资本投入。完善长期资本投早、投小、投长期、投硬科技的支持政策,引导更多社会资本投向科技成果转化领域。通过税收优惠、财政补贴、风险补偿等多种方式,降低投资者的风险承担成本，提高其投资积极性。

经过长期的不懈努力，我国科技成果转化服务市场呈现出快速发展的态势。从市场规模来看，科技成果转化服务市场的规模从2014年的300亿元增长至2023年的1850亿元，增幅明显。预计未来几年，随着国家对科技创新和成果转化的进一步支持以及市场需求的持续增长，科技成果转化市场规模将持续扩大。虽然我国在科技成果转化方面取得了一定成绩，但目前科技成果转化率依然相对较低，特别是与发达国家相比，存在显著差距。比如在材料科学等领域，尽管我国在新材料的研发上投入了大量的人力、物力和财力，但成果的商业化应用和市场推广却进展缓慢。这主要是由于科研体制与机制的制约、技术与市场匹配度不足、支持体系与服务平台不完善以及知识产权保护与标准化建设滞后等原因所致。

为了进一步提升科技成果转化效率和质量，我国需要继续深化改革创新机制体制、加强产学研深度融合、完善支持体系与服务平台、加强知识产权保护与标准化建设等措施的实施。通过这些措施的实施，有望推动中国科技成果的高效转化和产业化应用，为经济社会发展注入新的动力和活力。

2. 行业现状

交通运输部一直以来高度重视交通运输领域科技成果转化工作。“十三五”期间，为贯彻落实《中华人民共和国促进科技成果转化法》及《国务院关于印发实施〈中华人民共和国促进科技成果转化法〉若干规定的通知》《中共中央办公厅、国务院办公厅印发〈关于实行以增加知识价值为导向分配政策的若干意见〉》等法规、文件要求，交通运输部于2017年出台了《交通运输部促进科技成果转化暂行办法》（以下简称《暂行办法》），就部属研究开发机构、高等院校及具有研究开发能力的单位科技成果转化工作作出规定，有效期5年。

《暂行办法》实施5年来，也就是在“十三五”期间，部属各单位深入领会文件精神，结合自身实际，制定实施细则、健全组织机构、规范过程管理，在激发科技人员创新积极性、促进科技成果转化方面开展了一系列富有成效的工作。5年来，部属单位共完成各类型成果转化6525项，总合同额34.8亿元，奖励科技人员31023人次，计6.27亿元，有效促进了部系统单位并带动行业成果转化规模稳步增长，有效稳定了科技人才队伍，有效激发了科技人员创新活力，收到了预期效果。

近年来，党中央、国务院高度重视科技创新，不断深化科技改革，在促进科技成果转化方面出台了一系列新政策、提出了一系列新要求。与此同时，部属各单位特别是广大一线科技人员对于《暂行办法》期满后政策的延续性和一致性充满期待。对标党中央、国务院要求和服务加快建设交通强国需要，对标部属科研单位和科研人员期待。为此，交通运输部在系统总结《暂行办法》实施情况的基础上，依据《中华人民共和国科学技术进步法》《中华人民共和国促进科技成果转化法》《国务院关于印发实施〈中华人民共和国促进科技成果转化法〉若干规定的通知》（国发〔2016〕16号）等有关规定，交通运输部在2022年印发了《交通运输部促进科技成果转化办法》（交科技发〔2022〕67号，以下简称《办法》），为科技成果转化提供了明确的法律依据和政策支持。

《办法》的制定工作遵循了“能留尽留、应改尽改”的原则，对于《暂行办法》实施以来运行良好，且内容可涵盖或体现近年党中央、国务院及有关部门文件精神的条款尽可能予以保留，以体现政策的延续性和稳定性；对于《暂行办法》原有条款中不再适用或已经发生变化的内容，根据实际情况做了更新、调整和优化；对于《暂行办法》原有条款未能涵盖、但2017年以来党中央、国务院及有关部门文件细化明确的新规定、新精神，通过新增或修订相关条款进行补充完善；此外，对《暂行办法》部分条款进行了优化整合、规范完善。

《办法》包括总则、转化方式、技术权益、机制建设、收益分配、转化激励、经费投入、绩效评价、人员兼职、离岗创业、法律责任、附则共12章45条。总则部分，主要对《办法》的法律依据、适用范围、科技成果和成果转化活动的概念、成果转化单位的职责等作出了规定，该办法所称科技成果是职务科技成果，为科技人员执行单位工作任务或主要利用单位的物质技术条件，开展科学研究、技术开发所产生的具有实用价值的技术成果。转化方式及技术权益部分，主要是明确了科技成果转化的主要方式，规定了相应的公示、保密、资产评估、作价入股工作等方面的工作要求，进一步明确了单位、成果完成人及双方对于促进成果转化的责任义务等。机制建设部分，主要是明确了支持建立新型研发机构、引导规范成果评价、积极培育和发展交通运输技术市场、综合利用部科技管理政策工具、鼓励产学研联合开展成果转化的政策导向等，强调各单位应建立健全科技成果转化工作机制、加强成果转化能力建设、加快推进交通运输技术转移机构和技术经理人队伍建设等。收益分配和转化激励部分，对于收益分配，主要是明确了各单位成果转化收入处置、科技人员成果转化奖励报酬、技术合同认定登记、奖励报酬支出的财务处置、奖励公示、税收优惠条件等要求，以及现金奖励减按50%计算个人所得税等具体内容。对于转化激励，主要规定了担任领导职务的科技人员获得科技成果转化奖励按照分类管理的原则执行及各类情况下成果转化奖励的具体要求，并鼓励各单位在合法合规的前提下参照执行所在地省级党委、政府出台的促进成果转化的激励政策等。成果转化经费投入部分，主要是明确了鼓励综合利用社会资金、专项基金、单位自有资金、有偿开放共享科研设施等多种资金渠道支持开展科技成果转化工作。成果转化工作绩效评价部分，主要是明确了各单位要建立科技成果转化年度报告制度、报告的主要内容、各单位应将科技成果转化纳入绩效考评体系等。人员兼职和离岗创业部分，主要是明确了领导班子成员、中层领导人员、一般科技人员兼职兼薪的有关要求，明确了科技人员离岗创业期间有关责任、义务及其与所在单位的关系处理，以及各单位可出台具体管理办法并报部备案等。

在机制建设方面，交通运输部在机制建设方面不断完善，明确了科技成果转化的主要方式、技术权益、机制建设、收益分配和转化激励等方面的要求。在成果转化过程中，行业科技人员得到了有效激励。交通运输部通过奖励科技成果完成人、提高科技人员成果转化奖励报酬等措施，激发了科技人员的创新活力，稳定了科技人才队伍。随着科技的不断进步,交通运输领域的新技术、新材料、新工艺不断涌现。交通运输部积极推动这些技术的研发和应用,为科技成果转化提供了有力支撑。例如,在公路、铁路、水运等领域,智能交通、绿色交通等新技术得到了广泛应用,推动了交通运输行业的转型升级。此外,科技成果的转化和应用不仅促进了新技术的研发和应用,还推动了交通运输产业的升级。通过推广新技术、新产品和新服务,交通运输产业实现了从传统产业向现代产业的转变,提高了产业的竞争力和可持续发展能力。

尽管交通运输部在科技成果转化方面取得了显著成效,但仍面临一些挑战。例如,科技成果转化机制仍需进一步完善;科技成果转化过程中的风险评估和防控机制尚不健全;科技成果转化与市场需求之间的对接仍需加强等。随着国家对科技创新的重视程度不断提高以及交通运输行业的快速发展,科技成果转化面临前所未有的机遇。交通运输部将继续加大政策支持和资金投入力度,推动科技成果转化工作取得更大成效。

综上,做好科技成果转化是交通运输部全面贯彻落实党中央、国务院关于促进科技成果转化决策部署、保持行业政策延续性和一致性、持续提升交通运输科技创新成果转化效能的重要举措。部属各单位应结合本单位实际,完善相关内部管理规定,打通政策落地“最后一公里”,切实保障《办法》在促进部系统单位科技成果转化、激励科技人员创新热情等方面持续发挥作用。地方交通运输主管部门参照该《办法》,结合实际,制定并管理各自的科技成果转化办法。

第三节　案例:交通运输重点科技项目清单及重大科技创新成果库

一、交通运输重点科技项目清单

1.基本情况

为主动适应国家科技体制改革的要求,引导全行业优势科技资源聚焦交通强国建设,围绕行业重大科技创新需求开展协同创新,2018年1月,交通运输部办公厅印发《交通运输部办公厅关于实施交通运输行业重点科技项目清单管理的通知》(交办科技〔2018〕15号),部科技司启动交通运输行业重点科技项目清单(以下简称“清单”)相关工作。受部科技司委托,由交通运输部科学研究院交通科技发展促进中心配合开展清单项目组织实施中的咨询、监督及成果管理等工作。

开展行业清单项目相关工作,是顺应科技管理改革要求、创新工作模式的实际举措,特别是在中央及行业科研经费减紧的情况下,实际清单管理能够有效凝聚行业创新力量,统筹行业科技资源,形成科技攻关、平台建设、成果公开共享和推广应用的完整链条;能够系统支撑行业科技创新体系建设,有机衔接行业科技创新工作与国家科技创新总体布局,开创行业上下联动、协同创新的新局面;能够发挥企业在市场导向类科技创新的主体作用,发挥政府在公益性及重大科技攻关中的统筹引导作用。此外,还能推进行业相关科技发展规划各项任务落实,为服务交通强国建设提供有力支撑。

清单项目由创新研发(包括重点项目和面上项目)、科技成果推广、国际科技合作3类项目组成。创新研发项目,是指面向行业科技攻关需求,开展基础性、前瞻性理论研究或前沿性、应用基础研究及共性关键技术研发。其中,“重点项目”指本年度部重点关注并长期跟踪的项目(2018—2022年重点项目方向见表4-2),“面上项目”包含交通基础设施、交通装备、运输服务、安全应急、绿色交通、交通信息化、政策研究七个领域,各单位申报时可全面或部分响应指南内容。科技成果推广项目,是指立足行业发展,以市场需求为导向,推广先进适用的新技术、新工艺、新材料、新装备和新方法,促进交通运输科技成果向生产力转化,提升工程和装备质量及行业服务水平。国际科技合作项目,是指通过开展与境外机构联合研究和技术交流等活动,推动我国与外方相关科技合作任务落实,提高交通运输国际科技合作水平和影响力。

2018—2022年重点项目方向 表4-2

2018年	方向1:面向自动驾驶需求的道路设施智能化与装备研发及测试应用
	方向2:港工结构服役安全与性能提升
	方向3:通航河流生态建设与健康维系
	方向4:船舶尾气排放监管与控制
	方向5:公路基础设施安全智能监测
	方向6:港口危险货物安全风险评估与应急处置
	方向7:水上遇险目标快速识别与撤离清障
	方向8:巨型船闸及超高升程大水域船厢升船机建设与安全运行保障
2019年	方向1:旧集装箱码头智能化改造
	方向2:多源多维数据支持的综合立体交通网规划
	方向3:智能船舶船岸协同与综合测试技术
	方向4:“四好农村路”高质量养护管理支撑保障
	方向5:公路基础设施全生命周期大数据信息采集及装备研究
	方向6:水运基础设施全生命周期大数据信息采集及装备研究
	方向7:交通运输安全生产风险智慧感知和管控
	方向8:耐久性公路基础设施设计及评估
	方向9:三峡新通道与葛洲坝船闸扩能改造工程核心技术
	方向10:重大跨海隧道工程技术
2020年	方向1:基于船岸协同的内河航运安全管控与应急搜救
	方向2:隧道工程、整跨吊运安装设备等工程机械装备研发
	方向3:智慧公路建设及运营管控
	方向4:智能航运关键

续上表

2020 年	方向 5:船舶绿色建造
	方向 6:长江生态智能航道建设与运营
2021 年	方向 1:交通基础设施维养
	方向 2:交通基础设施全要素全周期数字化改造
	方向 3:智慧物流
	方向 4:北斗导航
	方向 5:航运安全与应急救援
	方向 6:交通污染与降碳协同治理
	方向 7:大件运输许可服务与管理
2022 年	方向 1:综合交通运输理论方法与技术研究
	方向 2:“出疆入藏”主要交通运输通道建设运维关键技术研究
	方向 3:新能源与清洁能源创新应用关键技术研究
	方向 4:专用作业保障装备与技术研究
	方向 5:便捷城市交通运行服务技术研究
	方向 6:交通安全生产保障与协同管控技术研究
	方向 7:西部陆海新通道(平陆)运河建设关键技术研究
	方向 8:绿色航运关键技术研究

清单项目的开展搭建了一个部省联合,企业、科研院所、高校协同创新的平台。通过清单项目征集,部科技司每年更新申报指南,指南既顺应科技部重大专项的研究方向,又涵盖部内各司局的任务需求及科研重点,对实施国家战略和引领行业科技发展具有重要支撑作用。除此之外,通过开展清单相关工作,将企业作为创新投入的主体,推动产学研用协同发展。

2. 申报流程

交通运输部科技主管部门根据年度科技发展规划任务要求、行业发展需求、年度重点工作等,会同部内其他有关业务司局,每年上半年制定发布年度重点科技项目申报指南。

申报单位根据申报指南,按照要求准备项目申报材料。申报(承担)单位应为具有独立法人资格且运行管理规范的科研机构、高等院校、企事业单位或行业学(协)会,并具有较强的科研能力和条件。申报清单的项目应为当年完成立项,且落实研发经费的非涉密项目,研究期限一般不超过 3 年,多家单位共同参与的项目由第一承担单位负责申报。

申报单位经由推荐单位完成网上填报和材料报送,推荐单位负责材料的审核把关。推荐单位通常有四类,省级交通运输主管部门负责审核并推荐所辖区域内地方高校、科研机构和企事业单位申报的项目;中央所属高校及科研机构、中央管理的有关企业、国家交通运输科普基地依托单位、行业学(协)会、部共建高校和部属单位负责审核并推荐本单位(集团)项目;行业重点科研平台依托(牵头)单位负责审核并推荐所属科研平台人员的项目。部海事局、长江航务管理局、珠江航务管理局、救助打捞局及中国船级社负责审核并推荐本系统内单位申报的项目。

交通运输部科学研究院交通科技发展促进中心(以下简称“科促中心”)受部科技主管部门委托,从申报材料的完整性、推荐单位的合规性、证明材料的齐备性等方面对申报项目进行形式审查。通过审查的项目,科促中心会邀请道路、桥隧、港航、环保、安全、信息化、软科学等专业方向的专家先后通过网评和会评的方式进行评审。会评阶段采用主评人推介和专家评分的相结合的评审方式,从项目的必要性(主要从与申报指南、技术发展趋势、国家行业技术政策等方面的符合性进行评价)、可行性(主要从研究内容完整性、技术路线合理性等方面进行评价)及支撑保障(主要从工作基础、经费保障、依托工程落实情况等方面进行评价)等方面对清单项目进行全面的评估。

科促中心根据专家评审意见,将遴选结果上报部科技主管部门,经征求部内相关司局意见以及部专家委员会审定,经批准后予以发布。最终入选清单的项目均属于部级项目,其成果作为部科技成果统一登记,并优先纳入交通运输重大科技创新成果库;同时,清单项目作为行业科研平台评估与认定、创新人才遴选与培养的重要指标,其完成情况将与国家科技项目、创新平台、人才团队和国家科技奖励推荐等工作联动。清单项目开展几年以来,陆续有项目完成验收并进行了成果登记与归档。完成成果登记的项目覆盖了行业科技攻关各个领域,发挥资金投入约 2.78 亿元。2021 年部科技司印发《关于公布首批交通运输行业重点科技项目清单成果登记项目的通知》,公布了 76 项已完成成果登记的行业重点科技项目清单项目。2022 年部科技司印发《关于公布第二批交通运输行业重点科技项目清单成果登记项目的通知》,继续公布了 70 项已完成成果登记项目。成果登记项目的公布对已完成项目而言,明显提升了项目申报单位的获得感和荣誉感,获得了行业广大科研人员和单位的好评。

3. 开展情况

清单工作开展以来,在交通运输行业内的重视程度不断提升,申报清单项目的数量年平均增长率达 11.8%,呈现稳步增长趋势。2018—2022 年,共 2579 个项目参与清单申报,1333 个项目最终入选清单,入选比例为 52%。清单项目累计调动科研经费投入 67.77 亿元,2018—2022 年清单项目总体情况详见表 4-3和图 4-1。

2018—2022 年清单项目总体情况 表 4-3

年份	申报数量	纳入数量	归档数量	纳入项目调动投入(万元)
2018 年	441	246	90	89383.70
2019 年	392	202	41	50314.90
2020 年	491	241	11	228721.85

续上表

年份	申报数量	纳入数量	归档数量	纳入项目调动投入（万元）
2021 年	566	288	4	196966.41
2022 年	689	356	0	112252.46
合计	2579	1333	146	677639.32

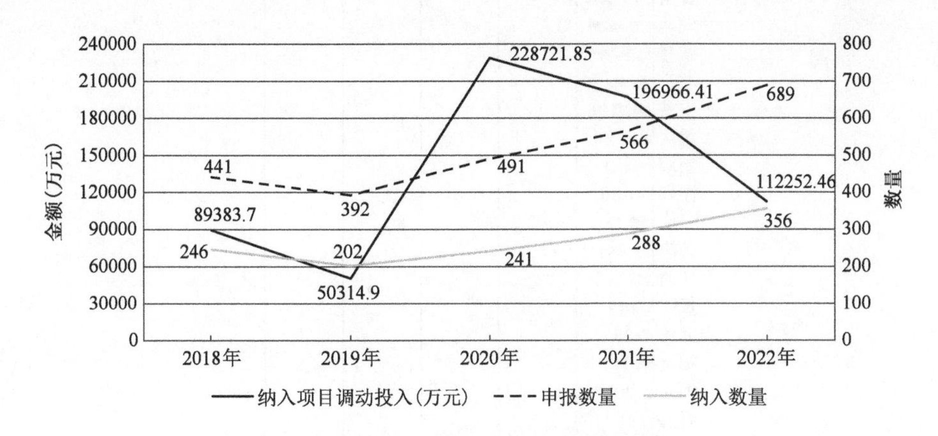

图 4-1　2018—2022 年清单项目总体情况

从申报的推荐渠道来看，清单项目推荐单位主要包括省级交通运输部门、部属单位、高校、企业、行业学会协会等，详见图 4-2。结合近五年的整体申报情况，可以看出清单项目充分调动了广大交通运输科研人员、单位聚焦行业发展瓶颈和需求开展科技创新工作。其中，企业推荐项目数量基本持平，部属单位的申报情况明显呈逐年上升趋势。

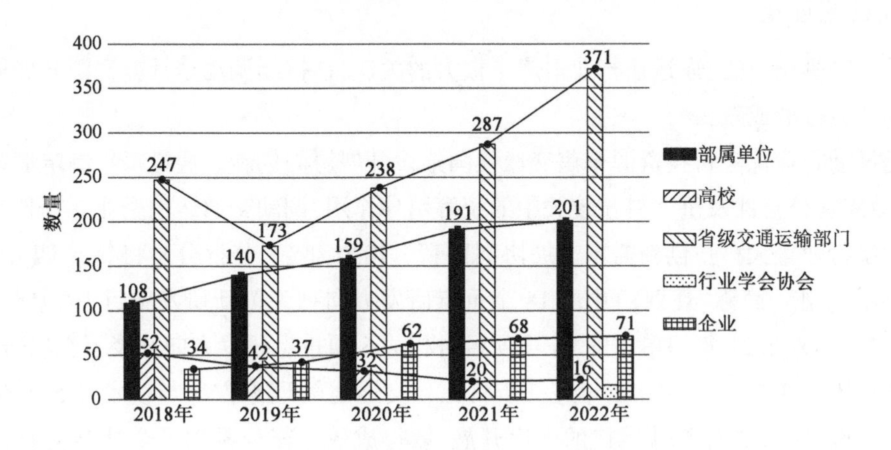

图 4-2　2018—2022 年清单项目推荐趋势

据统计，各省级交通运输部门推荐项目数量占总数的 51%。清单项目开展五年以来，共 29 个省级交通运输部门参与了清单项目的推荐，其中，山东、江苏、广西推荐项目数量位居前三位，2018—2022 年省级交通运输部门清单项目推荐情况详见图 4-3。

图 4-3　2018—2022 年省级交通运输部门清单项目推荐情况

4. 成效及展望

清单一经推出，在交通运输行业引起了极大的关注，在持续调动全社会资源开展科技攻关方面取得了良好的成效：

一是推动行业优势科技资源聚焦交通强国建设开展协同创新。通过每年制定清单申报指南，发挥政府在公益性及重大科技攻关中的统筹引导作用，调动交通运输企业、科研院所、高校等单位围绕行业重大科技创新需求开展协同创新。2020 年起，分批分步将《"十四五"交通领域科技创新规划》（简称《规划》）中的 18 个重点研发方向列为创新研发项目中"重点项目"方向予以布置，列入 2021 年清单中的 96 项项目对相关 6 项重点研发方向开展了立项研究，总计调动社会投入约 5.2 亿元。2022 年进一步将综合交通运输理论方法与技术等 5 项重点研发方向列入指南，有力推动了《规划》的有序开展、取得成效。充分调动了全社会资源聚焦行业发展瓶颈和需求开展科技攻关，为推进行业相关科技发展规划各项任务落实、服务交通强国建设提供了有力支撑。

二是积极调动部属单位基本科研业务费，全力支撑部"双纲要"有关重点任务的实施。2020 年起，通过将部内各司局重点研究方向纳入部属科研单位年度科研任务的方式，鼓励部属单位集中科研力量协助部开展相关工作，各部属单位在确保在相关项目立项的基础上，积极开展研究并申报清单。三年以来，支持了包括运输服务司、安质司、海事局等 11 个部门的 134 项重点工作，受到部内相关司局广泛关注和认可，在调动各部属单位科研人员积极性的同时，加强了清单项目对于部各项基础性、支撑性、应急性重点科研任务的支持力度。

三是充分发挥了各类主体在创新链的重要作用。清单中，企业、重点科研平台入选项目以重点项目为主，且投入经费较多，高校入选项目集中在面上项目及国际合作项目，部属单位入选项目以面上项目中的政策研究类为主。通过充分发挥企业、重点科研平台协同创新"突击队"作用，发挥高校作为基础研究"主力军"作用，以及科研院所政策研究的"参谋部"作用，不断集中各类主体优势，完善政府、企业、高校、科研院所和社会资本多方协同的交通运输科技创新链体系。

四是加强了行业优秀科技成果的汇交和共享，推动了成果转化应用。近两年，陆续有清单项目完成验收并进行了成果登记与归档。为及时掌握清单项目的执行情况，加强科技创新成果管理与共享，2020 年科促中心研究编写了交通运输行业重点科技项目清单执行情况报送和成果归档工作的有关要求。经梳理，已完成成果登记的项目共计 146 项，其中重点项目 45 项，面上项目 90 项，推广项目 5 项，国际合作项目 6 项，覆盖了行业科技攻关各个领域，发挥资金投入约 2.78 亿元。2021 年、2022 年部科技司分两批公布了已完成成果登记的清单项目。经过对相关单位调研了解到，对已完成项目的公布明显提升了项目申报单位的获得感和荣誉感。清单工作逐渐形成了科技攻关、成果公开共享和推广应用的完整链条。

五是开创了行业上下联动、共同创新的局面初步形成。部级层面，清单项目成果优先纳入交通运输重大科技创新成果库。省级层面，安徽结合部清单推荐工作，在省内建立了清单工作制度，推动省内科技创新。企业层面，中交建对下属企业开展考核指标中包括清单项目。清单项目带动了各级交通运输部门、企业的科技创新工作，为推动行业科技创新工作提供了有力抓手。

在交通运输行业重点科技项目清单取得了显著成效的同时，在后续开展过程中仍有部分工作可进一步完善：

一是优化评审机制，综合评价项目，提高入选项目质量。目前部属单位申报项目较多，而高校项目因科研经费投入普遍相对较少，在项目评审中不占优势，因此在项目遴选过程中重点衡量高校申报项目，引导高校、科研院所和地方高校使用自有资金或专项资金，开展创新研发。

二是建议持续提升清单项目在科研立项方面的引领作用。积极引导行业在关键核心技术领域开展攻关，通过清单指南落实《规划》重点任务的同时，设置基础研究与应用基础研究重点项目研究方向，增加铁路、民航、邮政等大交通面上项目研究方向，引导交通运输企业针对制约行业高质量发展的基础性问题强化研究，鼓励广大交通运输企业、科研单位积极开展相关科研攻关并申报清单。

三是建议继续扩大清单影响力，建立成果发布、宣传和交流机制。通过不定期组织论坛、交流会，征集、发布推广应用案例汇编等方式加强清单项目宣传推广。通过建立成果发布平台，引导项目单位及时了解信息，在已有研究基础上开展研究，并避免重复立项。发挥行业协会学会优势，推荐系统外交通运输企业积极参与清单申报。

四是建议通过信息化手段加强清单项目过程管理机制。在做好包括项目遴选、成果发布等在内的常规工作机制定型的基础上，发挥地方交通运输部门组织实施主体及交通企业、科研院所创新主体作用，推动规划、任务、项目、资源、政策一体化融通衔接。建立项目管理跟踪机制，在“交通运输部科技管理信息系统”中完善项目过程管理模块，实现可实时填报项目进度等功能，及时跟踪项目动态进展。

五是建议加强清单与部其他各重点工作的联动。将清单项目成果作为相关科技创新工作认定的重要依据，例如考虑在行业重点实验室认定指标“实验室科技成果情况”中增加清单项目作为相关指标；在交通强国评价指标中将入选清单等工作作为科技创新方面指标的加分项等。

二、交通运输重大科技创新成果库

1. 基本情况

为全面贯彻落实党的十九大精神，深入实施创新驱动发展战略，促进交通运输科技成果转化，调动全行业科技工作者的积极性和创造性，推动行业科技进步，支撑交通强国建设，2018年交通运输部科技司启动了交通运输重大科技创新成果库建设工作，其定位是交通运输科技创新支撑交通强国建设的重要举措，是部统筹管理行业科技创新成果的重要抓手，是行业重大科技创新成果汇集和展示的部级平台，是部推荐各类国家级奖项的成果储备库，也是部协调推进各项科技创新工作的有力措施。

入库科技成果主要有科技项目（包括重大科技创新项目和科技成果推广项目）、专利、论文和专著共四类。受部科技司委托，由科促中心配合开展清单项目组织实施中的咨询、监督及成果管理等工作。

2. 申报流程

根据《交通运输部办公厅关于建立交通运输重大科技创新成果库的通知》及历年征集通知的要求，在部科技司的指导下，科促中心参照申报国家科技进步奖、国家专利奖等工作的通知要求，制定并不断优化成果库的管理制度和规范文本，形成重大科技创新项目、科技成果推广项目、专利、科技论文和科技专著的申报要求和申报书模板。

每年根据成果库征集通知向推荐单位征集成果，由申报单位按申报要求进行网上和纸质材料申报，按照通知文件的要求，从推荐单位合规性、申报材料完整性、证明材料齐备性以及知识产权权属是否明确等方面对申报材料开展严格审查，根据成果类型特点研究制定成果库入库评选的相关工作方案和评价指标后，采用网评、会评相结合的方式和主评人推介、专家评分、专家投票相结合的评审方法，确保评审工作科学、规范、高效地开展，充分发挥交通科技专家库入库专家(部总工/总监、院士、领军人才等)在入库成果评审中的作用。公示发布阶段将评审结果向社会公示和发布,并依托“交通运输部科技管理信息系统”,向社会公众提供历年的入库成果查询服务,并颁发交通运输部入库成果荣誉证书,目前成果入库已成为一项社会高度认可的部级荣誉。

3. 开展情况

2018 年到 2021 年,科技成果申报总数为 4283 项,审查通过的有 3570 项,经专家评审、部科技司审定,最终入选 1190 项,入选率 27.8%,申报总数总体上呈上升趋势,成果库工作的影响力逐年提升,详见表 4-4 和图 4-4。

2018—2021 年度科技成果申报、通过及入选情况

表 4-4

年度	申报数量	通过数量	入选数量	入选率
2018	950	606	269	28.3%
2019	923	789	297	32.2%
2020	1233	1074	313	25.4%
2021	1177	1101	311	26.4%
合计	4283	3570	1190	27.8%

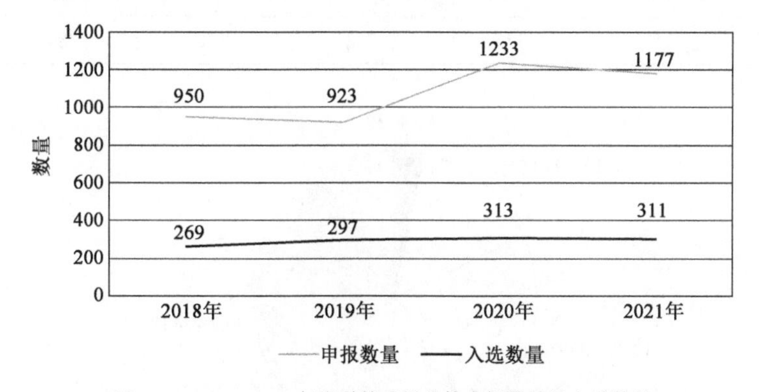

图 4-4　2018—2021 年度科技成果总体申报数量及入选数量

2018—2021 年,科技成果申报入选率如图 4-5 所示,在 2019 年达到最高点,总体呈下降趋势。2020 年,为提升入库项目水平,部将重大项目的申报要求提高(由省部级二等奖提高至省部级一等奖及以上)。同时,随着行业对成果库的认可和重视程度的增加,虽然后期申报数量大幅增加,但在对入库总量的严格控制下,入库成果整体水平有很大提升。

(1)入库推荐单位分布情况

部属单位及省级主管单位是支撑行业科技工作的主力军。2018—2021 年入库科技成果按单位性质分类,部属单位入库 437 项,占比 36.7%,省厅入库 310 项,占比 26.1%,企业入库 229 项,占比 19.2%,高校入库 175 项,占比 14.7%,学(协)会入库 39 项,占比 3.3%,如表 4-5 和图 4-6 所示。

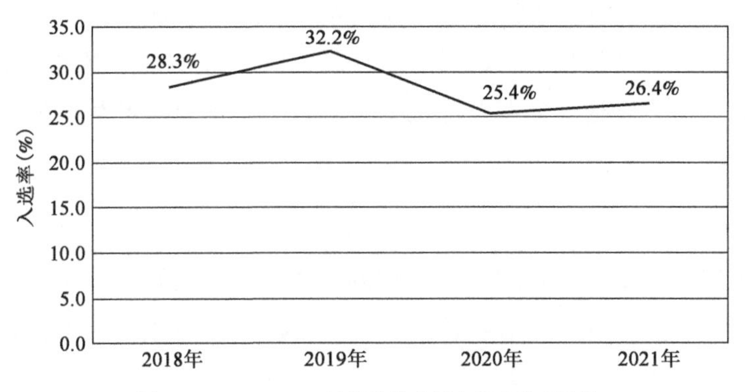

图 4-5　2018—2021 年度科技成果申报入选率趋势

2018—2021 年度入库科技成果按推荐单位分布情况　　表 4-5

类别	重大	推广	专利	专著	论文	合计
部属单位	115	25	55	100	142	437
省级交通运输部门	47	80	66	34	83	310
企业	50	29	78	29	43	229
高校	16	4	19	15	121	175
行业学会协会	18	17	4	0	0	39
合计	246	155	222	178	389	1190

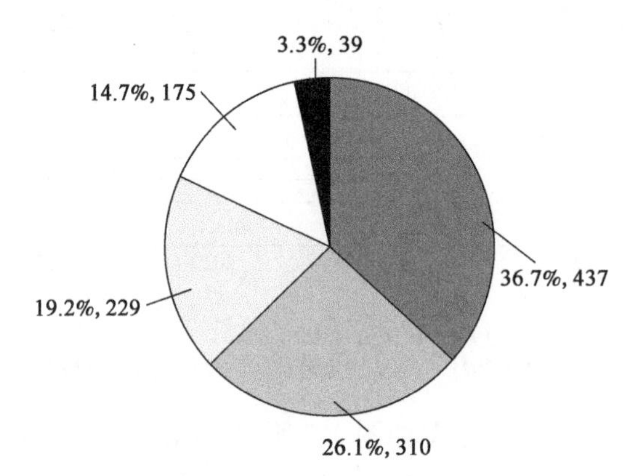

图 4-6　2018—2021 年度入库科技成果按推荐单位分布

(2)入库区域分布情况

成果库工作辐射面积覆盖全国。2018—2021 年入库科技成果按区域分类,北京入库 345 项,占入库总数的 29.0%,江苏省入库 131 项,占入库总数的 11.0%,天津入库 92 项,占入库总数的 7.7%。这三个地区入库数量占入库总数的 47.7%,其中,北京以部属单位及中交集团等企业为主,天津以部属单位为主。2018—2021 年度入库科技成果按区域及成果类型分布情况如表 4-6、图 4-7 所示。

2018—2021 年度入库科技成果按区域及成果类型分布情况　表 4-6

地区	重大科技创新项目	科技成果推广项目	专利	专著	论文	合计
河北	0	0	0	1	0	1
江西	2	0	0	0	1	3
内蒙古	1	0	0	0	2	3
福建	2	0	2	1	0	5
广西	1	0	1	1	3	6
贵州	1	2	0	3	0	6
吉林	2	2	1	3	1	9
新疆	2	4	0	1	1	8
黑龙江	0	2	3	0	5	10
山西	0	1	2	1	6	10
四川	1	1	2	4	4	12
甘肃	2	3	3	0	6	14
河南	1	3	6	3	5	18
云南	5	1	3	0	12	21
山东	7	9	7	1	5	29
浙江	2	15	3	4	6	30
安徽	4	2	19	5	3	33
湖南	4	3	2	2	24	35
重庆	3	6	6	2	21	38
广东	21	13	8	12	6	60
上海	20	2	11	3	24	60
湖北	18	1	12	10	21	62
辽宁	9	5	10	8	36	68
陕西	5	11	13	7	45	81
天津	23	9	16	19	25	92
江苏	28	19	38	14	32	131
北京	82	41	54	73	95	345
合计	246	155	222	178	389	1190

(3)入库运输方式分布情况

入库成果覆盖各种运输方式,以公路水路为主。2018—2021 年入库科技成果按运输方式分类,公路运输 646 项,占入库总数的 54.3%,水路运输 433 项,占入库总数的 36.4%,城市交通 66 项,占比 5.5%,铁路领域 17 项,民航领域 4 项,其他类 24 项,如表 4-7 所示。

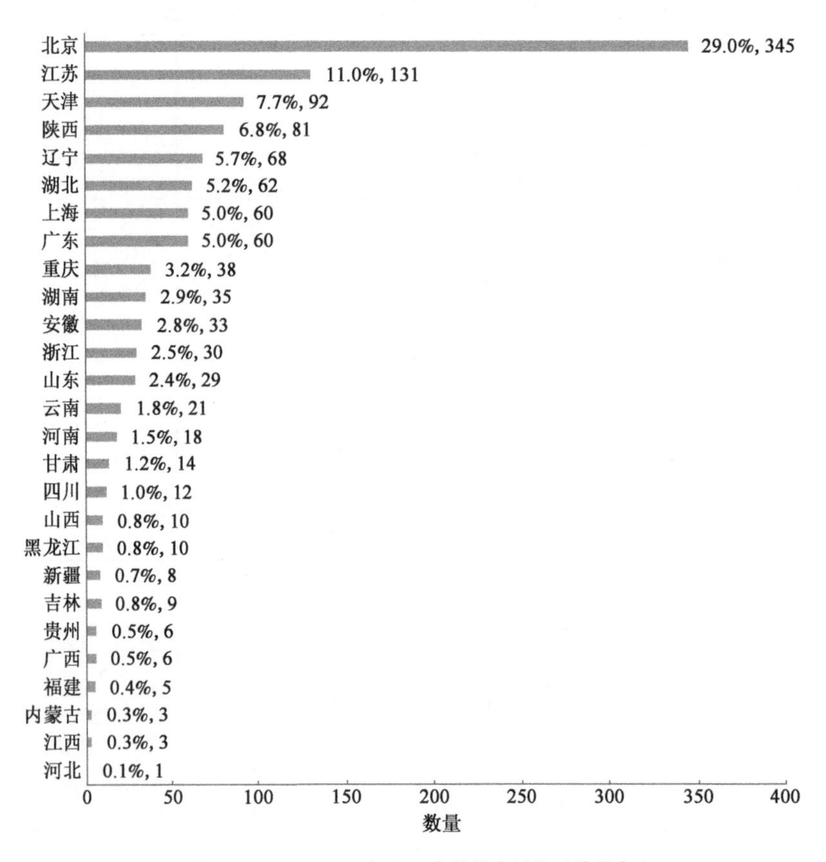

图 4-7 2018—2021 年度入库科技成果按区域分布

2018—2021 年度入库科技成果按运输方式分布情况 表 4-7

运输方式	重大科技创新项目	科技成果推广项目	专利	专著	论文	合计
公路	91	121	143	80	211	646
水路	137	24	72	66	134	433
铁路	5	1	4	4	3	17
民航	1	0	1	1	1	4
城市交通	8	8	2	19	29	66
其他	4	1	0	8	11	24
合计	246	155	222	178	389	1190

(4)入库专业领域分布情况

公路交通基础设施领域入库成果相对领先。2018—2021 年入库科技成果按专业领域分析，排名前三位的是道路工程、桥梁工程、交通工程。其中，道路工程入库 276 项，占入库总数的 23.2%，桥梁工程入库 167 项，占入库总数的 14.0%，交通工程入库 126 项，占入库总数的 10.6%，如图 4-8、图 4-9 和表 4-8 所示。

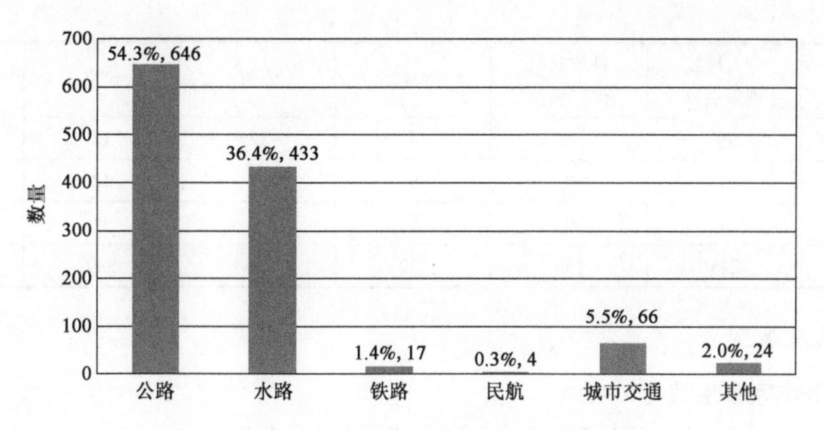

图 4-8 2018—2021 年度入库科技成果按运输方式分布

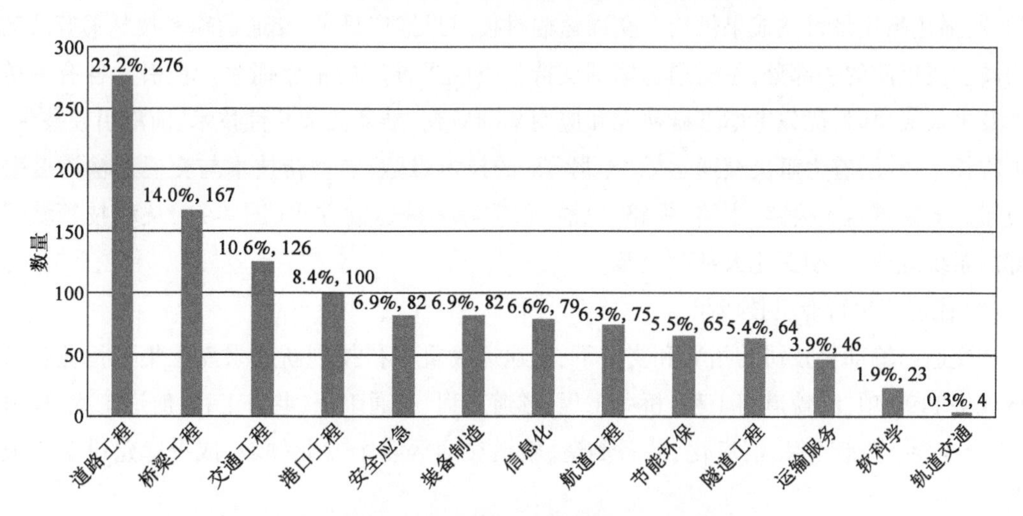

图 4-9 2018—2021 年度入库科技成果按专业领域分布

2018—2021 年度入库科技成果按专业领域分布 表 4-8

专业领域	重大科技创新项目	科技成果推广项目	专利	专著	论文	合计
道路工程	40	56	52	29	99	276
桥梁工程	27	27	45	26	42	167
交通工程	6	16	31	21	52	126
港口工程	39	7	12	21	21	100
安全应急	36	5	7	9	25	82
装备制造	25	9	26	0	22	82
信息化	15	20	13	17	14	79
航道工程	24	3	7	13	28	75
节能环保	5	2	15	16	28	66
隧道工程	12	6	10	2	34	64

续上表

专业领域	重大科技创新项目	科技成果推广项目	专利	专著	论文	合计
运输服务	14	4	4	12	12	46
软科学	0	0	0	11	12	23
轨道交通	3	0	0	1	0	4
合计	246	155	222	178	389	1190

4.成效及展望

(1)服务国家顶层战略

成果库建设紧紧围绕加快建设交通强国的重大任务，聚焦制约交通运输高质量发展的主要问题，强化高质量科技成果供给。交通运输科技成果推广目录、交通运输科技丛书等政策工具均属于成果库的一部分，是交通运输部支持各类成果推广的重要抓手。在引导各有关单位推荐及申报成果时，优先考虑基础研究和应用基础研究，推动关键共性技术、前沿引领技术、现代工程技术攻关，着力解决交通运输“卡脖子”的技术难题，推动新技术与交通运输深度融合和应用。成果覆盖了公路、水路、铁路、民航、邮政等多种运输方式(图4-9)，从科技领域促进了部内系统融合，贯彻深化大部制改革。

(2)梳理汇集行业科技成果

在交通运输部科技司的指导和支持下，交通运输重大科技创新成果库汇集了行业各领域科技成果1190项，涵盖道路工程、桥梁工程、隧道工程、交通工程、港口工程、航道工程、运输服务、安全应急、节能环保、信息化、装备制造、轨道交通等多个专业领域，成果库建设工作成效显著。

(3)调动行业科技资源

由交通运输部科技司牵头，部属单位、全国各地方主管单位、行业重点研发中心、国有企业，包括共建高校在内的大部分高校积极响应，全方位吸纳行业优秀科研成果。串联并整合同类型重大科技创新成果持有单位，开展交通运输部国家科技进步奖推荐工作。

(4)引领科研高质量发展

坚持入库成果数量严格把关，引导推荐及申报高水平成果，引领科研成果高质量发展。交通运输部官方授予的证书本身含金量极高，与其他社会组织的奖项本身不在同一层次，成果库证书一证难求。成果库成立5年以来，吸纳国家科学技术进步奖7项、国家科学技术发明奖2项，推荐并获得国家专利奖多项。

(5)完善科技管理体系

成果水平的官方认可及荣誉表彰是行业不可或缺的，是企业及科研主体从投入资金立项、验收鉴定、申请荣誉、示范应用、形成标准、成果推广、获取利润再到投入资金立项闭环中的重要环节。成果库作为部级荣誉，已经列入例如各省主管单位、科研单位、大型国企(中交、招商局等)年末的重要业绩考核指标。

(6)解决成果切实落地应用问题

根据行业内各单位长期反馈的信息及需求来看,由于交通行业的工程应用场景居多,用户对能真正落地应用的技术及产品等成果需求迫切,但自交通运输部无科研立项资金(西部课题)支持以来,行业只能靠科研主体自筹经费来满足成果应用的其中一部分,得到科技部资金支持的科研主体(例如高校)形成的多数科研成果在行业内或匹配度低或适应性差,落地应用困难。所以由行业主管部门组织专家,对近年来成果的质量进行筛选及把关就起到了至关重要的作用。

(7)与部其他科技工作的联动

一是充分调动了交通科技领域的专家参与评审,如部总工/总监、院士、人才、英才等,使其发挥为部科技成果把关作用的同时,与部保持长期的、密切的工作联系;二是在部科技示范工程、人才等工作的评审中,作为一项重要参考指标;三是储备大量领域科研成果,可以提供成果或线索,及时响应突发情况及即时需求。

(8)成果宣传展示的部级平台

一是部网站将入库公示后,充分利用交通科技信息管理系统网站等媒介向社会发布,共同推动科技信息交流、科研成果转化应用;二是利用《交通科技云论坛》,让成果持有人面向全国科技主管部门及工作者展开宣传与交流,尤其是推广项目类(即推广目录)的内容,入选项目在部分省份参与招投标时都有相应的加分政策;三是联合行业学会、协会、桥梁杂志社等科技中介,对推广应用前景较好的成果,通过组织现场技术交流等形式加以重点宣传、推荐。

(9)部职称评定的重要依据

成果入库在部系统科研人员职称评审中作为奖励一类的重要指标,目前的交通运输部职称评价标准条件中关于省(部)级科技奖励界定部分写入了:科技创新项目奖励,是指根据《交通运输部办公厅关于建立交通运输重大科技创新成果库的通知》(交办科技〔2018〕37号),入选交通运输重大科技创新成果库的科技创新项目中,获部提名国家科学技术奖的科技创新项目,在职称评审中可参照省部级科学技术奖励进行申报,由职称评审委员会根据业绩成果实际进行认定。

(10)指导行业学(协)会的有力抓手

2015年起,原部管学(协)会陆续脱钩,导致交通领域的成果逐年分散,难以对成果持有单位及完成人开展工作,培养和发现人才困难。但成果入库工作将获得各类社会奖励成果的水平进行了比较及筛选,尤其是写入职称评审标准后,已成为引导及管理社会奖励工作的重要抓手。一是客观公正地衡量其奖励的水平,解决了各个行业学会、协会获奖成果水平参差不齐的问题;二是能够涵盖全部专业领域,解决了新专业领域的科研人员只能将成果申报其他行业的社会奖励的问题,如中国技术市场协会、中国市政协会等;三是减少了科研人员被各种社会团体的报奖及配套营利性活动牵扯从而影响科研投入和精力。

第五章

交通运输科技人才管理

第一节 交通运输科技人才管理概述

一、内涵与界定

1. 科技人才的定义与内涵

科技人才是指有品德有科技才能的人、有某种特殊科技特长的人，是掌握知识或生产工艺技能并有较大社会贡献的人。对科技人才进行科学管理，有利于充分挖掘科技人才的潜力，发挥其在科技研发等方面中的作用，促进科技发展，提高社会经济发展水平。科技人才管理包括对科技人员的选拔、使用、考核、晋升和培养提高等。

我国长期以来一直重视科技人才，不断通过各种措施提高科学技术人员的社会地位，为充分发挥科技人才作用不断创造有利条件。早在1993年7月2日，第八届全国人民代表大会常务委员会第二次会议上通过的《中华人民共和国科学技术进步法》就指出，要对充分发挥科学技术人的作用、提高科学技术人员的工资和福利待遇、保障科学技术人员接受继续教育的权利、科学技术人员的合理流动创造环境和条件等诸多方面都作出规定。

随着社会经济的发展，科技人才的概念随着时代的发展而变化，科技人才的队伍也不断壮大，对科技人才的判定标准也愈加宽泛。目前，科技人才主要是指具有某方的科学技术专长，掌握知识或生产工艺技能并对科学技术与经济社会发展作出较大贡献的人。究竟如何定义科技人才，从不同的角度有不同的解读，从广义科技人才角度来看，科技人才主要包括各个学科领域的学者、专家、教授、研究人员等。

2. 科技人才的管理内容

科技的发展依赖于科技人才。要想充分激发科技人才对科技的贡献，就要对科技人才进行科学管理，捕捉科技人才特征、优化科技资源配置、提升科技人才的创新能力，对科技人才的管理，是充分发挥科技人才作用的基础。

科技人才的管理是指构建良好的科技研发环境，提升科技人才的积极性和创造性，以便协助科技人才实现科技进步的过程,因此科技人才管理对于提升科研组织的效率与创新能力至关重要。科技人才的管理内容涵盖了多个方面,主要包括以下几个方面:

(1)科技人才的培养与开发

通过多种管理措施,打造多层次立体人才队伍,包括高层次领军人才、青年科技人才以及技能型工匠人才。建立全周期培养体系,完善并优化职业通道,提供广阔成长空间和发展途径,落实资金补助,为科技人才提供系统的培训和发展机会,包括专业技能培训、领导力培养、国际交流等,以提升其综合素质和创新能力。鼓励科技人才参与重大科研项目,通过实践锻炼提升其科研能力和水平。

(2)科技人才的评价发现

人才评价应当坚持德才兼备、以德为先,突出品德、能力、业绩导向,科学设置评价内容和标准,注重代表性成果的质量、贡献、影响和转化应用,合理使用职称、学历、奖项、论文专著等评价指标。人才评价应当结合岗位特点,按照下列标准分类实施:对基础研究领域,人才评价以同行学术评价为主,注重研究成果质量以及社会影响力;对应用研究和技术开发领域,人才评价突出市场评价和社会评价,注重创新能力、创新成果、专利创造和运用;对哲学社会科学领域,人才评价重在同行认可和社会评价,注重研究成果的学术原创性和实际应用价值;对科技成果转化领域,人才评价重点关注知识价值和市场评价,注重经济效益、社会效益和生态效益;对人才评价标准未涵盖的领域,应当根据不同职业、不同岗位、不同层次人才特点,结合经济社会发展需要与科技人才的能力、贡献、业绩等因素,从实际出发,完善科技人才评价方法,为发现优质科技人才营造良好的培养环境。

(3)科技人才选拔与任用

正确地选拔、招聘科技人员是科技人才管理的重要环节。科技人才的选拔要以正确的识才、选才观念为指导,明确识才、选才的原则与标准,建立起科学地选拔优秀科技人才的管理机制,避免埋没人才,造成人力资源的浪费。科技人才的选拔应遵循学用一致、德才兼备和择优任用的原则,通过考试、推荐、招聘等各种方式方法选拔,通常根据科研组织的特定需求,通过严格的选拔程序,挑选出具有优秀科技素质、较强研究开发和技术创新能力及科技组织管理能力的科技人才。在科技人才招聘过程中,要注重候选人的专业技能、科研经验、创新思维及团队合作精神。

(4)科技人才的流动与配置

科技人才的使用是科技人才管理的核心,发现、培养、引进与选拔人才都是为了更合理地使用人才。能否科学合理地使用现有科技人员,调动他们从事科学研究和技术开发工作的积极性与创造性,充分发挥科技人才的作用,直接关乎科技、经济与社会的发展。科技人才的使用上,应该注意优化结构和发挥群体优势,知人善任,从而确保各尽其能。同时,对科技人才的使用还得注意量才使用,用人所长,不求全责备,任人唯贤,用养并重,最大限度地发挥科技人员的积极性与创造性。根据科技人才的专业特长和科研需求,合理安排其工作岗位和任务,确保人尽其才、才尽其用。优化科技人才结构,促进不同专业背景、不同技能水平的科技人才之间的合作与交流。建立人才流动生态环境，加大国际引智力度，推广“周末工程师”“院士兼职顾问”等柔性用人的灵活模式。

(5)科技人才的激励与保障

建立完善的激励机制，包括物质激励和精神激励等，以激发科技人才的积极性和创造性。同时，制定明确的约束制度，规范科技人才的行为，确保科研活动的有序进行。定期对科技人才的工作绩效进行评估和考核，以了解其工作成果和存在的问题。根据评估结果，及时调整管理策略，为科技人才提供更好的发展环境和支持。

二、培养与推介

我们党始终重视培养人才、团结人才、引领人才、成就人才，团结和支持各方面人才为党和人民事业建功立业。特别是党的十八大以来，以习近平同志为核心的党中央作出人才是实现民族振兴、赢得国际竞争主动的战略资源的重大判断，并围绕深入实施科教兴国战略、人才强国战略、创新驱动发展战略，不断完善党管人才的工作格局，系统谋划布局科技人才发展，科技人才体制机制改革纵深推进，旨在破除人才发展的思想观念和体制机制障碍，解放和增强人才活力，构建更加开放、包容、高效的科技创新生态。在2021年9月的中央人才工作会议上，习近平总书记作出“深入实施新时代人才强国战略，全方位培养、引进、用好人才，加快建设世界重要人才中心和创新高地”的指示和人才工作要求，推动新时代人才工作不断取得历史性成就、发生历史性变革。

近年来，从中央到地方，坚持以“放权、松绑、激励、服务”为重点，出台了一系列法规和政策文件(表5-1)，着力打通人才体制机制障碍。这些重要文件覆盖人才发现评价、培养引进、评价激励、流动服务等方面的科技人才政策，在人才工作全面改革中全面发力、多点突破、亮点纷呈，推动我国人才的总量、结构、素质和作用不断提高和优化，体制机制、人才发展环境不断改善，使科技人才队伍规模大幅提升、科技人才结构更加合理、科技人才聚集效应更加明显，受到广大科技人才的热烈欢迎，对激发科技人才活力和增强他们的获得感和荣誉感起到了积极的促进作用。

党的十八大以来科技人才体制机制改革重要政策 表5-1

年份	出台单位	文件名称	重点内容
2010	中共中央、国务院	《国家中长期人才发展规划纲要(2010—2020)》	改革人才发展体制机制，完善人才管理体制，创新人才培养开发、评价发现、选拔任用、流动配置、激励保障机制，营造充满活力、富有效率、更加开放的人才制度环境
2011	科学技术部	《国家中长期科技人才发展规划(2010—2020)》	建立科学合理的科技人才管理体制，创新科技人才培养开发机制，改进科技人才评价激励机制，健全科技人才流动和配置机制
2012	中共中央	党的十八大报告	加快人才发展体制机制改革和政策创新，建立国家荣誉制度，形成激发人才创造活力、具有国际竞争力的人才制度优势

续上表

年份	出台单位	文件名称	重点内容
2012	中共中央、国务院	《关于深化科技体制改革加快国家创新体系建设的意见》	深化科技评价和奖励等方面的制度改革，加快建设人才公共服务体系，将科技人才体制机制改革作为国家创新体系建设的重要抓手
2015	中共中央、国务院	《关于深化体制机制改革加快实施创新驱动发展战略的若干意见》	建设创新型人才队伍，按照规律来培养和吸引人才，按照市场规律让人才自由流动，将人才体制机制改革作为创新驱动的根本要务
2016	中共中央	《关于深化人才发展体制机制改革的意见》	围绕一大体制六大机制进行深化改革，提出了27项改革举措，对人才发展体制机制改革进行了系统安排与全面部署，人才发展体制机制改革有了明确的顶层设计和制度安排
2016	国务院	《实施〈中华人民共和国促进科技成果转化法〉若干规定》	以更为明确的操作措施，鼓励研究开发机构、高等院校、企业等创新主体及科技人员转移转化科技成果
2016	中共中央办公厅、国务院办公厅	《关于进一步完善中央财政科研项目资金管理等政策的若干意见》	从经费比重、开支范围、科目设置等方面提出了一系列“松绑＋激励”的措施，激发科研人员创新创造活力
2016	中共中央办公厅、国务院办公厅	《关于实行以增加知识价值为导向分配政策的若干意见》	强调发挥市场机制的作用，构建基本工资、绩效工资和科技成果转化性收入的三元的薪酬体系，破解我国科研人员实际贡献与收入分配不完全匹配的问题
2017	中共中央办公厅、国务院办公厅	《关于深化职称制度改革的意见》	重点解决人才评价制度体系不够健全、评价标准不够科学、评价机制不够完善、管理服务不够规范配套等问题
2017	人力资源和社会保障部	《关于支持和鼓励事业单位专业技术人员创新创业的指导意见》	明确了支持和鼓励事业单位专技人员创新创业的四种情形和支持鼓励的具体政策措施，激发事业单位专技人员科技创新活力和干事创业热情，促进人才在事业单位和企业间合理流动
2017	中共中央办公厅	《关于进一步加强党委联系服务专家工作的意见》	为联系服务专家工作提供制度遵循
2017	中共中央	党的十九大报告	实行更加积极、更加开放、更加有效的人才政策
2018	中共中央办公厅、国务院办公厅	《关于分类推进人才评价机制改革的指导意见》	提出分类健全人才评价标准，改进和创新人才评价方式，加快推进重点领域人才评价改革

续上表

年份	出台单位	文件名称	重点内容
2021	中共中央	中央人才工作会议	提出“深入实施新时代人才强国战略,加快建设世界重要人才中心和创新高地”的新阶段目标要求
2022	中共中央	党的二十大报告	完善人才战略布局。加快建设世界重要人才中心和创新高地,促进人才区域合理布局和协调发展。加快建设国家战略人才力量。加强人才国际交流,用好用活各类人才
2023	中共中央、国务院	党和国家机构改革方案	组建中央科技委员会,加强党中央对科技工作的集中统一领导,统筹推进国家创新体系建设和科技体制改革,研究审议国家科技发展重大战略、重大规划、重大政策,统筹解决科技领域战略性、方向性、全局性重大问题,研究确定国家战略科技任务和重大科研项目,统筹布局国家实验室等战略科技力量,统筹协调军民科技融合发展等; 重新组建科学技术部,加强科学技术部推动健全新型举国体制、优化科技创新全链条管理、促进科技成果转化、促进科技和经济社会发展相结合等职能,强化战略规划、体制改革、资源统筹、综合协调、政策法规、督促检查等宏观管理职责
2024	中共中央	党的第二十届中央委员会第三次全体会议	构建支持全面创新体制机制,统筹推进教育科技人才体制机制一体改革

经梳理,从政策数量上看,自2012年十八大以来,党中央、国务院及有关部门共出台科技人才有关政策230余项,其中,党中央和国务院层面出台近80项,科技部、教育部及其他部委出台150余项,从中央到国家机关层面,科技人才政策基本涵盖了各专业类别、各年龄阶段、各层次需求的科技人才。从政策出台时间上看,2013—2015年,平均每年出台的与科技人才相关的文件约15份,2016—2020年,平均每年近40份,反映出党中央对人才的重视程度越来越关注,从侧面也可以看出,随着党中央关于科技人才的顶层规划的出台,各个层面的相关政策有序落地。从政策内容上看,对于科技人才关注的科技成果评价、科技成果转化、收入分配、科研诚信等方面都有涉及,基本形成了较为全面的科技人才政策体系,主要变革涉及的方面如下:

1.创新科技成果评价机制

科技人才评价是人才培养、使用、激励的前提,具有引领和智慧的作用。近年来,我国不断深化科技人才评价机制改革,坚决破“四维”,推出代表作评价,建立以品德、能力、业绩和贡献的新四维评价机制;稳妥推进项目评审机制、改革职称评审制度、科技奖励制度和院士制度,扩大选人用人渠道,增加遴选社会及企业贡献科技人才机制。

具体做法包括,推动科技成果使用、处置、收益“三权”下放,单位科技成果在境内使用、转让、许可或作价投资,除涉及国家秘密和国家安全外,可不在主管部门和财政部门审批或备案;探索赋予科研人员不低于10年的职务科技成果长期使用权;提高科技成果转化收益比例。职务发明成果转让收益用于奖励科研负责人、骨干技术人员等重要贡献人员和团队的比例,从不低于20%提高到不低于50%;加强与工资、税收制度的衔接。科研人员获得的职务科技成果转化现金奖励、兼职或离岗创业收入不受绩效工资总量限制,不纳入总量基数。

2.完善科技人才激励机制

科技人才激励是增加科技人才获得感、价值感,充分激发人才活力的重要方式。近年来,我国的人才激励政策以增加知识价值为导向,通过优化提升绩效工资、优化收入结构等更多灵活的方式来对科研人员的收入起到更好的保障作用。特别是采用政府购买服务的方式后,科研经费的绩效和奖励比例不断提高、职务科技成果转化收益比例更加扩大、科研经费的使用更加自主灵活,在提升科研人员收入的同时,与其成果业绩、职称职级、实际贡献的关联越来越密切。

具体做法包括,加大对人的绩效激励,转变“人轻物重”观念,取消绩效支出比例限制,绩效支出向承担科研任务的中青年骨干倾斜;增强项目经费使用和报销的灵活性,项目剩余和结余资金允许转结使用;从职务科技成果转化收入中给予科技人员的现金奖励可减按50%计入科技人员当月“工资、薪金所得”依法缴纳个人所得税;高新技术企业和科技型中小企业转化科技成果给予个人的股权奖励,可分期和递延纳税。

3.改革科技项目管理机制

科技项目是支撑科技人员工作、推动科技进步、保障成果产出的重要抓手,特别是国家级及省部级科技计划项目,是科技人员关注的焦点,也是国家汇聚科技成果的主要来源。近年来,科技计划项目坚持“以人为本”,不断深化改革、调整重构。在项目类别设计方面,目前中央部门管理的科技计划主要包括国家自然科学基金、国家科技重大专项、国家重点研发计划、技术创新引导专项(基金)、基地和人才专项五大类科技计划,五类计划分类管理、专项支持,避免重复。在项目组织推进方面,从“人找项目”转向“项目寻人”,部分国家层面的科研项目尝试实施“揭榜挂帅”“赛马”等直接委托、定向择优等方式(表5-2),通过科技悬赏,把需要的关键核心技术项目张出榜来,以结果为导向,英雄不论出处,谁有本事谁就揭榜。重视企业研发力量,在国家科技计划项目征集和指南编制过程中广泛吸纳企业意见,并将产业化等目标明确的重大科研任务交由有条件的企业牵头开展。同时,实施免责机制,对存在技术突破和不确定性的创新研究,鼓励科研人员勇于尝试。

"揭榜挂帅"与"赛马"的区别　　表 5-2

名称	具体做法	作用效果
揭榜挂帅	建立以需求为牵引、以能够解决问题为评价标准的新机制，让有能力、有担当的团队承担关键核心技术攻关等重点任务	该方式在"悬榜""评榜""揭榜"过程中，打破繁文缛节、条条框框，破除科研"小圈子"和论资排辈，在给予揭榜者充分信任和授权的同时，明确目标责任，强化问责考核，体现"奖优罚劣""问责问效"
赛马	探索"揭榜挂帅"机制、优化核心技术攻关体制中的新型项目组织方式	该方式在项目立项时，择优选择多家主体并行攻关，过程中进行阶段性考核、竞争性淘汰，让真正有能力、干得好的主体脱颖而出，提高攻关的质量和效率

具体做法包括，精简材料报送，在项目申报、评估、验收全过程管理减轻科研人员"非学术"负担；优化经费管理，下放科研经费预算调整，简化预算编制科目和编制要求，将项目间接费用比例最高提升至60%；减少检查评估，自由探索类基础研究项目和实施期 3 年以下的项目以承担单位自我管理为主，一般不开展过程检查；合并财务验收和技术验收；以信任为基础扩大项目承担单位和领军人才"人财物"自主权。赋予创新领军人才更大的"人财物"支配权、技术路线决策权；下放科研仪器设备耗材等采购自主权；以领军人才为主组建创新团队，在选题立项、科研管理、人才配置等方面给予更多自主权。

4. 优化科研机构改革机制

科研机构是承载科技人才重要平台，科研机构的"生态环境"决定了人才的成长和发展。近年来，在科研机构改革的进程中，国家不断扩大其自主权。推动中央级科研事业单位制定实施章程，完善科研单位法人治理机构，不断扩大内设机构的岗位管理自主权；提升机构人事管理自主权，科研人员因公出差管理权限不断下放，出国学术交流计划由审批报批改为报备；绩效工资管理分配权更加灵活，高校和科研院所在绩效工资总量内自主确定绩效工资结构、考核办法、分配方式及发放标准等；鼓励新型研发机构发展，推动国家人才管理改革试验区、国家高新区、国家科技创新中心的建设，与公办机构在项目申报、人才计划、硬件配套方面一视同仁。

具体做法包括，以岗位制度和社保制度创新打通人才流动"旋转门"。允许高校和科研院所设立一定比例的流动岗位，吸引有创新实践经验的企业家和企业科技人才兼职；鼓励高校和科研院所设置创新岗位引进高层次人才，不受岗位总量和结构比例限制，可探索在创新岗位实行灵活、弹性的工作时间；完善科研人员校企、院企共建双聘机制；落实机关事业单位与企业之间社会保险关系转移接续办法。以人事制度创新引导科技人才向企业集聚。鼓励高校和院所科研人员带着科研成果离岗创业、到企业兼职兼薪，与原单位其他在岗人员同等享有参加职称评聘、岗位等级晋升和社会保障等方面的权利，可获得兼职或离岗创业收入，且不受本单位绩效工资总量限制。

总之，我国在科技人才体制机制改革方面取得了诸多积极成效。但我国科技创新人才体制机制还存在一些障碍没有根本破除，突出表现在人才培养、评价、流动、激励、引进、保障等方面，改革“破”“立”的力度还不够，科技创新整体效能还不够高。同时，创新生态建设有待加强，仍需要深化改革、精准施策，进而构建既有中国特色又有国际竞争比较优势的人才发展体制机制。只有继续坚持问题导向，把完善和发展中国特色社会主义科技人才体制机制作为改革方向，推进人才管理科学化和现代化，才能更好地支撑我国高质量发展之路又宽又远。

第二节 交通运输科技人才管理趋势

党的二十大报告提出，人才是第一资源，要实施科教兴国战略，强化现代化建设人才支撑。特别是随着新一轮科技革命和产业变革的加速推进，各行各业的发展面临新的机遇与挑战。交通运输行业作为科学技术的重要创新领域和应用领域，急需大批科研人才和高素质技术技能人才，来支撑行业发展方式的转变和产业结构的调整。加快建设交通强国，必须强化交通运输现代化建设人才支撑，面向“卡脖子”领域，高水平推进交通人才队伍建设，培养一流科技领军人才和创新团队、青年科技人才、高技能人才，构建新型智库体系，选拔忠诚干净担当的高素质专业化干部，培养选拔优秀年轻干部，加强和改进公务员管理工作。

交通运输部历来高度重视行业人才队伍建设工作。2010 年全国交通运输系统人才工作会上，时任交通运输部部长李盛霖强调，要认真学习贯彻全国人才工作会议精神和《国家中长期人才发展规划纲要(2010—2020 年)》(简称《人才发展规划纲要》)，进一步增强做好交通运输系统人才工作的责任感、紧迫感，深入实施“人才强交”战略，以高层次、高技能人才为重点，全面推进交通运输系统人才队伍建设，为发展现代交通运输业提供人才保障和智力支持。在 2011 年，交通运输部印发了《公路水路交通运输中长期人才发展规划纲要(2011—2020)》，提出通过完善人才发展的体制机制，优化人才发展的政策环境，持续推进人才资源开发，有效增加人才总量，到 2020 年，公路水路交通运输行业具有中专及以上文化程度的各类专门人才达到 1500 万人，人才资源保障能力基本适应现代交通运输业发展的更高需要，人才对行业发展的贡献率达到新的更高水平。2014 年 5 月，交通运输部印发《交通运输行业科技创新人才推进计划管理办法》(交科技发〔2014〕101 号)，该办法是交通运输部为贯彻落实交通运输中长期人才发展规划，推动交通运输行业创新型科技人才队伍的建设，为规范和加强管理交通运输行业科技创新人才推进计划而制定的。

2016 年 3 月，交通运输部印发了《交通运输科技“十三五”发展规划》，指出要加强科技创新人才队伍建设，培育科技领军人才和创新团队。实施科技创新人才推进计划，推进交通运输发展重点领域科技领军人才、卓越创新团队和科技人才培养示范基地建设。完善人才引进培养使用政策，支持科研骨干和优秀团队承担重大科研任务。此外，还明确提到加大优秀青年科技人才培养力度，支持青年科技人才承担重大科技项目，开展独立性、原创性研究。支持青年科技人才持续发展。

2020 年,为全面贯彻落实党中央关于加快建设科技强国、交通强国的战略部署,交通运输部与科技部签订了《关于科技创新驱动加快建设交通强国的合作协议》,明确将共同谋划“十四五”及未来十五年交通运输领域科技创新主要任务。在梳理交通运输科技创新现状、研判科技发展形势、调研科技研发需求等基础上,为进一步落实《交通运输部 科学技术部关于科技创新驱动加快建设交通强国的意见》和《国家中长期科学和技术发展规划(2021—2035 年)》要求,交通运输部、科技部联合印发了《交通领域科技创新中长期发展规划纲要(2021—2035年)》(交科技发〔2022〕11 号,以下简称《纲要》),支撑加快推动交通运输发展由依靠传统要素驱动向更加注重创新驱动转变,为交通运输领域科技创新工作指引方向。《纲要》明确指出,在行业科技人才方面,要培育高水平科技人才队伍。创新人才培养、使用和评价激励机制,深入实施交通运输科技创新人才推进计划,培养一批具有国际水平的战略科技人才、科技领军人才、青年科技人才和创新团队。优化高校前沿交叉学科布局,推动科学研究人才、高端智库人才、技能型人才协同发展。按规定推动科研院所和高校实施人员编制备案制,促进科技人才有序合理流动。建立健全以创新能力、质量、贡献为导向的科技人才分类评价体系及多样化分配机制,优化人才发展环境。

纵观历年来交通运输部关于行业科技人才的相关政策,可以说是不断深化推进,又一脉相承的。从“十二五”科技领军人才和卓越创新团队相对缺少的局面,到现如今行业科技人才队伍不断壮大、结构层次不断优化,一批高水平科技创新领军人才、重点领域创新团队、创新人才培养示范基地加快涌现。仅 2023 年,全年部系统共有 4 人入选国家级重大人才工程。4 个集体荣获全国科普工作先进集体,3 人入选全国科普工作先进工作者。交通运输行业科技创新人才推进计划中,20 人入选科技创新领军人才、30 人入选青年拔尖人才、10 个创新团队入选重点领域创新团队。共 335 人获得“全国交通技术能手”称号。114 个集体获得共青团中央、交通运输部联合认定的“第 21 届全国青年文明号”。20 名个人(团队)推选为第二届“最美港航人”,1 名个人推选为第二届“最美港航人”特别致敬人物,10 名个人推选为“最美海事人”,100 名个人推选为“最美货车司机”,其中 10 名个人推选为“十大最美货车司机”。行业人才队伍结构得到了进一步改善,形成了一支具有特色研究方向、业务能力和专业素养都很高的技术创新团队,行业整体科技创新能力不断加强。

交通运输行业科技人才管理工作对于支撑行业科技创新、引领行业科技发展、突破行业科研难关起到了重要作用,但在服务国家构建新发展格局的征程上,交通运输作为中国式现代化的开路先锋,对照新时代交通强国建设的目标与要求,行业科技人才管理仍面临诸多挑战。

一是发展新质生产力催生交通运输高端人才需求。随着新一轮科技革命和产业变革的加速推进,人工智能、大数据、5G、云计算、物联网、自动驾驶、智能建造等新技术在交通基础设施建设、交通运输服务管理、交通装备研发制造等方面的综合运用,给行业发展带来了大批科技人才和技术技能人才新需求,特别是交通基础设施数字化升级、智慧交通运维管理、新型载运工具智能研发制造等方面的高素质复合型人才。

二是支撑行业转型升级的关键核心技术人员储备仍需加强。作为从交通大国向交通强国的发展过程中,对科技人才提出更高要求。对于行业高层次人才,仍存在人才结构不合理,专业技术人才和复合性人才缺乏,人才培养模式单一、高层次人才短缺的情况,现有的培养体系难以培养出具备国际视野和创新能力的高层次科技人才,这在一定程度上制约了交通运输行业的整体发展。

三是既有科技人才体制机制对贡献高质量发展仍需加强。目前行业个别单位在人才管理方面仍沿用传统模式,未能根据行业发展的新形势和新需求进行及时调整,导致管理效率低下,难以满足现代交通运输行业对科技人才的需求。此外,在人才激励机制上,现有薪酬体系仍不能充分体现科技人才的价值贡献,人才成长晋升方面存在论资排辈的现象,缺乏公平、透明的晋升机制,导致人才积极性不高,限制了科技人才的职业发展空间。在平台协作机制上,政府、企业、高校之间通联合作仍不完善,导致科技创新成果转化率低,支撑行业发展的资源仍需进一步整合。

第三节　案例:交通运输行业科技创新人才推进计划

交通运输行业科技创新人才推进计划审核作为政府购买服务的内容,归属于公共服务中技术性公共服务的技术评审鉴定评估服务类别。近些年来,交通运输部深入贯彻落实习近平总书记关于科技创新和交通运输工作的系列重要指示精神,高度重视行业人才队伍建设工作,坚持人才引领、创新驱动,行业科技人才总量、人才素质、人才梯队得到明显改善,科技人才在支撑我国建成交通大国并由大向强进程中发挥了重要作用。本节以从交通运输行业科技创新人才等相关管理工作方面,来阐述政府购买服务背景下交通运输行业科技创新人才推进计划的形成背景及工作成效。

一、形成背景

当今世界,正处于百年未有之大变局的进程中,纷繁复杂的国际形势、加速演变的世界格局,新一轮的科技革命和产业变革日新月异、迭代升级,上至国家层面的发展,下到企业之间的竞争,归根结底就是人才的比拼,科技创新成为战略博弈的主要战场。谁拥有掌握先进科学技术的高层次人才,谁就能在激烈的竞争中处于主动地位。

交通运输部历来重视行业科技人才的发展。早在2010年,随着公路水路交通运输的大建设大发展,全行业深入实施“人才强交”战略,行业人才队伍建设不断取得新的进展和成效。据当时数据统计,截至2010年底,公路水路交通运输行业从业人员已达3429万人,其中具有中专及以上文化程度人员1142万人;专业技术人员303万人,具有高级专业技术职务人员16万人;技能人员1420万人,具有技师及以上技能等级人员38万人;获得国家级和省部级科技奖励、受到国家级和省(部)级表彰、获得国家级和省部级技能竞赛奖励、享受国务院和各省(区、市)人民政府"政府特殊津贴"的人数达到 14142 人。

从当时的统计数据可以看出,虽然行业人才发展取得一定成效,对行业快速发展起到了重要支撑。但行业人才存在以下突出问题:一是高层次和高技能人才相对短缺,特别是能解决交通运输重点领域科技难题的科技领军人才相对匮乏;高技能人才严重不足,具有技师及以上技能等级的高技能人才远远低于全国平均水平和有关目标要求。二是人才的专业与地区分布不够合理。高层次人才主要集中于交通工程科技研发、勘察设计和施工领域,而在运输服务、安全保障和节能环保等领域人才十分缺乏,广大中西部地区和基层单位所需的各类专门人才普遍不足。三是高层次人才使用不够合理。"行政化""官本位"导致的人才隐形流失现象严重,人才的可持续发展问题突出。

此外,在人才政策执行方面,虽然在政策上有持续关注、定期联系、组织出国培训等内容,但是在实际操作中,缺乏针对行业高层次人才的针对性管理,对评选出的交通高层次人才亦缺乏持续性的动态管理,很多的人才评选仅停留在评选阶段,评选结束便无后续管理,相关单位也没有实质性的鼓励、奖励措施,对于人才积极性没有起到激励保护作用,对于就此倡导的人才榜样作用也没有良好的促进作用。

为落实时任杨传堂部长关于"对获奖的同志和团队要鼓励、表彰,对项目要培育,对团队、个人要培养"的批示要求。2014 年,部科技司和人教司联合,结合行业科技人才发展需求,对科技人才的培养、选拔和使用等相关工作及存在问题,进行了分析研究,提出要以"交通运输行业科技创新人才推进计划"为抓手,整体推进行业科技人才队伍建设。为行业培养一支科技领军人才队伍。通过支持一批科技创新团队,进一步提升行业重点领域的科技创新能力。同时,建设一批科技人才培养示范基地,使交通运输行业的科技发展事业后继有人。

因此,在 2014 年,交通运输部印发了《交通运输行业科技创新人才推进计划管理办法》(交科技发〔2014〕101 号),人才推进计划旨在遴选出一批中青年科技创新领军人才、行业重点科研领域的优秀创新团队和具有示范带头作用的创新人才培养示范基地,通过创新体制机制、优化政策环境、强化保障措施等多种方式,集中各方力量加大对入选对象的支持,加强高层次创新型科技人才队伍建设,引领和带动各类科技人才的发展,为提高自主创新能力、建设创新型交通运输行业提供有力的人才支撑。人才推进计划支持总规模控制在 50 名中青年科技创新领军人才、25 个重点领域创新团队和 10 个创新人才培养示范基地。相较于交通运输部之前的"十百千人才工程"和"青年科技英才"评审,更多的是对科技人才作出成绩后的鼓励和肯定,更多地体现了一种荣誉,而创新人才推进计划,则更注重人才的发展潜力,是一项科技人才的培养计划,正是基于这一定位,在计划中对年龄进行了限制,重点支持青年科技人才的发展。

二、评审流程

交通运输行业科技创新人才推进计划的评审通常包括 5 个环节,即推荐申报、受理审查、网上评审、现场答辩直到结果公布。

在每年上半年，部里会发布组织推荐工作的通知，明确推荐要求、推荐渠道及名额、遴选程序等事项。部属单位、部共建高校、中央管理的交通运输企业和有关高等院校等作为推荐单位，按照通知分配的推荐名额，负责组织好本单位及所属单位人才计划申报，省级交通运输主管部门负责审核并推荐所辖区域内的地方高校、科研机构和企事业单位申报。部里对收集的申报材料开展形式审查，然后组织专家通过网络开展同行评议，择优进入现场答辩会议评审，原则上每年部里择优评选出 10 名领军人才、5 个创新团队、2 个示范基地，并根据有关要求推荐申报科技部创新人才推进计划。在同年的下半年，部会公示并公布人才遴选结果。

此外，部里会根据国家科技人才相关政策，及时调整更新申报要求。比如在 2018 年 7 月，中共中央办公厅、国务院办公厅印发《关于深化项目评审、人才评价、机构评估改革的意见》，对改进人才评价方式提出了新的指示，明确要求在人才评价中科学设立评价指标，突出品德、能力、业绩导向；克服唯论文、唯职称、唯学历、唯奖项倾向；推行代表作评价制度，注重标志性成果的质量、贡献、影响；把学科领域活跃度和影响力、重要学术组织或期刊任职、研发成果原创性、成果转化效益、科技服务满意度等作为重要评价指标；注重个人评价与团队评价相结合，尊重和认可团队所有参与者的实际贡献；注重发挥同行评议机制在人才评价过程中的作用等。部里也是根据文件精神，在每年的评审过程中作出调整，通过调整行业人才计划申报要求、扩大推荐渠道和推荐名额、优化申报与评选流程和评价指标等方式不断完善评选思路。

在评审原则上，部里一是坚持科研一线和企业科技人才倾斜，特别是对来自企业的中青年科技创新领军人才和重点领域创新团队推荐人选适当放宽推荐条件。西部地区申报人年龄可放宽 2 年，支持期内个人原因离岗的取消人才称号和相关支持措施。二是坚持以用为本，推荐人选要符合国家和部门及地方发展需求，用人单位要承诺落实支撑保障条件。扩大选才的覆盖范围。三是加强人才、项目和基地有机结合，推荐人选优先从重大研发项目和国家科技创新基地中推荐，已列入部门、地方人才计划的人选可优先推荐；四是坚持好中选优，确保推荐质量，严格选才标准，将推荐人选的科研诚信品德、能力、业绩和发展潜力，作为人才遴选的主要条件。明确人选在推荐前须征求纪检监察部门意见。

自 2014 年交通运输行业科技创新人才推进计划启动实施以来，共评审出“中青年科技创新领军人才”近 200 人，“行业重点科研领域创新团队”约 160 个，“创新人才培养示范基地”约 50 个。通过实施科技创新人才推进计划，加强了创新人才队伍建设，目前已超过 5 名行业领军人才和 2 个创新团队入选国家级创新人才推进计划。通过科技创新人才推进计划的实施，交通运输行业高层次人才和创新团队培育初见成效。行业人才队伍结构得到了进一步改善，形成了一支具有特色研究方向、业务水平和专业素养高的技术创新团队，对行业的科技创新进步起到重要支撑作用。

第六章

国家级科技项目管理

第一节 国家科技计划体系

国家科技计划是根据国家科技发展规划和战略安排的，由中央财政支持或以宏观政策调控、引导，由政府部门组织和实施的科学研究或试验发展活动及相关的其他科学技术活动。根据《国务院印发关于深化中央财政科技计划（专项、基金等）管理改革方案的通知》，国家科技计划体系包括五类科技计划（专项、基金等），分别是国家自然科学基金、国家科技重大专项、国家重点研发计划、技术创新引导专项（基金）以及基地和人才专项。

一、国家科技计划管理改革

2014 年 12 月 3 日，国务院印发《关于深化中央财政科技计划（专项、基金等）管理改革的方案》（国发〔2014〕64 号）。方案指出，改革开放以来我国先后设立了一批科技计划（专项、基金等），为增强国家科技实力、提高综合竞争力、支撑引领经济社会发展发挥了重要作用。但是，由于顶层设计、统筹协调、分类资助方式不够完善，现有各类科技计划（专项、基金等）存在着重复、分散、封闭、低效等现象，多头申报项目、资源配置碎片化等问题突出，不能完全适应实施创新驱动发展战略的要求。当前，全球科技革命和产业变革日益兴起，世界各主要国家都在调整完善科技创新战略和政策，必须立足国情，借鉴发达国家经验，通过深化改革着力解决存在的突出问题，推动以科技创新为核心的全面创新，尽快缩小我国与发达国家之间的差距。

1. 改革背景

科技计划（专项、基金等）是政府在科技创新领域发挥引领和指导作用的重要载体，对全社会的科技创新具有风向标的作用；同时，对于体现国家在有中国特色自主创新道路上的政策取向、战略布局、发展重点以及科技创新规律特点等方面也具有重要作用。科技计划（专项、基金等）的实施成效，直接关系到创新驱动发展战略能否真正落实好、推进好。新中国成立后，“六五”时期我国就设立了第一个国家科技计划——“六五”科技攻关计划。改革开放以来,相继设立了星火计划、国家自然科学基金、863计划、火炬计划、973计划、行业科研专项等,这些计划的设立和实施凝聚了几代领导人的远见卓识以及各个时期科技工作者的智慧和心血。事实证明,这些科技计划不负使命,取得了一大批举世瞩目的重大科研成果,培养和凝聚了一大批高水平创新人才和团队,解决了一大批制约经济和社会发展的技术瓶颈问题,全面提升了我国科技创新整体实力,强有力地支撑了我国改革与发展的进程。

但是,由于各科技计划(专项、基金等)在不同时期分别设立,且越设越多,缺乏顶层设计和统筹考虑,其产出与国家发展的要求相比还远远不够,很多重要领域都亟须真正具有标志性、带动性,能够解决制约发展"卡脖子"问题的重大科学技术突破。产生这种差距的根源之一是管理体制,现行的科技计划体系庞杂、相互交叉、不断扩张,管理部门众多,各管一块,各管一段,项目安排追求"大而全""小而全",造成科技资源配置分散、计划目标发散、创新链条脱节,概括起来就是科技计划碎片化,科研项目取向聚焦不够。解决这些问题对当前实施好创新驱动发展战略,发挥好科技对经济社会发展支撑引领作用十分重要。2014年,国务院印发了《国务院关于改进加强中央财政科研项目和资金管理的若干意见》(国发〔2014〕11号),提出对中央各部门管理的科技计划(专项、基金等)进行优化整合。

2. 总体目标

改革的总体目标是,强化顶层设计,打破条块分割,改革管理体制,统筹科技资源,加强部门功能性分工,建立公开统一的国家科技管理平台,构建总体布局合理、功能定位清晰、具有中国特色的科技计划(专项、基金等)体系,建立目标明确和绩效导向的管理制度,形成职责规范、科学高效、公开透明的组织管理机制,更加聚焦国家目标,更加符合科技创新规律,更加高效配置科技资源,更加强化科技与经济紧密结合,最大限度地激发科研人员创新热情,充分发挥科技计划(专项、基金等)在提高社会生产力、增强综合国力、提升国际竞争力和保障国家安全中的战略支撑作用。

3. 基本原则

转变政府科技管理职能。政府各部门要简政放权,主要负责科技发展战略、规划、政策、布局、评估、监管,对中央财政各类科技计划(专项、基金等)实行统一管理,建立统一的评估监管体系,加强事中、事后的监督检查和责任倒查。政府各部门不再直接管理具体项目,充分发挥专家和专业机构在科技计划(专项、基金等)具体项目管理中的作用。

聚焦国家重大战略任务。面向世界科技前沿、面向经济主战场、面向国家重大需求、面向人民生命健康,科学布局中央财政科技计划(专项、基金等),完善项目形成机制,优化资源配置,需求导向,分类指导,超前部署,瞄准突破口和主攻方向,加大财政投入,建立围绕重大任务推动科技创新的新机制。

促进科技与经济深度融合。加强科技与经济在规划、政策等方面的相互衔接。科技计划(专项、基金等)要围绕产业链部署创新链,围绕创新链完善资金链,统筹衔接基础研究、应用开发、成果转化、产业发展等各环节工作,更加主动有效地服务于经济结构调整和提质增效升级,建设具有核心竞争力的创新型经济。

明晰政府与市场的关系。政府重点支持市场不能有效配置资源的基础前沿、社会公益、重大共性关键技术研究等公共科技活动,积极营造激励创新的环境,解决好“越位”和“缺位”的问题。发挥好市场配置技术创新资源的决定性作用和企业技术创新主体作用,突出成果导向,以税收优惠、政府采购等普惠性政策和引导性为主的方式支持企业技术创新和科技成果转化活动。

坚持公开透明和社会监督。科技计划(专项、基金等)项目全部纳入统一的国家科技管理信息系统和国家科技报告系统,加强项目实施全过程的信息公开和痕迹管理。除涉密项目外,所有信息向社会公开,接受社会监督。营造遵循科学规律、鼓励探索、宽容失败的氛围。

二、国家科技计划整合内容

1. 国家自然科学基金

整合目标:要聚焦基础研究和科学前沿,注重交叉学科,培育优秀科研人才和团队,加大资助力度,向国家重点研究领域输送创新知识和人才团队。

项目定位:资助基础研究和科学前沿探索,支持人才和团队建设,增强源头创新能力。

2. 国家科技重大专项

整合目标:要坚持有所为有所不为,加大聚焦调整力度,准确把握技术路线和方向,更加聚焦产品目标和产业化目标,进一步改进和强化组织推进机制,控制专项数量,集中力量办大事。更加注重与其他科技计划(专项、基金等)的分工与衔接,避免重复部署、重复投入。

项目定位:聚焦国家重大战略产品和重大产业化目标,发挥举国体制的优势,在设定时限内进行集成式协同攻关。

3. 国家重点研发计划

整合目标:聚焦国家重大战略任务,遵循研发和创新活动的规律和特点,将科技部管理的国家重点基础研究发展计划、国家高技术研究发展计划、国家科技支撑计划、国际科技合作与交流专项,国家发展和改革委员会、工业和信息化部管理的产业技术研究与开发资金,有关部门管理的公益性行业科研专项等,进行整合归并,形成一个国家重点研发计划。该计划根据国民经济和社会发展重大需求及科技发展优先领域,凝练形成若干目标明确、边界清晰的重点专项,从基础前沿、重大共性关键技术到应用示范进行全链条创新设计,一体化组织实施。

项目定位:坚持面向世界科技前沿、面向经济主战场、面向国家重大需求、面向人民生命健康,重点资助事关国计民生的重大社会公益性研究,事关产业核心竞争力、整体自主创新能力和国家安全的战略性、基础性、前瞻性重大科学问题、关键共性技术和产品研发,以及重大国际科技合作等,加强跨部门、跨行业、跨区域研发布局和协同创新,为国民经济和社会发展各主要领域提供持续性的支撑和引领。

4. 技术创新引导专项(基金)

整合目标:按照企业技术创新活动不同阶段的需求,对国家发展和改革委员会、财政部管理的新兴产业创投基金,科技部管理的政策引导类计划、科技成果转化引导基金,财政部、科技部、工业和信息化部、商务部共同管理的中小企业发展专项资金中支持科技创新的部分,以及其他引导支持企业技术创新的专项资金(基金),进一步明确功能定位并进行分类整合,避免交叉重复,并切实发挥杠杆作用,通过市场机制引导社会资金和金融资本进入技术创新领域,形成天使投资、创业投资、风险补偿等政府引导的支持方式。政府要通过间接措施加大支持力度,落实和完善税收优惠、政府采购等支持科技创新的普惠性政策,激励企业加大自身的科技投入,真正发展成为技术创新的主体。

项目定位:通过风险补偿、后补助、创投引导等方式发挥财政资金的杠杆作用,运用市场机制引导和支持技术创新活动,促进科技成果转移转化和资本化、产业化。

5. 基地和人才专项

整合目标:对科技部管理的国家(重点)实验室、国家工程技术研究中心、科技基础条件平台,国家发展和改革委员会管理的国家工程实验室、国家工程研究中心等合理归并,进一步优化布局,按功能定位分类整合,完善评价机制,加强与国家重大科技基础设施的相互衔接。提高高校、科研院所科研设施开放共享程度,盘活存量资源,鼓励国家科技基础条件平台对外开放共享和提供技术服务,促进国家重大科研基础设施和大型科研仪器向社会开放,实现跨机构、跨地区的开放运行和共享。相关人才计划要加强顶层设计和相互之间的衔接。在此基础上,调整相关财政专项资金。

项目定位:优化布局,支持科技创新基地建设和能力提升,促进科技资源开放共享,支持创新人才和优秀团队的科研工作,提高我国科技创新的条件保障能力。

整合形成的新五类科技计划(专项、基金等)既有各自的支持重点和各具特色的管理方式;又彼此互为补充,通过统一的国家科技管理平台,建立跨计划协调机制和评估监管机制,确保五类科技计划(专项、基金等)形成整体,既聚焦重点,又避免交叉重复。

三、国家科技管理平台

建立公开统一的国家科技管理平台,是本次科技计划管理改革的亮点。各政府部门通过统一的科技管理平台,构建决策、咨询、执行、评价、监管等各环节职责清晰、协调衔接的新管理体系。具体内容包括:联席会议制度(一个决策平台),专业机构,战略咨询与综合评审委员会,统一的评估和监管机制(三大运行支柱),国家科技管理信息系统(一套管理系统)。

联席会议制度由科技行政主管部门牵头,财政、发展改革等相关部门参加,充分发挥各部门的作用,形成统筹协调与决策机制。联席会议是实现对科技计划(专项、基金等)统一管理的关键。其主要作用体现在：首先是形成相关各方的合力，科技行政主管部门与相关行业主管部门和地方加强沟通协调，围绕国家科技发展重大战略任务、行业和区域发展需要，研究凝练形成科研任务需求，经联席会议充分讨论后按程序确定，相关各方在科研任务组织实施过程中及时跟进，产生的科技成果在行业和区域内应用示范。其次是建立共同参与、共同决策的议事机制，联席会议由各相关部门共同组成，共同审议科技发展战略规划、科技计划（专项、基金等）的布局与设置、重点任务和指南、战略咨询与综合评审委员会的组成、专业机构的遴选择优等事项。第三是形成统一的决策程序，一般事项经联席会议议定后即可实施；重大事项需经国家科技体制改革与创新体系建设领导小组审议，按程序报国务院，特别重大事项报党中央，确保科技计划（专项、基金等）的实施符合国家重大战略需求。

政府职能转变，从项目的日常管理和资金的具体分配中解放出来后，依托专业机构具体管理项目。对专业机构的遴选：主要是对现有具备条件的科研管理类事业单位进行改造，形成若干符合要求的规范化的项目管理专业机构，并鼓励具备条件的社会化科技服务机构参与竞争，推进专业机构的市场化和社会化。专业机构的任务是：通过统一的国家科技管理信息系统受理各方面提出的项目申请，组织项目评审、立项、过程管理和结题验收等，对实现任务目标负责。

《关于深化中央财政科技计划（专项、基金等）管理改革的方案》首次提出在国家层面设立战略咨询与综合评审委员会，充分体现了科学决策、民主决策的原则。委员会的组成具有代表性，不仅有科技界的专家，也有产业界和经济界的专家，反映各方面对科技创新的需求。委员会要有战略高度，跟踪国际科技发展和产业变革趋势，对科技发展战略、规划、重大任务和重大科技创新方向的选择等方面提出咨询意见，为联席会议提供决策参考。另外，委员会对制定统一的项目评审规则、建设国家科技项目评审专家库、规范专业机构的项目评审等工作也要提出意见和建议，还可以接受联席会议委托，对特别重大的科技项目组织开展评审。

政府部门在简政放权的同时，将进一步加强对科技计划（专项、基金等）的实施绩效等组织评估评价和监督检查。具体举措包括：科技行政主管部门和财政部门对科技计划（专项、基金等）的实施绩效、战略咨询与综合评审委员会和专业机构的履职尽责情况等统一组织评估评价和监督检查，并根据结果提出动态调整意见，经联席会议审议后按程序报批；完善科研信用体系建设和"黑名单"制度，建立对主管部门和专业机构工作人员的责任倒查机制，开展"一案双查"，即在查处追究有关承担单位和个人责任的同时，倒查主管部门和专业机构是否存在管理漏洞，是否有工作人员在项目管理中存在渎职或以权谋私等行为；各有关主管部门要负起责任，对所属单位承担科技计划（专项、基金等）任务的执行情况和资金使用情况加强日常监管；加强对科技计划（专项、基金等）财政资金管理使用的审计监督，对发现的违规违法行为严肃查处，并将查处结果向社会公开。

此外，方案中还明确提出，要通过统一的国家科技管理信息系统，对中央财政科技计划（专项、基金等）的需求征集、指南发布、项目申报、立项和预算安排、监督检查、结题验收等全过程进行信息管理，并按相关规定主动向社会公开信息，接受公众监督，让资金在阳光下运行。分散在各相关部门、尚未纳入国家科技管理信息系统的项目信息要尽快纳入，已结题的项目要及时纳入统一的国家科技报告系统。不纳入国家科技管理信息系统和国家科技报告系统并向社会公开的，中央财政将不予以资助。

四、科技项目管理专业机构

专业机构管理项目体现了政府简政放权的要求，是国际通行的做法。各主要国家对专业机构的设置有多种模式，有的独立于政府部门之外，有的隶属于政府部门，还有的委托社会化的非营利机构管理。

1.我国专业机构建设历程

2014 年 12 月，国务院正式出台了《国务院关于深化中央财政科技计划（专项、基金等）管理改革的方案的通知》（国发〔2014〕64 号），首次明确提出了“将现有具备条件的科研管理类事业单位等改造成规范化的项目管理专业机构，由专业机构通过统一的国家科技管理信息系统受理各方面提出的项目申请，组织项目评审、立项、过程管理和结题验收等，对实现任务目标负责”。并明确了专业机构改建的时间要求是：2017 年，经过三年的改革过渡期，专业机构建立健全内控制度，依法合规开展科研活动和管理业务。

2015 年，在统筹国家重点研发计划管理改革的基础上，科技部会同财政部先后于 6 月、12 月联合发布了《关于中央财政科技计划管理改革过渡期资金管理有关问题的通知》（财教〔2015〕154 号）和《科技部　财政部关于改革过渡期国家重点研发计划组织管理有关事项的通知》（国科发资〔2015〕423 号）等文件，进一步明确了专业机构的遴选，以及工作定位和任务要求，即当国家重点专项任务确定后，政府将按有关规定，遴选确定承担重点专项具体项目管理工作的专业机构，科技部将代表部际联席会议与专业机构签订重点专项项目管理委托协议。专业机构是重点专项项目管理的主体，需对实现任务目标负责，需针对受托管理的重点专项特点和实施方案，研究制定管理工作方案，编制专项概算。并负责组织实施包括项目申报受理、评审立项、资金拨付、检查评估、结题验收等全生命周期的项目管理工作。同时，要做到“接得住、管得好、不出事”，不能形成“二政府”，不能成为“老虎”“苍蝇”的滋生地。

2015 年 7 月，国家科技计划（专项、基金等）管理部际联席会第三次会议审议通过了《关于中央财政科技计划（专项、基金等）项目管理专业机构遴选的原则及标准》，明确了专业机构遴选及改建原则、申请标准、遴选程序、专业机构改建目标及进度安排等内容。按照此次会议精神和专业机构改建工作总体安排，部际联席会议办公室下发了《关于抓紧启动 2016 年国家重点研发计划及试点国家重大专项项目管理专业机构改建工作的通知》，开展了专业机构的推荐、审核和遴选工作。9 月，经过特邀战略咨询与综合评审委员会专家组的答辩评审，科技部高技术研究发展中心等 7 家单位在总共 24 家申报单位中通过了评审，成为我国首批科技计划项目管理专业机构。并于 11 月分别承接了国家重点研发计划“新能源汽车”等首批 6 个试点专项的项目申报受理等项目管理工作。

2016年1月,科技部印发了《关于推进项目管理专业机构改建工作的通知》(国科函创〔2016〕6号),明确了专业机构改建方案的主要内容。2月,发布了《关于印发国家重点研发计划重点专项项目立项管理工作流程的通知》(国科办资〔2016〕6号),指明了在改革过渡期内,专业机构在重点研发计划项目立项管理中的具体工作职责。同时,统筹安排首批7家专业机构全面承担起了国家重点研发计划优先启动的36个重点专项的组织实施工作。3月又出台了《中央财政科技计划(专项、基金等)项目管理专业机构管理暂行规定》(国科发创〔2016〕70号),进一步确定了专业机构的职责与定位、申请条件与要求、改建目标与任务、运行规范与监督等。至此,我国科技计划项目管理专业机构开启了全面建设和发展的历程。

此后,政府又先后发布了《国家科技计划(专项、基金等)严重失信行为记录暂行规定》《科技部落实国家科技计划管理监督主体责任实施方案》等文件,从不同方面强化了对专业机构的监督管理,对专业机构在制度建设、内部控制、信息公开、风险防控和问责倒查等方面提出了明确的工作要求。

2. 专业机构管理职责要求

由专业机构通过统一的国家科技管理信息系统受理各方面提出的项目申请,组织项目评审、立项、过程管理和结题验收等,对实现任务目标负责。加快制定专业机构管理制度和标准,明确规定专业机构应当具备相关科技领域的项目管理能力,建立完善的法人治理结构,设立理事会、监事会,制定章程,按照联席会议确定的任务,接受委托,开展工作。加强对专业机构的监督、评价和动态调整,确保其按照委托协议的要求和相关制度的规定进行项目管理工作。项目评审专家应当从国家科技项目评审专家库中选取。鼓励具备条件的社会化科技服务机构参与竞争,推进专业机构的市场化和社会化。

一是明确了专业机构的确定程序,联席会议根据重点任务的需要统一确定专业机构,专业机构对联席会议负责,由科技行政主管部门与专业机构签订委托合同,专业机构根据委托开展工作。

二是对专业机构的资质作出了规定,科技行政主管部门等应当制定统一的专业机构管理制度和标准,经联席会议同意后实施。

三是对规范专业机构的运行提出了要求。专业机构应按照统一的规范组织项目评审、立项、过程管理和结题验收等,对实现任务目标负责;专业机构的项目评审专家应当从国家科技项目评审专家库中选取。

3. 专业机构发展现状

我国从事国家科技计划管理的机构主要包括:国家自然科学基金委员会、各部门内设科技管理司局及下属科研管理类事业单位等。其中,除自然科学基金会按照《国家自然科学基金条例》承担国家自然科学基金的管理工作外,我国国家科技计划项目管理工作主要由国务院各部门内设科技管理司局及下属科研管理类事业单位承担。目前，科技部、教育部、工信部、农业农村部、卫健委等部门承担项目管理任务比较集中。此外，一些国有企业、转制院所，行业联合会、协会、产业技术联盟也参与了部分国家科技计划的组织实施工作。

总的来看，我国国家科技计划管理机构有以下特点：一是现有具备项目管理条件的科研管理类事业单位数量有限。拥有中央财政科技支出预算的41家部门，专门从事项目管理的事业单位共计十余家。二是国家科技计划项目管理人员数量较少。美国仅国立卫生研究院(NIH)从事项目管理的人员就有6000余人，而我国目前科研管理类事业单位的正式编制人员仅有不到2000人。三是专业化管理能力不高，目前从事项目管理的单位在质量控制、风险防控、知识产权、经费管理及法务等方面尚有欠缺，有待进一步提高。

第二节　国家重点研发计划

国家重点研发计划由原来的国家重点基础研究发展计划(973计划)、国家高技术研究发展计划(863计划)、国家科技支撑计划、国际科技合作与交流专项，国家发改委、工信部共同管理的产业技术研究与开发基金，农业农村部、卫健委等13个部门管理的公益性行业科研专项等整合而成。

国家重点研发计划按照重点专项、项目分层次管理。重点专项是国家重点研发计划组织实施的载体，聚焦国家重大战略任务，坚持目标导向，可从基础研究、技术创新到成果转化、应用示范进行全链条创新设计、一体化组织实施。项目是重点专项组织实施的基本单元，应服务于重点专项目标，可根据需要下设一定数量的课题。

组织实施原则：

——需求导向、动态部署。瞄准国家目标，从各行业各领域重大现实紧迫需求出发，加强事关长远发展的战略前瞻布局，凝练提出亟待突破的科技瓶颈和问题，动态部署重点专项；对于突发、紧急的国家科技需求，建立快速设立专项的响应机制。

——充分授权、压实责任。重点专项组织实施向主责单位充分授权，发挥主责单位在行业需求凝练、政策标准制定、应用场景构建等方面的优势；建立权责一致的运行管理机制，压实各环节主体责任，确保专项的实施成效。

——开放创新、协同攻关。放眼全国遴选优势科研团队，充分发挥国家战略科技力量的骨干作用，开展协同攻关；突出企业科技创新主体作用，促进产学研用深度融合；营造良好的科技创新环境，充分激发创新活力。

——目标管理、加快应用。围绕拟解决重大问题，明确任务目标，以重大标志性成果为牵引，实施全过程目标管理；加强关键节点考核，强化科技成果的"实战性"，加快形成现实生产力和产业竞争力。

一、各方职责

科技部负责重点专项动议征集凝练、总体布局、关键节点考核、监督评估和总体验收等。科技部会同主责单位在项目验收3年内组织对成果转化应用情况进行跟踪评价。

主责单位会同相关部门(单位)组织编制重点专项的年度项目申报指南,负责重点专项立项批复和组织实施,组织专业机构与项目承担单位签订项目任务书,对专项实施绩效负总责,委托并指导专业机构严格按照任务书要求,加强技术就绪度管理、"里程碑"节点考核等,做好项目过程管理,根据实施需要建立跨部门协调机制。主责单位应充分发挥相关领域、行业、产业优势,为项目成果转化应用创造良好条件,协调调动各方面政策和资源,通过场景构建、政府采购、金融支持等方式,加快推动项目成果转化应用和产品迭代升级。

专业机构受主责单位委托,承担项目申报受理、立项评审、过程管理、监督检查、综合绩效评价等具体工作,在项目管理方面向主责单位直接负责。专业机构应持续加强专业化能力建设,加强相关领域科技发展跟踪研判;根据管理制度和主责单位要求,制定适合专项特点的管理工作方案,做好项目管理具体工作,提升项目管理质量,促进重大成果产出和应用推广;加强对参与项目管理活动各类专家的指导与监督,促进项目管理的公平公正。

项目承担单位负责项目的具体组织实施工作,强化法人责任。根据项目任务书确定的目标任务和分工安排,按进度高质量完成相关研发任务。

二、重点专项设立

1. 提出动议

有关部门、机构、地方、企业等研究提出重点专项动议。科技部按照立项管理规程要求组织论证和综合平衡后,形成拟立项建议(含专项名称、主责单位、总体目标、实施周期等),按程序报批。对于需求紧迫的选题动议,按照快速响应、灵活部署的要求,采取"一事一议"的方式加快启动。

2. 编制实施方案

对于批准实施的重点专项,主责单位牵头编制重点专项实施方案(含概算、专业机构),报科技部、财政部。科技部、财政部组织对重点专项实施方案进行综合论证,着力提升专项目标指标先进性、任务部署科学性、组织实施可行性、资源配置合理性,优化考核方式、配套保障和管理举措,确保专项实施风险可控。

3. 实施方案批复

实施方案经国家科技咨询委咨询评议后,按程序报批。科技部向主责单位批复实施方案,作为重点专项任务分解、项目申报指南编制、项目安排、组织实施、监督检查、评估问效的基本依据。

根据任务特点和需要,重点专项可采取部门(机构)负责制、地方负责制、总承单位负责制、业主单位负责制等多种模式。对于采取部门负责制的重点专项，主责单位应委托专业机构开展具体的项目管理，并与专业机构签订专项管理任务委托协议，明确委托的具体事项和管理要求；对于采取其他模式的重点专项，根据专项实施需要，参照有关要求建立健全项目过程管理工作机制。

三、项目申报

主责单位会同相关部门（单位）组织编制重点专项的年度项目申报指南，依托国家科技管理信息系统查重后发布指南。专业机构根据指南要求开展项目申报受理，加强科研诚信审核，采用网络评审、通讯评审、会议评审、同场竞技、现场考察评估等方式组织评审。下面以《交通运输部关于发布国家重点研发计划“交通基础设施”“交通载运装备与智能交通技术”重点专项 2024 年度项目申报指南的通知》为例介绍项目申报的相关要求。

1. 申报条件

申报单位应根据指南方向的研究内容以项目形式组织申报，项目可下设课题。项目应整体申报，并覆盖相应指南方向的全部考核指标。项目设 1 名负责人，每个课题设 1 名负责人，项目负责人可担任其中 1 个课题的负责人。其中，青年科学家项目不下设课题。

项目（课题）负责人应聚焦指南任务，整合优势创新团队，并积极吸纳优秀青年和女性科研人员参与项目研发。鼓励有能力的优秀青年和女性科研人员作为项目（课题）负责人承担任务。

（1）申报单位要求

①申报重点专项的项目（课题）牵头单位和参与单位应为中国大陆境内注册的科研院所、高等学校和企业等，或由内地与香港、内地与澳门协商确定的港澳特别行政区单位。内地单位应具有独立法人资格，注册应满 1 年。

②牵头单位和参与单位应具有较强的科技研发能力和条件，运行管理规范。

③中央和地方各级国家机关不得作为牵头单位或参与单位。

④牵头单位和参与单位无在惩戒执行期内的科研严重失信行为记录和相关社会领域信用“黑名单”记录。

⑤各重点专项申报指南中对申报单位有特殊规定的，从其规定。

（2）项目（课题）负责人和参与者要求

①项目（课题）负责人应须具有高级职称或博士学位，每年用于项目的工作时间不得少于 6 个月。

②项目（课题）负责人原则上不超过 60 周岁。青年科学家项目负责人男性原则上不超过 38 周岁，女性原则上不超过 40 周岁，团队其他参与人员年龄要求同上。

③港澳单位的项目（课题）负责人和参与者应遵守《中华人民共和国香港特别行政区基本法》《中华人民共和国澳门特别行政区基本法》和国家重点研发计划管理的相关规定，爱国爱

港、爱国爱澳。

④项目(课题)负责人应为该项目(课题)主体研究思路的提出者和实际主持研究的科研人员。

⑤中央和地方各级国家机关的公务人员及港澳特别行政区的公务人员(包括行使科技计划管理职能的其他人员)不得牵头或参与申报项目(课题)。

⑥参与重点专项实施方案或本年度项目指南编制的专家,不得牵头或参与申报该重点专项项目(课题)。

⑦项目(课题)负责人和参与者无在惩戒执行期内的科研严重失信行为记录和相关社会领域信用"黑名单"记录。

⑧各重点专项申报指南中对项目(课题)负责人和参与者有特殊规定的,从其规定。

2. 申报书要求

(1)申报书编制

①项目的牵头单位应与所有参与单位签署联合申报协议,明确各单位任务分工、考核指标、经费分配、知识产权归属等;项目负责人、课题负责人应在联合申报协议上签字,协议签署时间应明确体现。

②项目(课题)牵头单位、项目(课题)负责人应签署诚信承诺书,并严格遵守承诺。

③项目(课题)负责人为受聘于内地单位的外籍人员或港澳台居民的,聘用期应覆盖所申报项目(课题)的执行期,并应提供相应聘用材料。其中,全职受聘人员应由内地聘用单位提供全职聘用的有效材料,非全职受聘人员应由所有受聘单位同时提供聘用的有效材料。

④牵头单位为企业的,应提供企业营业执照等相关资质证明材料。

⑤对于明确配套经费的项目,应提供自筹经费来源证明,明确配套金额。

⑥对于应用示范类项目,应提供示范应用承诺函及相关证明材料。

(2)项目预算编制

项目(课题)牵头单位应按照《国务院办公厅关于改革完善中央财政科研经费管理的若干意见》(国办发〔2021〕32 号)、《国家重点研发计划资金管理办法》(财教〔2021〕178 号)等相关文件的具体要求,遵循"目标相关性、政策相符性、经济合理性"的基本原则,结合项目(课题)牵头单位及参与单位现有基础及支撑条件,根据项目(课题)任务目标的实际需要,科学合理、实事求是地编制项目(课题)预算。

关于青年科学家项目。为给青年科研人员创造更多机会,组织实施国家目标导向的重大研发任务,针对有望产生新理论、新方法的重大创新方向,设立青年科学家项目,鼓励青年科学家大胆探索更具创新性和颠覆性的新方法、新路径,更好地服务于重点专项总体目标的实现。青年科学家项目不下设课题,原则上不再组织预算评估。

关于“揭榜挂帅”项目。为切实提升科研投入绩效、强化重大创新成果的“实战性”，重点研发计划聚焦国家战略急需、应用导向鲜明、最终用户明确的攻关任务，设立“揭榜挂帅”项目。对揭榜单位无注册时间要求，对揭榜团队负责人无年龄、学历和职称要求，鼓励有信心、有能力组织好关键核心技术攻坚的优势团队积极申报。团队遴选可采取申报团队相互质询、同场竞技等方式，项目全过程突出最终用户作用，实施“军令状”“里程碑”考核等管理方式。明确榜单任务资助额度，简化预算编制，经费管理探索实行“负面清单”。

(3)保密及诚信

①申报书中不得出现任何违反法律法规或含有涉密信息、敏感信息的内容。

②涉及科技伦理与科技安全(如生物安全、信息安全等)的项目，项目(课题)负责人和参与者应加强相关知识学习，严格执行国家有关法律法规和伦理准则，并按照相关重点专项指南的要求提供附件材料。

③项目(课题)的牵头单位及所有参与单位要落实《关于进一步加强科研诚信建设的若干意见》《关于进一步弘扬科学家精神加强作风和学风建设的意见》等要求，加强对申报材料的审核把关，杜绝夸大不实，严禁弄虚作假。

(4)限项申报要求

①项目(课题)负责人限牵头申报1个项目(课题)；国家重点研发计划、科技创新2030－重大项目的在研项目负责人不得牵头或参与申报项目(课题)，课题负责人可参与申报项目(课题)。

②作为项目(课题)负责人、项目骨干申报的项目(课题)和国家重点研发计划、科技创新2030－重大项目在研项目(课题)总数不得超过2项。中央财政专项资金预算不超过400万元的“政府间国际科技创新合作”重点专项项目、中央财政专项资金预算不超过400万元的“战略性科技创新合作”重点专项港澳台项目，不计入上述2项总数的限项范围；但其他重点专项项目的在研项目负责人不得参与申报此类不计入总数限项范围的项目。

③国家重点研发计划、科技创新2030－重大项目的在研项目(课题)负责人和项目骨干不得因申报新项目而退出在研项目；退出项目研发团队后，在原项目执行期内原则上不得牵头或参与申报新的国家重点研发计划项目。

④国家重点研发计划项目(不含青年科学家项目、科技型中小企业项目、国际合作类项目；限项目负责人和课题负责人)、科技创新2030－重大项目(不含青年科学家项目，限项目负责人和课题负责人)，与国家自然科学基金重大项目(限项目负责人和课题负责人)、基础科学中心项目(限学术带头人和骨干成员)、国家重大科研仪器研制项目(限部门推荐项目的项目负责人和具有高级职称的主要参与者)实施联合限项，科研人员同期申报和在研的项目(课题)总数原则上不得超过2项。

⑤执行期(包括延期后执行期)结束时间早于申报当年的项目(课题)，不计入总数限项范围。

3. 申报程序

(1)网上填报

项目牵头单位根据指南相关申报要求,通过国家科技管理信息系统公共服务平台(http://service.most.gov.cn,以下简称“国科管系统”)填写并提交项目申报书,申报书中所需附件材料全部以电子扫描件上传。网上填报的申报书将作为后续形式审查和项目评审工作的依据。

各申报单位在正式提交项目申报书前,可利用国科管系统查询相关科研人员承担国家重点研发计划重点专项、科技创新2030-重大项目、国家自然科学基金重大项目、国家自然科学基金基础科学中心项目和国家重大科研仪器研制项目等在研项目情况,避免因不符合限项申报要求导致形式审查无法通过。

项目牵头单位网上填报申报书的受理时间以通知规定时间为准。

(2)组织推荐

申报书须经相关单位推荐。各推荐单位应加强对所推荐的项目申报材料审核把关,在规定时间内通过国科管系统逐项确认推荐项目,并将加盖推荐单位公章的推荐函以电子扫描件上传。

每个项目只能通过一个推荐单位申报,不得多头申报和重复申报。同一推荐单位同一指南任务择优推荐一个项目,定向推荐项目不受此限制。

(3)形式审查

专业机构将对申报书进行形式审查,形式审查要点附于各重点专项的申报指南后。

四、重点专项管理和总结验收

1. 组织实施

主责单位结合专项特点和实施需要,加强组织实施机制创新,通过竞争择优、定向委托、分阶段滚动支持等多种项目遴选方式,在全国范围内择优确定项目承担单位,可采取“揭榜挂帅”“赛马制”“链主制”、青年科学家项目、长周期项目等组织模式,通过第三方测试、真实应用场景考核等方式,推动产学研用深度融合,提升项目组织实施绩效。

项目执行期满6个月内,主责单位组织专业机构依据项目任务书和有关要求分类开展综合绩效评价,由主责单位向项目承担单位下达综合绩效评价结论。项目综合绩效评价结论分为通过、未通过两类。项目综合绩效评价应突出目标导向、成果导向,注重核心目标和代表性成果,严把项目验收关。

主责单位会同专业机构按年度编制重点专项执行情况报告,于每年12月底前报送科技部;执行期5年及以上的重点专项,于专项实施中期年份报送中期执行情况报告。

重点专项执行期间,由于形势变化或实施需要,需对专项主要任务(含概算)进行重大调整或终止专项执行的，主责单位报科技部、财政部审核，按程序报批。对于因非正当理由致使项目撤销或终止的，应调查核实后严肃处理并逐级问责，对科研失信和违规行为，纳入科研诚信记录。

重点专项执行期结束后，主责单位会同专业机构对重点专项实施情况进行总结，于专项执行期结束6个月内形成重点专项总结报告报科技部。

2. 项目验收

科技部会同财政部组织开展重点专项总体验收工作，对重点专项的目标实现程度、组织管理水平、支撑经济社会发展效果与影响等作出全面评价，形成重点专项总体验收评价报告，按程序上报。重点专项总体验收评价情况将作为专项滚动实施、新设专项遴选主责单位和专业机构等方面的重要参考。

专项验收坚持成果导向，重点突出对重大标志性成果及成果转化应用情况等方面的评价，采取测试平台验证、真实应用场景考核、用户单位考核等方式，强化验收评价的客观性、针对性和科学性。

3. 成果管理

主责单位应加强重点专项的保密制度建设，完善保密工作责任体系，对涉及科技敏感信息和国家秘密的专项项目及其成果，应按有关规定执行并严格管理，分级分类做好信息安全管理，确保国家秘密安全。

重点专项形成的知识产权归属、使用和转移，按照国家有关法律、法规和政策执行。为了国家安全、国家利益和重大社会公共利益的需要，国家可许可他人有偿实施或者无偿实施项目形成的知识产权。项目形成的研究成果，应标注“国家重点研发计划资助”字样及项目编号，英文标注“National Key R&D Program of China”。

五、监督与评估

国家重点研发计划建立全过程、多层次、嵌入式的监督评估体系。监督评估工作应以重点专项实施方案、项目申报指南、立项批复、任务书、协议等为依据，按照责权一致的原则组织开展。

科技部、财政部通过对重点专项的关键节点考核、随机抽查等方式，对专项组织实施情况和实施主体履职尽责情况进行监督评估，采用信息化手段，减轻科研人员负担。监督评估结论和意见及时向主责单位、专业机构进行反馈，重大事项按程序上报。

主责单位对重点专项实施过程和进展进行监督评估，对受委托专业机构管理工作进行监督。专业机构对项目执行情况和项目承担单位开展日常监督。主责单位会同专业机构建立公众参与监督的工作机制，加强与审计监督、第三方监督等外部监督协同，并落实科技伦理监管制度。

建立创新激励机制和责任追究机制。对在专项组织实施过程中作出重要贡献的单位、团队和个人,按照国家有关规定予以表彰奖励。对执行不力的,实行动态调整,并倒查各主体责任,逐级问责。对科研失信和违规行为,视情况纳入科研诚信严重失信行为数据库,依法依规严肃处理。涉嫌违纪违法的,移送有关部门。

六、多元化投入与资金管理

在项目资金的筹措上,国家重点研发计划在中央财政资金支持的基础上,加强央地联动、政企联动,引导地方、企业、金融资本及其他社会资金共同投入,支持相关部门和机构加强对承担相关项目的科技型企业全生命周期、全链条科技金融服务。

在项目预算的执行上,按照"放管结合、权责对等"的原则,采取简化预算编制、下放预算调剂权、实行"包干制""负面清单"等多种方式,扩大科研经费管理自主权,减轻科研人员事务性负担,激发创新活力。

在具体项目的支持上,国家重点研发计划采用前补助、后补助、"里程碑"拨款等方式,对项目进行分类支持。中央财政资金的安排使用,严格执行国家预算管理及财政国库管理的有关规定,全面实施预算绩效管理,确保专款专用,建立覆盖资金管理使用全过程的资金监督机制,以提升资金使用效益。对于项目经费使用中涉及政府采购事宜,按政府采购法律制度规定执行。

第三节 国家自然科学基金

1986 年,国务院正式批准成立国家自然科学基金委员会(简称自然科学基金委,英文名称为 National Natural Science Foundation of China,缩写为 NSFC)。国家自然科学基金委员会资金主要来自中央政府财政拨款,同时吸纳地方政府、相关行业和企业等多元投入,依法接受国内外自然人、法人或者其他组织的捐赠。中央财政将国家自然科学基金的经费列入预算。

自然科学基金按照资助类别可分为面上项目、重点项目、重大项目、重大研究计划项目、国际(地区)合作研究项目、青年科学基金项目、优秀青年科学基金项目、国家杰出青年科学基金项目、创新研究群体项目、地区科学基金项目、联合基金项目、国家重大科研仪器研制项目、基础科学中心项目、专项项目、数学天元基金、外国学者研究基金项目、国际(地区)合作交流项目等。下面以面上项目、重点项目和青年科学基金项目为例,介绍项目管理的流程和要求。

一、国家自然科学基金面上项目

面上项目支持科学技术人员在国家自然科学基金资助范围内自主选题,开展创新性的科学研究,促进各学科均衡、协调和可持续发展。

(一)项目申请

1. 公布指南

自然科学基金委根据基金发展规划、学科发展战略和基金资助工作评估报告,在广泛听取意见和专家评审组论证的基础上制定年度项目指南。年度项目指南应当在接收项目申请起始之日 30 日前公布。

2. 申请资格

(1)具有承担基础研究课题或者其他从事基础研究的经历。

(2)具有高级专业技术职务(职称)或者具有博士学位,或者有 2 名与其研究领域相同、具有高级专业技术职务(职称)的科学技术人员推荐。

从事基础研究的科学技术人员具备前款规定的条件,无工作单位或者所在单位不是依托单位的,经与依托单位协商,并取得该依托单位的同意可以申请。依托单位应当将其视为本单位科学技术人员实施有效管理。

正在攻读研究生学位的人员不得申请面上项目,但在职人员经过导师同意可以通过其受聘依托单位申请。

3. 申请要求

(1)申请人应当是申请面上项目的实际负责人,限为 1 人。

(2)作为申请人同年申请面上项目限为 1 项;同时符合年度项目指南中对申请数量的限制。

(3)不具有高级专业技术职务(职称)的人员,作为项目负责人正在承担面上项目的,不得申请。

(4)参与者与申请人不是同一单位的,参与者所在单位视为合作研究单位,合作研究单位的数量不得超过 2 个。

(5)面上项目研究期限一般为 4 年。

(二)专家评审

1. 初步审查

自然科学基金委应当自项目申请截止之日起 45 日内完成对申请材料的初步审查。符合本办法规定的,予以受理并公布申请人基本情况和依托单位名称、申请项目名称。有下列情形之一的,不予受理,通过依托单位书面通知申请人,并说明理由:

(1)申请人不符合本办法规定条件的。

(2)申请材料不符合年度项目指南要求的。

(3)未在规定期限内提交申请的。

(4)申请人、参与者在不得申请或者参与申请国家自然科学基金资助的处罚期内的。

(5)依托单位在不得作为依托单位的处罚期内的。

2. 评审程序

自然科学基金委负责组织同行专家对受理的项目申请进行评审。项目评审程序包括通讯评审和会议评审。

(1)通讯评审

对于已受理的项目申请,自然科学基金委应当根据申请书内容和有关评审要求从同行专家库中随机选择3名以上专家进行通讯评审。对内容相近的项目申请应当选择同一组专家评审。每份项目申请的有效评审意见不得少于3份。

(2)会议评审

通讯评审完成后,自然科学基金委应当组织专家对项目申请进行会议评审。会议评审专家应当来自专家评审组,必要时可以特邀其他专家参加会议评审。

自然科学基金委应当根据通讯评审情况对项目申请排序和分类,供会议评审专家评审时参考,同时还应当向会议评审专家提供年度资助计划、项目申请书和通讯评审意见等评审材料。

会议评审专家应当充分考虑通讯评审意见和资助计划,结合学科布局和发展对会议评审项目以无记名投票的方式表决,建议予以资助的项目应当以出席会议评审专家的过半数通过。

多数通讯评审专家认为不应当予以资助的项目,2名以上会议评审专家认为创新性强可以署名推荐。会议评审专家在充分听取推荐意见的基础上,应当以无记名投票的方式表决,建议予以资助的项目应当以出席会议评审专家的三分之二以上的多数通过。自然科学基金委根据本办法的规定和专家会议表决结果,决定予以资助的项目。

(3)结果通知

自然科学基金委决定予以资助的,应当根据专家评审意见以及资助额度等及时制作资助通知书,书面通知依托单位和申请人,并公布申请人基本情况以及依托单位名称、申请项目名称、资助额度等;决定不予资助的,应当及时书面通知申请人和依托单位,并说明理由。自然科学基金委应当整理专家评审意见,并向申请人和依托单位提供。

(4)复审申请

申请人对不予受理或者不予资助的决定不服的,可以自收到通知之日起15日内,向自然科学基金委提出书面复审申请。对评审专家的学术判断有不同意见,不得作为提出复审申请的理由。自然科学基金委应当按照有关规定对复审申请进行审查和处理。

3. 评审要点

评审专家对项目申请应当从科学价值、创新性、社会影响以及研究方案的可行性等方面进行独立判断和评价，提出评审意见。评审专家提出评审意见时还应当考虑申请人和参与者的研究经历，研究队伍构成、研究基础和相关的研究条件，项目申请经费使用计划的合理性等方面。对于申请人提供的不适宜评审其项目申请的评审专家名单，自然科学基金委在选择评审专家时根据实际情况予以考虑。

(三)实施管理

1. 项目立项

自然科学基金委应当公告予以资助项目的名称以及依托单位名称，公告期为5日。公告期满视为依托单位和项目负责人收到资助通知。

依托单位应当组织项目负责人按照资助通知书的要求填写项目计划书(一式两份)，并在收到资助通知之日起20日内完成审核，提交自然科学基金委。

自然科学基金委应当自收到项目计划书之日起30日内审核项目计划书，并在核准后将其中1份返还依托单位。核准后的项目计划书作为项目实施、经费拨付、检查和结题的依据。

项目负责人除根据资助通知书要求对申请书内容进行调整外，不得对其他内容进行变更。逾期未提交项目计划书且在规定期限内未说明理由的，视为放弃接受资助。

2. 执行管理

项目负责人按照项目计划书组织开展研究工作，做好资助项目实施情况的原始记录，填写项目年度进展报告。依托单位审核项目年度进展报告并于次年1月15日前提交自然科学基金委。自然科学基金委审查提交的项目年度进展报告。对未按时提交的，责令其在10日内提交，并视情节按有关规定处理。自然科学基金委对面上项目的实施情况进行抽查。

3. 变更管理

面上项目实施过程中，研究内容或者研究计划需要作出重大调整的，项目负责人应当及时提出申请，经依托单位审核后报自然科学基金委批准。由于客观原因不能按期完成研究计划的，项目负责人可以申请延期1次，申请延长的期限不得超过2年。项目负责人应当于项目资助期限届满60日前提出延期申请，经依托单位审核后报自然科学基金委批准。批准延期的项目在结题前应当按时提交项目年度进展报告。

依托单位不得擅自变更项目负责人。项目负责人不再是依托单位科学技术人员、不能继续开展研究工作、有剽窃他人科学研究成果或者在科学研究中有弄虚作假等行为情形之一的，依托单位应当及时提出变更项目负责人或者终止项目实施的申请，报自然科学基金委批准；自然科学基金委也可以直接作出终止项目实施的决定。

依托单位和项目负责人应当保证参与者的稳定。项目负责人调入另一依托单位工作的，经所在依托单位与原依托单位协商一致，由原依托单位提出变更依托单位的申请，报自然科学基金委批准。协商不一致的，自然科学基金委作出终止该项目负责人所负责的项目实施的决定。参与者不得擅自增加或者退出。由于客观原因确实需要增加或者退出的,由项目负责人提出申请,经依托单位审核后报自然科学基金委批准。新增加的参与者应当符合有关要求。

(四)结题验收

1. 验收材料

自项目资助期满之日起60日内,项目负责人应当撰写结题报告、编制项目资助经费决算;取得研究成果的,应当同时提交研究成果报告。项目负责人应当对结题材料的真实性负责。依托单位应当对结题材料的真实性和完整性进行审核,统一提交自然科学基金委。对未按时提交结题报告和经费决算表的,自然科学基金委责令其在10日内提交,并视情节按有关规定处理。

2. 验收审查

自然科学基金委应当自收到结题材料之日起90日内进行审查。对符合结题要求的,准予结题并书面通知依托单位和项目负责人。对提交的结题报告材料不齐全或者手续不完备、提交的资助经费决算手续不全或者不符合填报要求、其他不符合自然科学基金委要求等情况之一的,责令改正并视情节按有关规定处理。

3. 成果管理

自然科学基金委应当公布准予结题项目的结题报告、研究成果报告和项目申请摘要。发表面上项目取得的研究成果,应当按照自然科学基金委成果管理的有关规定注明得到国家自然科学基金资助。面上项目研究形成的知识产权的归属、使用和转移,按照国家有关法律法规执行。

二、国家自然科学基金重点项目

重点项目支持科学技术人员针对已有较好基础的研究方向或者学科生长点开展深入、系统的创新性研究,促进学科发展,推动若干重要领域或者科学前沿取得突破。重点项目应当体现有限目标、有限规模、重点突出的原则,重视学科交叉与渗透,有效利用国家和部门科学研究基地的条件,积极开展实质性的国际合作与交流。

(一)项目申请

1. 公布指南

自然科学基金委应当根据基金发展规划和基金资助工作评估报告制定年度项目指南。年度项目指南体现优先发展领域、学科发展战略,明确受理重点项目申请的研究领域或者研究方向。并在接收项目申请起始之日30日前公布。

2. 申请资格

(1)具有承担基础研究课题的经历。

(2)具有高级专业技术职务(职称)。

正在博士后流动站或工作站内从事研究、正在攻读研究生学位以及年度项目指南中对申请数量限制的科学技术人员不得申请。

3. 申请要求

(1)申请人应当是申请重点项目的实际负责人,限为 1 人。

(2)作为申请人同年申请重点项目不得超过 1 项;同时符合年度项目指南中对申请数量的限制。

(3)参与者与申请人不是同一单位的,参与者所在单位视为合作研究单位,合作研究单位的数量不得超过 2 个。

(4)申请人应当按照年度项目指南要求,通过依托单位提出书面申请。申请人应当对所提交的申请材料的真实性负责。依托单位应当对申请材料的真实性和完整性进行审核,统一提交自然科学基金委。

(5)重点项目研究期限为 5 年。

(二)专家评审

1. 通讯评审

自然科学基金委负责组织同行专家对受理的项目申请进行评审。对于已受理的项目申请,自然科学基金委应当根据申请书内容和有关评审要求从同行专家库中随机选择 5 名以上专家进行通讯评审。每份项目申请的有效评审意见不得少于 5 份。

2. 会议评审

自然科学基金委应当根据通讯评审情况对项目申请进行排序和分类,确定参加会议评审的项目申请。会议评审专家应当来自专家评审组,根据需要可以特邀其他专家参加会议评审。到会评审专家应当为 9 人以上。

被确定参加会议评审的项目,其申请人应当到会答辩,不到会答辩的,视为放弃申请。确因不可抗力不能到会答辩的,申请人经自然科学基金委批准可以委托项目参与者到会答辩。

会议评审专家应当在充分考虑申请人答辩情况、通讯评审意见和资助计划的基础上,对会议评审项目以无记名投票的方式表决,建议予以资助的项目应当以出席会议评审专家的过半数通过。

自然科学基金委决定予以资助的,应当根据专家评审意见以及资助额度等及时制作资助通知书,书面通知依托单位和申请人,并公布申请人基本情况以及依托单位名称、申请项目名称、资助额度等;决定不予资助的,应当及时书面通知申请人和依托单位,并说明理由。自然科学基金委向申请人和依托单位提供专家评审意见。

3. 复审申请

申请人对不予受理或者不予资助的决定不服的,可以自收到通知之日起 15 日内,向自然科学基金委提出书面复审申请。对评审专家的学术判断有不同意见,不得作为提出复审申请的理由。自然科学基金委应当按照有关规定对复审申请进行审查和处理。

4. 评审要点

评审专家对项目申请应当从科学价值、创新性、社会影响以及研究方案的可行性等方面进行独立判断和评价,提出评审意见。评审专家提出评审意见时还应当考虑申请人和参与者的研究经历,研究队伍构成、研究基础和相关的研究条件,申请人完成基金资助项目的情况,研究内容获得其他资助的情况,项目申请经费使用计划的合理性等方面。对于申请人提供的不适宜评审其项目申请的评审专家名单,自然科学基金委在选择评审专家时根据实际情况予以考虑。

(三)实施管理

1. 项目立项

自然科学基金委公告予以资助项目的名称以及依托单位名称,公告期为 5 日。公告期满视为依托单位和项目负责人收到资助通知。依托单位组织项目负责人按照资助通知书的要求填写项目计划书(一式两份),并在收到资助通知之日起 20 日内完成审核,提交自然科学基金委。自然科学基金委自收到项目计划书之日起 30 日内审核项目计划书,并在核准后将其中 1 份返还依托单位。核准后的项目计划书作为项目实施、经费拨付、检查和结题的依据。项目负责人除根据资助通知书要求对申请书内容进行调整外,不得对其他内容进行变更。逾期未提交项目计划书且在规定期限内未说明理由的,视为放弃接受资助。

2. 执行管理

项目负责人应当按照项目计划书组织开展研究工作,做好资助项目实施情况的原始记录,填写项目年度进展报告。依托单位应当审核项目年度进展报告并于次年 1 月 15 日前提交自然科学基金委。自然科学基金委应当审查提交的项目年度进展报告。对未按时提交的,责令其在 10 日内提交,并视情节按有关规定处理。自然科学基金委应当在重点项目实施中期,组织同行专家对项目进展和经费使用情况等进行检查。中期检查采取会议或者通讯评审方式进行。相近领域项目应当集中进行交流与评审。中期检查专家应当为 5 人以上,其中,应当包括参加过该项目评审的专家。自然科学基金委应当整理中期检查意见,作出是否继续资助的决定并向依托单位和项目负责人提供。

3. 变更管理

重点项目实施过程中，一般不得变更依托单位，依托单位不得擅自变更项目负责人。研究内容或者研究计划需要作出重大调整的，项目负责人应当及时提出申请，经依托单位审核后报自然科学基金委批准。由于客观原因不能按期完成研究计划的，项目负责人可以申请延期1次，申请延长的期限不得超过2年。

项目负责人如有不再是依托单位科学技术人员、不能继续开展研究工作、有剽窃他人科学研究成果或者在科学研究中有弄虚作假等行为之一的，依托单位应当及时提出变更项目负责人或者终止项目实施的申请，报自然科学基金委批准；自然科学基金委也可以直接作出终止项目实施的决定。

依托单位和项目负责人应当保证参与者的稳定。参与者不得擅自增加或者退出。由于客观原因确实需要增加或者退出的，由项目负责人提出申请，经依托单位审核后报自然科学基金委批准。新增加的参与者应当符合相关要求。退出的参与者1年内不得申请重点项目和自然科学基金委规定的其他相关类型项目。参与者变更单位以及增加参与者的，合作研究单位的数量应当符合相关要求。

项目负责人应当于项目资助期限届满60日前提出延期申请，经依托单位审核后报自然科学基金委批准。批准延期的项目在结题前应当按时提交项目年度进展报告。

(四)结题验收

1. 验收材料

自项目资助期满之日起60日内，项目负责人应当撰写结题报告、编制项目资助经费决算；取得研究成果的，应当同时提交研究成果报告。项目负责人应当对结题材料的真实性负责。依托单位应当对结题材料的真实性和完整性进行审核，统一提交自然科学基金委。未按时提交结题报告、资助经费决算或相关材料不齐全完备的，自然科学基金委责令依托单位和项目负责人10日内提交或者改正；逾期不提交或者改正的，视情节按有关规定处理。

2. 验收评审

自然科学基金委自收到结题材料之日起90日内，组织同行专家对重点项目完成情况通过通讯评审或会议评审方式进行结题审查。评审专家审查重点项目的完成情况，并向自然科学基金委提供评价意见。审查内容包括：项目计划执行情况、研究成果情况、人才培养情况、国际合作与交流情况、资助经费的使用情况。自然科学基金委根据结题材料提交的情况和评审专家的意见，作出予以结题的决定并书面通知依托单位和项目负责人。

3. 成果管理

自然科学基金委应当公布准予结题项目的结题报告、研究成果报告和项目申请摘要。发表重点项目取得的研究成果,应当按照自然科学基金委成果管理的有关规定注明得到国家自然科学基金资助。重点项目研究形成的知识产权的归属、使用和转移,按照国家有关法律法规执行。

三、国家自然科学基金青年科学基金项目

青年基金项目支持青年科学技术人员在国家自然科学基金资助范围内自主选题,开展基础研究工作,特别注重培养青年科学技术人员独立主持科研项目、进行创新研究的能力。

(一)项目申请

1. 公布指南

自然科学基金委根据基金发展规划、学科发展战略和基金资助工作评估报告,在广泛听取意见和专家评审组论证的基础上制定年度项目指南。年度项目指南应当在接收项目申请起始之日30日前公布。

2. 申请资格

(1)具有从事基础研究的经历。

(2)具有高级专业技术职务(职称)或者具有博士学位,或者有2名与其研究领域相同、具有高级专业技术职务(职称)的科学技术人员推荐。

(3)申请当年1月1日,男性未满35周岁,女性未满40周岁。

从事基础研究的科学技术人员具备前款规定的条件、无工作单位或者所在单位不是依托单位的,经与依托单位协商,并取得该依托单位的同意可以申请。依托单位应当将其视为本单位科学技术人员实施有效管理。

作为负责人正在承担或承担过青年基金项目,以及正在攻读研究生学位不得申请青年基金项目。在职攻读博士研究生学位且经过导师同意可以通过其受聘依托单位申请。

3. 申请要求

(1)申请人应当是申请青年基金项目的实际负责人,限为1人。

(2)作为申请人同年申请青年基金项目限为1项;同时,符合年度项目指南中对申请数量的限制。

(3)申请人应当按照年度项目指南要求,通过依托单位提出书面申请。申请人应当对所提交的申请材料的真实性负责。依托单位应当对申请材料的真实性和完整性进行审核,统一提交自然科学基金委。

(4)青年基金项目研究期限一般为3年。

(二)专家评审

自然科学基金委自项目申请截止之日起45日内完成对申请材料的初步审查,组织同行专

家对受理的项目申请进行评审。项目评审程序包括通讯评审和会议评审。

1. 通讯评审

对于已受理的项目申请，自然科学基金委应当根据申请书内容和有关评审要求从同行专家库中随机选择3名以上专家进行通讯评审。对内容相近的项目申请应当选择同一组专家评审。每份项目申请的有效评审意见不得少于3份。

2. 会议评审

通讯评审完成后，自然科学基金委应当组织专家对项目申请进行会议评审。会议评审专家应当来自专家评审组，必要时可以特邀其他专家参加会议评审。自然科学基金委应当根据通讯评审情况对项目申请排序和分类，供会议评审专家评审时参考，同时还应当向会议评审专家提供年度资助计划、项目申请书和通讯评审意见等评审材料。

会议评审专家应当在充分考虑通讯评审意见和资助计划的基础上，对会议评审项目以无记名投票的方式表决，建议予以资助的项目应当以出席会议评审专家的过半数通过。

多数通讯评审专家认为不应当予以资助的项目，2名以上会议评审专家认为创新性强可以署名推荐。会议评审专家在充分听取推荐意见的基础上，以无记名投票的方式表决，建议予以资助的项目以出席会议评审专家的三分之二以上的多数通过。

自然科学基金委决定予以资助的，应当根据专家评审意见以及资助额度等及时制作资助通知书，书面通知依托单位和申请人，并公布申请人基本情况以及依托单位名称、申请项目名称、资助额度等；决定不予资助的，应当及时书面通知申请人和依托单位，并说明理由。自然科学基金委应当整理专家评审意见，并向申请人和依托单位提供。

3. 复审申请

申请人对不予受理或者不予资助的决定不服的，可以自收到通知之日起15日内，向自然科学基金委提出书面复审申请。对评审专家的学术判断有不同意见，不得作为提出复审申请的理由。自然科学基金委应当按照有关规定对复审申请进行审查和处理。

4. 评审要点

评审专家对项目申请应当从科学价值、创新性、社会影响以及研究方案的可行性等方面进行独立判断和评价，提出评审意见。评审专家提出评审意见时还应当考虑申请人的创新潜力。申请人可以向自然科学基金委提供3名以内不适宜评审其项目申请的通讯评审专家名单。对于申请人提供的不适宜评审其项目申请的评审专家名单，自然科学基金委在选择评审专家时根据实际情况予以考虑。

(三)实施管理

1. 项目立项

自然科学基金委公告予以资助项目的名称以及依托单位名称，公告期为5日。公告期满视为依托单位和项目负责人收到资助通知。依托单位应当组织项目负责人按照资助通知书的要求填写项目计划书(一式两份),并在收到资助通知之日起20日内完成审核,提交自然科学基金委。自然科学基金委应当自收到项目计划书之日起30日内审核项目计划书,并在核准后将其中1份返还依托单位。核准后的项目计划书作为项目实施、经费拨付、检查和结题的依据。项目负责人除根据资助通知书要求对申请书内容进行调整外,不得对其他内容进行变更。逾期未提交项目计划书且在规定期限内未说明理由的,视为放弃接受资助。

2. 执行管理

项目负责人应当按照项目计划书组织开展研究工作,做好资助项目实施情况的原始记录,填写项目年度进展报告。依托单位应当审核项目年度进展报告并于次年1月15日前提交自然科学基金委。自然科学基金委应当审查提交的项目年度进展报告。对未按时提交的,责令其在10日内提交,并视情节按有关规定处理。自然科学基金委应当对青年基金项目的实施情况进行抽查。

3. 变更管理

青年基金项目实施过程中,项目负责人不得变更。研究内容或者研究计划需要作出重大调整的,项目负责人应当及时提出申请,经依托单位审核后报自然科学基金委批准。由于客观原因不能按期完成研究计划的,项目负责人可以申请延期1次,申请延长的期限不得超过2年。

项目负责人调入另一依托单位工作的,经所在依托单位与原依托单位协商一致,由原依托单位提出变更依托单位的申请,报自然科学基金委批准。协商不一致的,自然科学基金委作出终止该项目负责人所负责的项目实施的决定。在站博士后研究人员获资助后不得变更依托单位。

项目负责人如有不再是依托单位科学技术人员、不能继续开展研究工作、连续一年以上出国、有剽窃他人科学研究成果或者在科学研究中有弄虚作假等行为之一的,依托单位应当及时提出变更项目负责人或者终止项目实施的申请,报自然科学基金委批准;自然科学基金委也可以直接作出终止项目实施的决定。

项目负责人应当于项目资助期限届满60日前提出延期申请,经依托单位审核后报自然科学基金委批准。批准延期的项目在结题前应当按时提交项目年度进展报告。

(四)结题验收

1. 验收材料

自项目资助期满之日起60日内,项目负责人应当撰写结题报告、编制项目资助经费决算;取得研究成果的,应当同时提交研究成果报告。项目负责人应当对结题材料的真实性负责。依托单位应当对结题材料的真实性和完整性进行审核,统一提交自然科学基金委。对未按时提交结题报告和经费决算表的，自然科学基金委责令其在10日内提交，并视情节按有关规定处理。

2. 验收评审

自然科学基金委应当自收到结题材料之日起90日内进行审查。对符合结题要求的，准予结题并书面通知依托单位和项目负责人。存在提交的结题报告材料不齐全或者手续不完备、提交的资助经费决算手续不全或者不符合填报要求、其他不符合自然科学基金委要求等情况，责令改正并视情节按有关规定处理。

3. 成果管理

自然科学基金委应当公布准予结题项目的结题报告、研究成果报告和项目申请摘要。发表青年基金项目取得的研究成果，应当按照自然科学基金委成果管理的有关规定注明得到国家自然科学基金资助。青年基金项目研究形成的知识产权的归属、使用和转移，按照国家有关法律法规执行。

第七章

交通运输行业国际科技合作交流

第一节 国际科技交流

我国交通运输行业历来重视国际合作交流，特别是在共建“一带一路”倡议的推动下，交通运输行业作为基础性、先导性、战略性产业，持续发力推动国际科技合作交流对于促进全球经济一体化、提升国际物流效率、推动区域互联互通具有重要意义。通过科技合作，各国可以共享先进技术和经验，共同应对交通运输领域的挑战和困难，切实履行国际责任与义务，推动行业可持续发展，为服务构建人类命运共同体作出贡献。

随着全球化的深入发展和我国交通运输行业的快速发展，我国与世界各国在交通运输领域的科技合作交流日益频繁，合作交流的广度和深度不断拓展。合作领域涵盖了智慧交通、绿色交通、综合交通、智能建造等多个方面，合作形式也更加多样化，包括联合研发项目、国际会议与论坛、人才培养与交流等。本书对行业国际合作领域的现状、成果及下一步展望进行梳理，重点对国际科技合作项目深入阐述。

一、合作现状

1. 广泛参与国际组织、论坛及会议

我国交通运输行业积极融入全球科技合作体系，参与多个国际组织和平台的合作，如依托联合国可持续交通大会、全球可持续交通高峰论坛、国际运输论坛（ITF）、世界交通运输大会（WTC）、国际道路运输联盟（IRU）、国际航空货运协会（TIACA）、国际货物发运人协会（FIATA）、国际虚拟航空组织（IVAO）、SKYTRAX 等多个国际联盟和国际会议，以专题科技项目交流会、专题成果推介会、“互联互通”专题展厅等形式，面向国际宣传推介研究成果，与国际同行共同探讨交通运输领域的科技发展趋势和解决方案。

专栏：部分交通运输国际大会、论坛等平台简介

1. 联合国全球可持续交通大会

联合国全球可持续交通大会是联合国就可持续交通举行的全球性会议。随着科技发展，交通运输在给人类带来便利的同时，不可持续的交通给人类带来诸多挑战。例如，交通运输领域的温室气体排放量占全球总量的25%，道路交通事故每年造成约125万人死亡，其中90%都发生在发展中国家。可持续交通有助于构建可持续未来所需的基础设施，畅通渠道，从而提高人们的生活质量。此外，可持续交通在推动可持续发展及应对气候变化方面具有重要作用。

在这样的背景下，首届联合国全球可持续交通大会于2016年11月26日至27日在土库曼斯坦首都阿什哈巴德举行。会议期间，参会各方探讨了全球交通运输的新方向，以及可持续交通对落实可持续发展议程的作用等议题。会议还围绕城乡交通运输、多模式交通、公共交通、可持续交通与气候变化及能源之间的关系、道路运输安全等主题举行专场讨论。联合国秘书长潘基文主持会议。

2021年10月14日至16日，第二届联合国全球可持续交通大会在北京举行。习近平主席以视频方式出席大会开幕式并发表主旨讲话。大会主题是“可持续的交通，可持续的发展”。大会为期三天，共有171个国家的代表以线上、线下方式出席会议。其中，150个国家交通管理部门负责人及代表线上参会；133个国家近800名驻华使节、在华国际组织代表线下参会。各国代表结合国别经验，针对绿色发展、科技创新等话题建言献策。本次会议通过了《北京宣言》，该宣言呼吁采取综合、跨学科和跨部门的方法，加强国际合作，同时由联合国秘书处创建新的在线数据库，用来及时获取各国在发展可持续交通方面的最新承诺、活动和进展。

2. 全球可持续交通高峰论坛

全球可持续交通高峰论坛由交通运输部主办，论坛聚焦全球可持续交通发展情况，邀请

相关国家政要、交通部长、国际组织负责人和外国驻华使节等出席论坛并致辞，并邀请国内外知名企业家、学者参会并发言，旨在搭建推进全球交通合作的高层次平台，推动构建安全、便捷、高效、绿色、经济、包容和韧性的交通系统，进一步深化全球可持续交通合作，为推动落实全球发展倡议提供助力。

2023年9月25日，全球可持续交通高峰论坛(2023)在北京开幕，会期两天，论坛主题是“可持续交通：携手合作助力全球发展”。国家主席习近平向全球可持续交通高峰论坛致贺信。论坛邀请全球各界交通人士齐聚北京，共商可持续交通发展大计。论坛同期还举办了第十五届世界国际交通技术和设备展览会，并发起设立全球可持续交通创新联盟。

2024年9月25日至26日，全球可持续交通高峰论坛(2024)在北京举办，论坛以“可持续交通：物流联通世界”为主题。本次论坛重点围绕可持续交通五个重大发展议题：一是全球治理——建立全球可持续交通合作伙伴关系。二是互联互通——加强政府治理与安全应急合作，构建有韧性的全球物流供应链。三是共同发展——打造公平普惠可持续的农村交通体系，让人人享有安全便捷的出行环境。四是创新驱动——人工智能赋能交通运输新发展，打造低空经济新增长引擎。五是生态优先——推动新能源发展，加快全球交通绿色低碳转型。此外，论坛还结合不同交通运输方式，设计了多条技术参观路线，涵盖自动驾驶与智能物流、农村公路与城乡客运、国际机场与轨道交通、高铁与自动化码头等领域，全面展示中国在可持续交通发展方面的创新成果。论坛期间，各方共同发布了一系列务实成果，包括关于落实联合国2030年可持续发展议程、推动可持续交通发展的有关倡议，中国可持续交通发展报告(2023)等。

3. 国际运输论坛

国际运输论坛(International Transport Forum，简称ITF)是在经济合作与发展组织(Organization for Economic Co-operation and Development，简称经合组织)框架内运作的政府间专门组织，旨在推动全球层面交通政策议程的制定与实施。国际运输论坛自2008年起，每年在德国莱比锡召开部长级会议,讨论全球运输政策与行业趋势等议题。该组织的宗旨是促进信息共享、加强交流互动、推进多边合作,以应对全球运输领域面临的挑战,推动交通运输行业的可持续发展。

近年来,国际运输论坛围绕如何发展更可持续、更环保、更具韧性的交通方式,提升道路交通安全,加强国际运输和物流业的危机应对能力等议题进行深入研讨。我国在可持续交通领域取得的成就得到了国际运输论坛的认可。中国代表团在论坛上宣介了中国在可持续交通方面的成果,并就深化运输领域国际合作与交流、促进全球互联互通提出中国方案。同时,共建“一带一路”倡议也推动了全球交通基础设施建设和物流运输系统的完善,为全球贸易发展作出了积极贡献。

国际运输论坛2024年峰会“绿色交通:危机时刻保持关注”在德国莱比锡举行。55位部长级代表、12位国际组织负责人以及30多位国际知名企业家等共1200多名代表出席了峰会。中国交通运输部副部长李扬出席会议,并在开幕式全体会议、部长圆桌会议、部长理事会和部长开放级会议上发言。李扬副部长在发言中重点介绍了中国政府在打造韧性交通运输系统方面的经验和实践,特别是在推进全球交通合作方面,要充分发挥联合国亚太经济社会委员会(UNESCAP)、联合国欧洲经济委员会(UNECE)、国际运输论坛(ITF)等国际平台作用,加强各国在基础设施规划、网络建设、交通治理等方面沟通合作。十年来,中国签署了22项政府间国际道路运输便利化协定、72个双边和区域海运协定、130多个双边航空运输协定。

国际运输论坛是一个在全球范围内具有重要影响力的政府间组织,其在推动全球交通运输政策制定、促进国际交流与合作、应对行业挑战等方面发挥着积极作用。

4. 世界交通运输大会

世界交通运输大会(World Transport Convention,简称WTC)由中国科学技术协会、交通运输部、中国工程院共同主办,中国公路学会、中国航海学会、中国铁道学会、中国航空学会、中国汽车工程学会、中国航空运输协会等承办，国内外交通运输科研机构、院校、企事业单位和社会组织等作为支持单位，作为国际性交通运输领域学术会议和成果展示平台，大会每年举办一次。

2024 世界交通运输大会在山东青岛举行，主题为“变革中的新交通”，共分为五大板块，包括开幕式暨主旨报告会、平行论坛、交通科技博览会、科技成果发布、特色活动。平行论坛180 余场，聚焦智慧交通、绿色发展、安全可持续、新材料、交能融合等当前交通运输重大前瞻性、关键性领域，围绕新基建、核心技术突破、大数据赋能、低空经济、海上交通智能管控、车路云一体化、国际运输与物流等重大战略、重大前瞻性技术问题和发展趋势设置话题，邀请来自全球交通运输领域的顶级专家、学者、企业家展开探讨和互动交流。论坛期间，还举办了多场专题研讨会、展览展示和交流活动，集中展示交通运输领域的最新成果和创新技术，为参会代表提供深入了解全球交通运输行业最新发展和技术创新的机会。大会将同期举办“2024 交通科技博览会”和“2024 世界大学生桥梁设计大赛现场总决赛暨颁奖典礼”等特色活动，集中展示交通运输领域最新技术与工程实例，发布了一批具有影响力的智库报告和企业创新成果。

2. 聚焦行业重点领域联合研发项目

随着全球化的深入发展，交通运输领域的国际合作日益加强。各国政府、企业、科研机构等纷纷加强在交通运输技术、标准、政策等方面的交流与合作，共同推动交通运输行业的创新发展。我国交通运输行业特别关注智慧交通、绿色交通、综合交通、智能建造等前沿领域。这些领域不仅是全球交通运输行业发展的热点，也是我国交通运输行业转型升级的重要方向。各国政府以及企业之间通过联合研发项目，共同攻克交通运输领域的技术难题。项目成果不仅促进了技术的创新和发展，还加强了国家之间的科技合作和友谊，提高了全球交通运输行业的整体水平。

(1)政策协调与规划制定

我国与世界其他国家政府通过多边机制(如联合国、世界银行、国际民航组织、国际海事组织等)加强政策对话与协调,共同制定交通运输领域的合作战略和规划。这些战略和规划旨在促进各国在交通运输基础设施建设、技术标准制定、市场准入等方面的合作与协调。

在区域合作层面,各国通过签订区域合作框架协议(如《亚洲及太平洋经济和社会委员会政府间陆上交通便利化协定》《东南亚国家联盟交通一体化倡议》等),推动区域交通运输网络的互联互通和一体化发展。这些框架协议为区域内的交通运输合作提供了制度保障和合作平台。

(2)项目合作与实施

我国与其他国家的国际合作项目多聚焦于交通运输基础设施的建设与升级,包括公路、铁路、港口、机场和航道等。通过共同投资、技术共享和施工管理等方式,推动区域内交通基础设施的互联互通和现代化改造。例如,在"一带一路"倡议下,中国与"一带一路"共建国家共同推进了一批重大交通基础设施项目,如中巴经济走廊的公路和铁路建设、中欧班列的运营优化等。在智能交通、绿色交通、安全交通等领域,通过共同研发、技术转移和示范项目等方式,推动新技术在交通运输领域的广泛应用和商业化进程,实现了技术创新与应用。例如,在智能交通系统方面,各国共同探索自动驾驶、车路协同等技术的应用场景和商业模式;在绿色交通方面,共同推动电动汽车、氢能汽车等新能源车辆的研发与推广。

(3)标准制定与互认

国际交流与合作促进了交通运输领域国际标准的制定与完善。世界各国通过国际标准化组织(ISO)等平台参与国际标准的制定工作,推动交通运输技术标准的统一和互认。这些标准涵盖了交通基础设施、运输装备、交通管理等多个方面,有助于提升全球交通运输的安全性和效率。

为了促进国际贸易和人员往来,各国还建立了交通运输标准的互认机制。通过签署互认协议或备忘录等方式,实现不同国家间交通运输标准的相互认可和接受。这有助于降低国际贸易成本、提高运输效率并促进跨国交通运输的便利化。

(4)信息共享与协同管理

国际合作极大推动了交通运输领域信息共享平台的建设与运营。这些平台通过整合各国交通运输数据资源,实现信息的实时共享和协同管理。例如,通过智能交通系统平台,各国可以共享路况信息、交通流量数据等实时信息,为交通管理和决策提供有力支持。同时,为了应对跨国交通运输中的复杂问题和挑战,各国还建立了协同管理机制。通过定期召开会议、组织联合演练等方式,加强各国在交通管理、应急处置等方面的协同配合和资源共享。这有助于提升跨国交通运输的安全性和应急响应能力。

3.不断丰富多元化人才培养和合作形式

交通运输行业注重人才培养和交流工作,通过互派访问学者、留学生等方式,加强与国际伙伴在人才培养方面的合作。这些措施为行业内的科技创新提供了有力的人才支撑。人才培养和合作方式日益多元化,不仅促进了技术的交流和传播,还加强了我国与国际伙伴之间的友好关系。

专栏:全球可持续交通人文交流高级研修项目

开展全球可持续交通人文交流高级研修项目,旨在分享中国在交通运输可持续发展方面的知识经验,促进各国交通运输领域从业人员之间的交流互鉴和知识分享,推动世界各国特别是发展中国家的交通国际合作。项目由交通运输部主办、中国国际可持续交通创新和知识中心承办。

2023年9月5日,首期全球可持续交通人文交流高级研修项目在北京正式开班。该项目吸引了来自20个国家的26名交通运输领域的政府官员和专家学者参加。

项目为期4周,采用集中授课与实地研修相结合的方式进行。项目聚焦交通基础设施建设、交通运输服务、政府治理与政策研究三个主题。通过集中授课,学员们学习了可持续交通领域的理论、政策、制度、科技和经验。同时,项目还安排了实地研修,让学员们亲身体验中国交通运输发展的成就。研修期间,来自全球各地的学员们还参观了多个重要的交通设施和技术展览,参加了全球可持续交通高峰论坛(2023),并参观了第十五届国际交通技术与设备展览会。这些活动为学员们提供了与业界专家和同行交流的平台,进一步拓宽了他们的视野。

除了在北京的主会场外,项目还在大连设立了分站。大连站的活动由大连海事大学协办,吸引了来自菲律宾、吉尔吉斯斯坦、蒙古国等国家的8名交通运输领域政府官员和专家学者参加。学术交流活动之余,学员们还参观了学校的航海教育博物馆和旅顺历史遗迹,对中国传统文化和高等航海教育有了更深入的了解。

通过此次研修项目,各国交通运输领域的从业人员不仅加深了对中国交通运输发展成就的认识,还学习了先进的可持续交通理念和技术。项目促进了国际交流与合作,为各国在交通领域的合作与发展奠定了坚实的基础。

随着项目的机制化举办,全球可持续交通人文交流高级研修项目将继续发挥其在促进国际交通合作与交流方面的重要作用,将有更多国家的交通运输领域从业人员参与到这一平台中来,共同分享经验、交流思想、推动创新。同时,项目也将不断创新形式和内容,以更好地适应全球交通可持续发展的需求。

通过集中授课与实地研修相结合的方式,项目不仅分享了中国的交通运输发展经验,还促进了各国交通运输领域从业人员之间的交流互鉴和知识分享。这一项目的成功举办为全球交通可持续发展注入了新的动力,也为未来的国际合作与发展奠定了坚实的基础。

二、未来展望

我国交通运输行业将继续深化与国际伙伴在智慧交通、绿色交通等领域的合作,共同推动交通运输行业的可持续发展。同时,还将探索在综合交通、智能建造等更多领域的合作机会。依托“一带一路”倡议,我国将加强与国际伙伴在科技创新方面的合作,共同推动交通运输领域的新技术、新模式、新业态的涌现和应用。通过合作创新,提升我国交通运输行业的整体竞争力和创新能力。此外,积极参与国际交通运输领域的标准制定和修订工作,提升我国在国际交通运输领域的话语权和影响力。通过推动国际标准化,促进全球交通运输行业的规范化、标准化发展。继续加强人才培养与交流。我国将加强与国际伙伴在人才培养与交流方面的合作,共同培养具有国际视野和创新能力的高素质人才。通过人才培养与交流,提升我国交通运输行业的人才队伍素质和国际竞争力。未来,我国将继续加强与国际伙伴的合作与交流,共同推动全球交通运输行业的可持续发展。

第二节 交通运输相关的国际科技机构及组织

在全球视域下,国际基金项目为交通运输行业的发展带来新动能,不论对于理论技术还是应用技术,项目的开展实施都为全球交通运输带来了新的增长和突破,打通了政府间的合作渠道,共同助推全球共同破解技术难题,提升了全球交通运输行业的进步。目前,与交通运输行业密切相关的国际组织主要有全球环境基金(GEF)、中国环境与发展国际合作委员会(CCICED)、海外华人交通协会(COTA)、世界道路协会(PIARC)、联合国政府间气候变化专门委员会(IPCC)等,本节主要围绕机构成立背景及现状、机构主要成果及对我国的影响展开,为行业科技工作者提供借鉴参考。

一、全球环境基金(GEF)

(一)成立背景及现状

全球环境基金(Global Environment Facility,以下简称“GEF”)的成立主要为了应对日益严峻的全球环境问题以及对环境保护和可持续发展的迫切需求。在GEF成立之初,随着工业化、城市化和人口增长,全球环境问题日益突出,包括气候变化、生物多样性丧失、土地退化、水资源污染等。这些问题对全球生态系统和人类福祉构成了严重威胁。但环境问题,任何单一国家都难以独自应对,需要国际社会共同努力。因此,建立一个国际合作机制,协调各国行动,共同应对环境挑战显得尤为重要。GEF最初是世界银行提出的一个实验项目,旨在通过提供资金支持,促进全球环境保护和可持续发展。这一倡议得到了国际社会的广泛响应和支持。

随着《联合国气候变化框架公约》《联合国生物多样性公约》等国际环境公约的签订和实施，需要建立一个专门的资金机制来支持这些公约的实施，由此 GEF 应运而生，成为这些公约的重要资金渠道之一。

GEF 是一个多边基金组织，致力于应对生物多样性丧失、气候变化和污染，保护陆地和海洋健康等复杂国际环境问题。该资金致力于支持发展中国家应对复杂的挑战并协助其实现国际环境目标。目前 186 个成员国政府以及社会组织、妇女和青年群体重点关注生态融合和生物包容性。图 7-1 是 GEF 的发展历程。

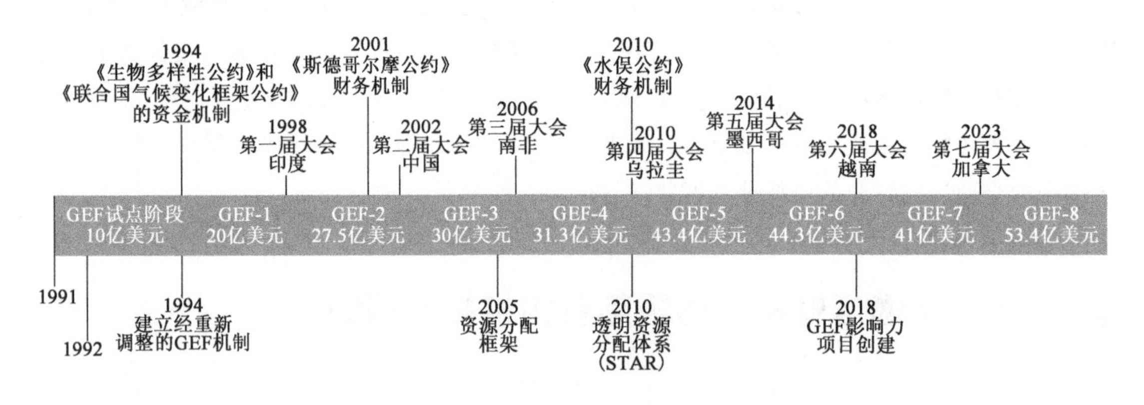

图 7-1　GEF 发展线

GEF 成立于 1991 年，在 1994 年里约峰会期间，GEF 进行了重组，与世界银行分离，成为一个独立的常设机构。这一变化提高了发展中国家在决策和项目实施中的参与度，进一步增强了 GEF 的国际合作能力。在过去三十年中，GEF 已提供了超过 250 亿美元的资金，并为国家主导的优先项目筹集了 1450 亿美元。目前，GEF 已经进入第 8 阶段(GEF-8)。GEF 的基金包括全球环境基金信托基金、全球生物多样性框架基金(GBFF)、最不发达国家基金(LDCF)、特别气候变化基金(SCCF)、名古屋议定书实施基金(NPIF)和透明度能力建设倡议信托基金(CBIT)等。

(二)项目申报

在大多数情况下，GEF 提供资金支持政府项目和计划，由政府决定具体执行机构(可以为政府机构、民间社会组织、私营部门公司、研究机构)。

1. 资格标准

所有项目或计划必须满足以下标准才有资格获得 GEF 资助：

(1)国家符合资助条件

国家有两种方式获得 GEF 资助资格。一是该国已批准 GEF 所服务的公约并且符合每项公约缔约方大会确定的资格标准；二是该国有资格获得世界银行(国际复兴开发银行和/

或国际开发协会)的融资,或者如果它可以是联合国开发计划署(UNDP)技术援助的合格接受者。

(2)国家优先事项

项目必须由国家推动,而非其他组织。此外,项目应与支持可持续发展的国家优先事项保持一致。

(3)GEF 优先事项

为实现多边环境协定的目标,GEF 所支持的各国事项应优先以综合方式解决环境恶化问题。生物多样性、气候变化、土地退化、国际水域以及化学品和废物等领域仍然是 GEF-8 指南的重要目标任务,这也为各国提供参与选定“整合项目”的机会,这些项目主要是为了解决环境恶化的主要驱动因素或能够带来属于 GEF 职责范围内的其他提升。

(4)融资

GEF 资金主要用于弥补项目的“增量”或附加成本,即超出项目常规成本的部分。同时,GEF 鼓励项目寻求联合融资。

(5)参与

项目必须让公众参与项目设计和实施,并遵循利益相关者参与政策和相关指南。

2. 申报机构

GEF 有 18 个合作机构,运营联络点(Operational Focal Point,简称 OFP)决定哪个机构最适合开发和实施项目计划。在后续过程中,所选机构将是项目或计划所有阶段的合作伙伴。机构负责制定项目提案,进而实地管理这些项目。通过这种方式,机构帮助符合条件的政府和非政府组织(NGO)制定、实施和执行他们的项目。通常,各机构会共同开展 GEF 项目,汇集专业知识。这不仅使规划方法更加全面,而且还加强了各个机构将全球环境问题纳入其内部政策、计划和项目的主流或纳入力度。与交通运输行业项目相关的机构如亚洲发展银行(Asian Development Bank,ADB)、联合国开发计划署(United Nations Development Programme,UNDP)、联合国环境规划署(United Nations Environment Programme,UNEP)、联合国工业发展组织(United Nations Industrial Development Organization,UNIDO)、世界银行(The World Bank Group,WBG)详见表 7-1。

与交通运输行业项目相关的机构　　表 7-1

序号	机构标志	机构名称及介绍
1	ADB	亚洲开发银行(ADB)对 GEF 的比较优势在于包括亚洲国家和多国层面的投资项目以及将能力建设和技术援助纳入其项目的能力。亚洲发展银行在能源效率、可再生能源、适应气候变化和自然资源管理(包括水和可持续土地管理)领域拥有丰富的经验

续上表

序号	机构标志	机构名称及介绍
2	UNDP	联合国发展计划署(UNDP)对GEF的比较优势在于其遍布全球的国家办事处网络、综合政策制定、人力资源开发、机构加强以及非政府和社区参与方面的经验。UNDP协助各国设计和实施符合GEF任务和国家可持续发展计划的活动
3	UN environment programme	联合国环境规划署(UNEP)对GEF的比较优势在于,它是联合国唯一一个负责协调联合国在环境领域工作的组织,其核心业务是环境领域。UNEP还为GEF提供了一系列相关经验、概念验证、想法测试以及可作为其投资基础的最佳可用科学和知识。它还担任三项多边环境协定(MEA)的秘书处,而GEF是这些协定的财务机制
4	UNIDO	联合国工业发展组织(UNIDO)对GEF的比较优势在于,它可以让工业部门参与GEF以下领域的项目:工业能源效率、可再生能源服务、水资源管理、化学品管理(包括持久性有机污染物和臭氧消耗物质)和生物技术。UNIDO还对发展中国家和转型经济国家的中小企业(SME)有着广泛的了解
5		世界银行集团(WBG)对GEF的比较优势在于,它是全球范围内在多个领域领先的国际金融机构,与区域开发银行的比较优势类似。WBG在投资贷款方面拥有丰富的经验,专注于GEF所有重点领域的机构建设、基础设施发展和政策改革

3. 申报要点及流程

GEF通过多种项目类型来开展活动,如全额项目(Full-sized Projects)、中型项目(Medium-sized Projects)、基础活动(Enabling Activities)、规划型项目(Programmatic Approach)、气候变化适应项目(Climate Change Adaptation Projects)以及小额赠款计划(Small Grants Programme)等。项目类型以最能支持项目目标实现为准。每种项目立项都有不同的申报模板。其中:全额项目(FSP)是GEF项目融资超过200万美元;中型项目(MSP)是GEF项目融资少于或等于200万美元;基础支持活动(EA)是为履行公约承诺而制定计划、战略或报告的项目;规划方案:旨在对全球环境产生大规模影响的独立但相互关联的项目的长期战略规划。

一个国家内所有与GEF相关的活动都由业务联络点(OFP)负责协调。OFP负责审查项目构想、核实资格标准,并确保新项目构想不会重复现有项目。任何提交审批的项目都需要一份由 GEF OFP 签署的认可函。

为了更多地争取 GEF 赠款,服务于我国的环境保护和可持续发展,需大力加强中国 GEF 工作的协调和管理能力。为此,财政部与国家环境保护总局于 2002 年 4 月联合成立了"中国全球环境基金(GEF)工作秘书处"(对外简称全球环境基金秘书处)。秘书处的职责包括:协助财政部研究 GEF 和相关国际环境公约的政策与战略;为建立中国和 GEF 的合作总体框架提供技术支持;鉴别、审评、监督和评估中国 GEF 项目;为中国 GEF 工作组织专家队伍;宣传中国 GEF 工作。

项目申报时,首先由中央行政主管部门或地方财政部门提交项目文件向财政部申报,再由财政部和中国 GEF 秘书处对项目文件进行技术审批,最后上报给全球环境基金(图 7-2)。

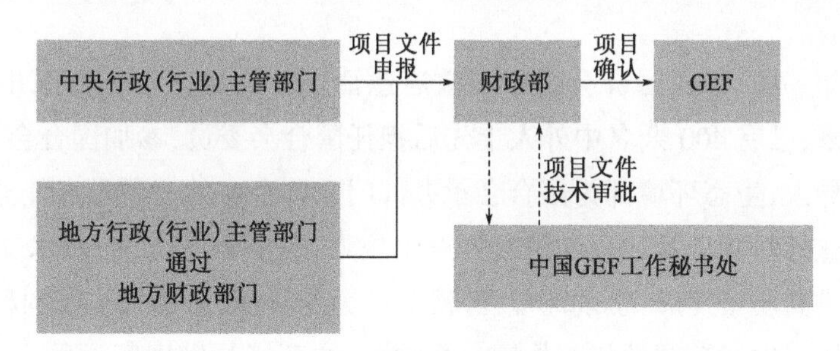

图 7-2　GEF 申报流程

总体来看,GEF 的资助范围广泛,能够支持多种类型的项目,旨在通过提供资金和技术支持,帮助发展中国家履行国际环境公约,并推动全球环境效益的实现。同时,GEF 还注重与民间组织、社区组织等非政府组织的合作,共同推动全球环境保护事业的发展。

二、中国环境与发展国际合作委员会(CCICED)

(一)成立背景及现状

中国环境与发展国际合作委员会(China Council for International Cooperation on Environment and Development,缩写 CCICED),简称国合会,在成立之初,考虑到解决环境与发展的冲突、实现可持续发展是全球面临的共同问题。1992 年联合国环境与发展大会呼吁为实现可持续发展建立全球伙伴关系。发展中国家由于在环境与发展问题上的矛盾突出,更需要汲取发达国家的经验和教训。中国作为发展中国家,在处理环境与发展问题上有后发优势,同时需要借鉴其他国家的成功经验。在这种历史背景下,中国政府于 1992 年 4 月批准成立了中国环境与发展国际合作委员会。

国合会的成立在发展中国家是个创举。作为一个多边的非政府的高级咨询机构,为国内外有关专家、学者相互沟通,集思广益,共同探索发展中国家与发达国家在环境与发展的领域合作途径提供了新的舞台。国合会是由中国政府批准设立,是中外环境与发展领域高层人士和专家组成的非营利性、国际性高层政策咨询机构。

国合会秉持多元、包容和共享原则，体现专业、地域、国别平衡和性别平等，注重青年、私营部门和社会组织代表广泛参与。中国生态环境部是国合会的承办部门，国合会接受生态环境部的业务指导和监督管理。国合会提出的政策建议，经生态环境部提交国务院。

国合会以服务中国生态文明建设和全球可持续发展、推动实现美丽中国和绿色繁荣世界为目标，建设成为中国和世界环境与发展领域双向交流平台、促进生态文明建设协作平台、推动完善全球环境治理体系创新平台。伴随中国经济和社会的快速发展，国合会见证并参与了中国发展理念和发展方式的历史性变迁。国合会把国际可持续发展先进理念带入中国，促进了中国与国际社会在环境与发展领域的交流与互鉴。通过中外坦诚对话，促进世界了解中国，推动中国走向世界，在中国可持续发展进程中发挥了独特而重要的作用。

国合会每五年一届，每届国合会由中国政府邀请中外高层人士和专家出任国合会委员。国合会自成立以来，已有400余名中外人士先后担任国合会委员，参加国合会工作。国合会主席通常为国家领导人，生态环境部为国合会承办部门。国合会的三项重点任务：一是针对中国建设中国式现代化的目标以及社会经济发展五年规划，提供政策咨询、技术支持和经验示范，协助中国政府推进高质量发展，实现环境、经济与社会的全面、协调和平衡的科学发展；二是关注中国和全球环境与发展问题的相互作用与影响，关注环境与发展问题的全球演变和政策趋势，并与国际社会分享这些领域的研究成果；三是促进中国政府考虑并采纳国合会提出的政策、法规、制度等建议，并跟踪和报告相关政策建议的实施进展情况。

30余年来，国合会秉持直通车、国际性、综合性三大特点，在中国和世界环境与发展领域独树一帜。

1."直通车"机制

历任国合会主席均由中国国家领导人担任，国家领导人每年出席国合会重大活动，当面听取政策建议；同时，国合会政策建议以书面形式提交中国国务院和有关政府部门供决策参考。这种独特的"直通车"机制，确保了国合会政策建议直达中国政府高层领导和各级决策者。

2. 国际性站位

国合会委员和参与政策研究工作的专家学者来自中外政府部门、国际组织、工商企业、研究机构以及社会组织，针对中国和世界环境与发展问题共同研究探讨，并在合作中互通有无，互学互鉴。中外思想的碰撞与交融，不仅给中国带来可持续发展先进理念和经验，也使中国绿色发展实践成果惠及世界。

3. 综合性视野

国合会在关注领域和研究形式上均体现了综合性、跨领域特点，立足推动环境与经济、社会的协调发展，引进、借鉴国际先进理念、政策、技术和最佳实践，形成多视角、多层面对话交流机制，提出宏观性和综合性政策建议。国合会的领导架构如图7-3所示。

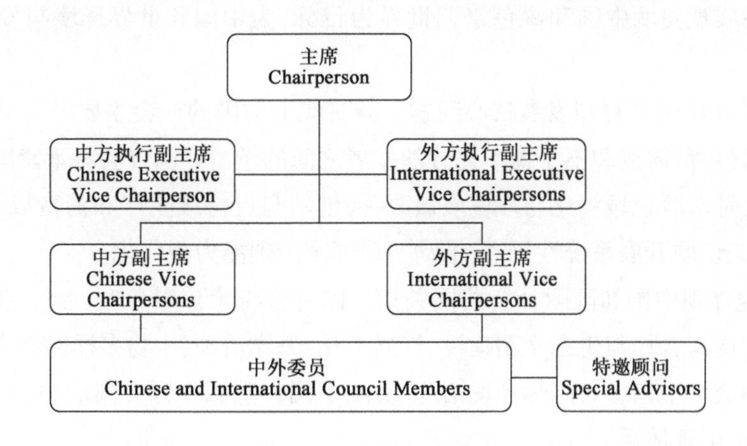

图7-3　国合会的领导架构

自成立以来，在中国政府和国际合作伙伴的大力支持下，国合会以服务中国生态文明建设和全球可持续发展、推动实现美丽中国和绿色繁荣世界为目标，研究提出前瞻性、战略性、预警性政策建议，对中国环境与发展进程产生深刻影响。结合不同时期国际环发形势和中国政策需求，国合会政策研究领域不断拓展和深化：从引进国际可持续发展先进理念、提高决策者环境意识，到借鉴国际经验解决环境污染问题、强调环保法律法规建设；从研究环境保护与经济发展的相互关系、推动实现环境与经济发展双赢，到促进环境、经济、社会协调发展；从着眼于中国环境与发展问题本身，到关注区域与全球环境以及中国和世界的相互作用与影响。国合会参与并见证了中国的环境与发展进程。

迄今为止，国合会已开展上百个研究项目，千余位中外专家参与研究工作，提出几百项政策建议，涉及环境与发展的诸多方面，包括：污染控制、清洁生产、气候变化、生物多样性保护、全球海洋治理、能源与环境、循环经济、低碳经济、生态补偿机制、环境保护与社会发展、可持续消费、媒体与公众参与政策、企业社会责任、绿色"一带一路"、绿色城镇化、绿色供应链、绿色金融等。同时，国合会还与国家和地方层面合作，开展政策示范试点，如：可持续消费、上市公司环境信息披露制度、环境风险管理等等，以促进政策建议落地生根。国合会每年的政策建议由环境保护相关管理部门以政府文件形式转发国务院有关部门及各省、自治区、直辖市政府，供中国政府各级决策者参考。许多国合会思想、建议和主张在相关政策、制度、体系和标准建设中得到体现。

国合会政策建议得到中国政府高度重视，持续融入中国改革进程，如2008年国家环境保护总局升格为环境保护部，成为国务院组成部门，极大提升中国政府环境治理能力；2014年亚太经合组织（APEC）领导人非正式会议批准成立APEC绿色供应链合作网络；2015年绿色金融纳入2016年G20峰会核心议题，中国出台《关于构建绿色金融体系的指导意见》等均有国合会研究成果与政策建议的贡献。

新时代新挑战提出新任务新要求，国合会将继往开来，以服务中国生态文明建设和全球可持续发展、推动实现美丽中国和绿色繁荣世界为目标，为中国和世界环境与发展事业作出新贡献。

（1）持续关注中国环境与发展核心问题。新时代下中国的社会主要矛盾已经转化为人民日益增长的美好生活需要和不平衡不充分的发展之间的矛盾。国合会将紧紧围绕中国现实需求和主要矛盾，针对绿色城镇化与环境质量改善、创新与可持续生产和消费以及绿色能源、投资与贸易等相关议题开展系统性研究，推动实现国家治理能力现代化。

（2）更多地体现中国和国际社会共同关切。国合会将聚焦绿色“一带一路”与2030年可持续发展议程、南南合作与生态文明建设、气候变化、海洋治理、生物多样性等中国与世界共同关注议题，努力成为中国参与国际环境治理、贡献中国智慧和中国方案的独特渠道，推动构建合理的全球环境治理体系。

（3）推动开展国际先进理念和中国绿色发展实践双向互动。借助国合会合作伙伴网络和智力资源密集优势，启动“可持续发展能力建设计划”，促进中央及地方各级决策者、私营和工商部门领导者，特别是女性及青年代表绿色发展能力建设。继续发挥平台和窗口优势，系统梳理中国绿色转型经验与实践，与其他发展中国家开展对话和交流，共同提升落实2030年可持续发展议程能力。

（4）深化和拓展合作伙伴关系。秉持多元、包容和共享原则，继续拓展合作伙伴关系，广泛吸引更多女性、青年、私营部门和社会组织代表参与，在政策研究、政策示范、成果宣传、活动组织和人员交流培训等方面开展务实合作，共同为加强国合会能力建设、提高政策研究水平、扩大国内外影响作出努力，并在合作中实现互利共赢、共同发展。

（二）项目申报

国合会提出的政策建议，经生态环境部提交国务院。因此，为了解项目后续申报，应首先对国合会的组织架构基本情况予以了解。

国合会由60名左右中外委员组成，包括主席、执行副主席、副主席、秘书长、中外首席顾问及其他委员。国合会主席由中国国家领导人担任，由中国政府任命。国合会设执行副主席2名，中外各1名。中方执行副主席由中国生态环境部部长担任。外方执行副主席由国合会最大资金合作伙伴提名。国合会设秘书长，由中国生态环境部主管国际合作事务副部长担任，全面负责和指导国合会日常运作与管理。经执行副主席批准，国合会秘书长可指定副秘书长（生态环境部国际合作司司长）和助理秘书长协助工作。国合会秘书长根据主席团会议决议，在首席顾问、副秘书长和助理秘书长协助下开展工作，对中方执行副主席负责。秘书长的主要职责详见表7-2，其中，秘书长负责批准设立政策研究项目和示范项目，并批准项目预算。

国合会秘书长主要职责　　表7-2

序号	主要职责
1	向主席团会议、委员全体会议报告国合会年度工作报告和工作计划
2	批准国合会年度财务预算,并监督执行
3	批准设立政策研究项目和示范项目
4	批准项目预算、项目承担单位与中外组长人选
5	落实主席团会议的其他决定
6	履行中方执行副主席授权的其他事项

此外,国合会设立首席顾问2名,中外各1名,其中:中方首席顾问由中国生态环境部提名,外方首席顾问由中国生态环境部与最大资金合作伙伴协商提名。首席顾问在秘书长领导下开展工作,为秘书长决策提供咨询建议,主要职责详见表7-3,其中,首席顾问评估、推荐国合会研究任务承担专家人选,并指导研究项目实施。

国合会首席顾问主要职责　　表7-3

序号	主要职责
1	提出国合会政策研究计划
2	撰写或筛选、评估国合会政策研究项目概念文件
3	提出国合会政策研究项目工作大纲
4	评估、推荐国合会研究任务承担专家人选
5	参加国合会研究活动,指导政策研究项目实施
6	组织评估政策研究项目的工作成果
7	起草国合会政策建议等重要文件
8	应秘书长要求的其他咨询任务

国合会会根据需要邀请中外相关领域专业人士作为特邀顾问,特邀顾问由中国政府提名并邀请,并受邀参加高层论坛等国合会活动、参加国合会研讨会和政策对话会,交流国内外环境与发展相关政策趋势,并且受邀承担或参与国合会政策研究项目。

综上,作为国合会政策建议来源和依据,政策研究项目服务国合会使命和任务。国合会根据国内环境与发展政策需求设立政策研究项目,邀请中外专家共同开展政策研究活动,并提出政策建议。国合会政策研究围绕若干大型课题组进行,保证研究的系统性和战略性。课题组下设专题研究项目,针对课题框架下具体议题开展研究,兼顾原则性与灵活性。通过开展政策示范项目等方式,国合会将研究成果向地方政府决策者的宣传与推介,加强研究成果推广和应用。项目数量视国合会工作需要及可支配资源确定。政策研究项目的管理由国合会秘书处负责，国合会秘书处设在中国生态环境部国际合作司，在秘书长、副秘书长和助理秘书长领导下开展工作。国合会秘书处日常行政性事务按照中国生态环境部工作规则和有关程序办理，自身业务性工作按照国合会章程的规定和要求进行管理。

由以上可以看出，国合会的战略政策项目多采用邀请的方式由中外专家承担实施，而中外专家多来自与国合会有合作伙伴关系（资金合作伙伴、战略合作伙伴、学术合作伙伴和观察员）的机构，交通运输作为对国家环境与发展具有重要影响和贡献的行业，相关科研院所及高校应注重与生态环境部的联动，多参与国合会及其合作伙伴的研究及交流，深度参与到国合会政策研究项目之中，才能更加全面地参与到国合会的相关工作之中，国合会的合作伙伴如图7-4所示。

图7-4　国合会合作伙伴

2023—2024年是第七届国合会各项工作持续深入推进的时期，国合会拟以“坚持绿色开放合作　推进现代化发展”为年度主题，面向中国“十五五”规划制定，为中国以降碳为重点战略方向的生态文明建设提供创新解决方案，推进经济社会发展全面绿色转型；坚持开放协作，共同应对全球危机、构建更加公正合理的全球治理体系。根据国合会2023—2024年工作计划，在第七届国合会的四大课题框架下，启动九个专题政策研究项目。同时，结合国内外形势，适时组织若干短期研究，提出政策建议，具体见表7-4。

第七届国合会研究课题　　表7-4

序号	四大课题	九个专项
课题一	全球环境治理创新	一、中国碳中和实现路径与全球气候治理
		二、碳中和愿景下可持续海洋治理
		三、生物多样性保护和《昆明-蒙特利尔全球生物多样性框架》落实

续上表

序号	四大课题	九个专项
课题二	国家绿色治理体系	四、降碳减污扩绿增长协同机制
		五、城乡建设绿色发展与气候适应
课题三	可持续生产、消费	六、数字化与绿色技术促进可持续发展
		七、环境与气候可持续投资创新机制
课题四	低碳包容转型	八、可持续贸易与可持续供应链
		九、绿色对外开放与南南合作
短期研究项目		视情开展“绿色低碳转型　科技创新”“中国传统能源地区低碳转型”等若干短期研究项目

三、海外华人交通协会(COTA)

(一)成立背景及现状

海外华人交通协会(Chinese Overseas Transportation Association,简称COTA)是一个在全球范围内具有重要影响力的学术组织,专注于交通运输领域的研究、教育和技术转移。COTA成立于1996年1月,是一个在美国注册的非营利性专业组织。其前身名为NACOTA,自成立以来,COTA一直致力于推动全球交通运输领域的发展。目前,COTA的成员遍布世界各地,主要是来自海外交通运输领域工作或学习的华人,他们致力于推动中国交通运输事业的发展。目前,COTA拥有约1000余名会员及合作者,这些成员在交通运输领域拥有丰富的专业知识和实践经验,遍布北美洲、加拿大、欧洲、亚洲和大洋洲。会员包括经验丰富的来自大学、学术研究机构、政府机构、私人企业、基金会的交通专业人士以及在校研究生。

(二)主要工作

COTA的主要任务是加强全球海外交通专业人士与中国同行之间的联系,促进双方在交通运输领域的交流与合作。通过其成员所提供的专业知识和相应技能来推动中国交通运输业的发展,COTA致力于成为向所有交通领域人士公开的信息和知识共享平台。

此外,COTA与中国著名大学联合举办年度国际交通科技年会(COTA conference International Conference of Transportation Professionals,简称CICTP),该会议已成为汇聚海内外众多致力于交通运输领域人才培养、科技创新和行业发展的专家学者们共同交流的学术盛会。CICTP每年都能吸引到数百名优秀学者投稿,会上由国际交通行业领袖发表主旨演讲,是中国交通研究领域最大的学术与科技型国际会议之一,并具有重要国际影响力,CICTP作为交通领域国内最有影响力的学术会议已经遐迩闻名。除了CICTP,COTA还会组织其他多种活动,如交通主题研讨会、交通职业发展论坛、交通学院院长论坛等,以进一步推动交通运输领域的发展。

在国际合作方面,COTA 特别注重中美两国在交通运输领域的合作,自 2000 年起,就开始与中国的大学、政府及企业协作举办 CICTP。COTA 不仅局限于中美合作,还积极寻求与其他国家和地区的交通运输领域的合作与交流,以推动全球交通运输事业的发展。

(三)影响与贡献

COTA 通过其 CICTP 年会和其他活动,为交通运输领域的专家学者提供了一个展示最新研究成果、交流学术思想的平台,推动了交通运输领域的学术发展,为交通运输行业的发展提供了有力的支持,推动了行业的创新和进步。COTA 还致力于交通运输领域的人才培养,通过其活动和教育项目,为行业培养了大量的专业人才。

总之,海外华人交通协会(COTA)是一个在全球范围内具有重要影响力的学术组织,通过其丰富的活动、广泛的国际合作和深入的学术研究,为交通运输领域的发展作出了积极的贡献。

四、世界道路协会(PIARC)

(一)成立背景及现状

世界道路协会(PIARC)成立于 1909 年,是一个专门从事公路设施的规划与管理,公路设施的设计与施工,公路设施的运行、安全和维护等方面的信息交流的非营利、非政府性的国际组织。PIARC 在 140 余个国家和地区拥有会员,包括 120 余个政府会员,具有广泛的国际影响力。中国是 PIARC 的政府会员之一,交通运输部公路局为其代表机构,多年来积极参与 PIARC 的工作,并与之保持着密切的合作关系。目前,PIARC 已成为世界公路领域以交流和传播公路技术知识和信息为主要内容的最具权威、影响最大的国际性组织。PIARC 致力于促进道路和道路运输领域的知识、技能和经验的交流,通过其成员国和其他合作伙伴网络,生成、推广与道路及相关运输问题有关的决策高效工具。PIARC 通过协会调动其成员的专业知识,通常由四年战略计划指导运作。

目前,PIARC 设有 20 余个技术委员会,协会通过技术委员会协调国际道路和交通领域的专家。各成员国指派专家参加。我国积极参加其中桥梁、隧道和技术交流与发展委员会的工作。协会每 4 年在各成员国轮流召开一次世界道路会议,迄今已召开了 23 届世界道路大会。在每次会议召开期间,也举办相应的参观活动。同时,协会从 1969 年起每四年在有关成员国召开一次国际冬季道路会议,现已召开 13 次会议,2014 年 2 月将在安道尔举行第 14 届国际冬季道路大会。截至 2023 年,协会已经发布了 119 份报告,均可在协会官网免费下载。

PIARC 总秘书处的架构如图 7-5 所示。总秘书处的主要使命是确保协会的日常管理,根据理事会和执行委员会的决议和决定;代表协会处理所有影响协会运营的法律和行政事务等。各成员国和国家组织组成 PIARC 的委员会,委员会下设执行委员会,包括主席、前任主席、3 名副主席及成员国代表，执行委员会由通信委员会、战略规划委员会和财政委员会组成。除此之外，PIARC 设有多个技术委员会，由各国优秀技术专家组成，围绕公路各领域热点技术开展工作。这些委员会在任期届满前会发布相关领域的权威研究报告，成果将被世界各国所借鉴。PIARC 新一届按照 4 个战略主题，下设 20 个技术委员会、2 个专题组和 2 个交叉委员会。

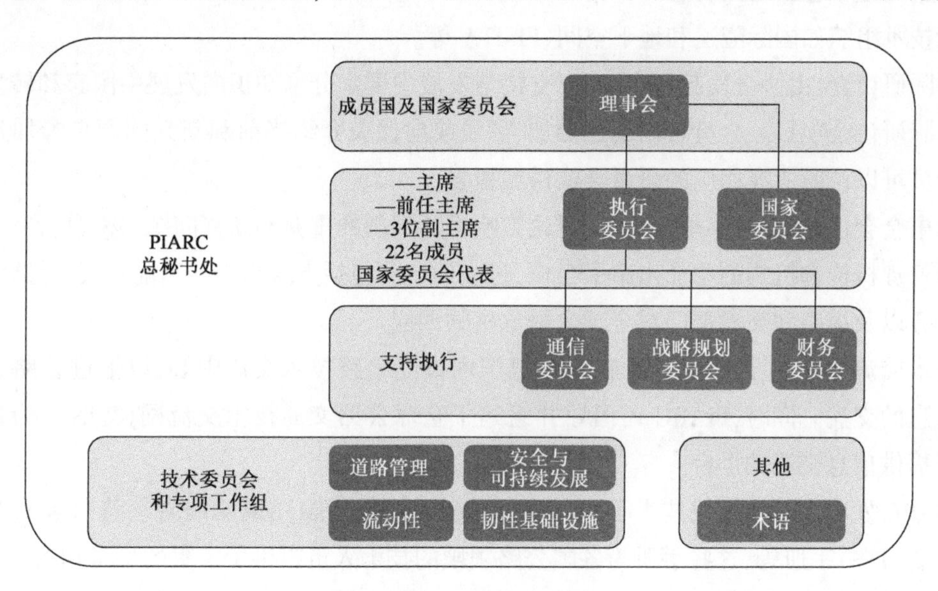

图 7-5　PIARC 总秘书处架构图

目前，世界道路协会在世界各国已组建了将近 50 个公路技术交流中心（Technology Transfer Centers），并鼓励在发展中国家和经济转型国家创建“公路技术交流中心”，其主要任务是推进全球公路领域知识和信息的交流，加强世界公路领域专业人员、机构之间的联系，以提高全球公路技术的创新能力。世界道路协会于 1994 年为各个国家能够共享全球公路交通的技术合作与交流而倡导组建了全球公路交通技术交流网（World Interchange Network，WIN）。该网络为各国尤其是发展中国家和经济转轨国家的公路专家进行信息交流提供了一种崭新的交流体系。WIN 是一个非营利性的非政府国际组织，其主要任务是推进全球公路领域信息的交流，加强对公路各个方面有疑难的专业人员及机构之间的联系。

（二）主要工作

国家委员会：作为三十多个成员国的国家一级论坛存在，并维护与国际协会类似的目标。国家委员会提供并促进与协会活动的双向沟通和参与，以及获得全球道路运输信息。

世界道路大会：每四年举行一次（自 1908 年起），有 4000 多名道路专业人士参加。作为道路行业的首要活动，大会（及相关展览）提供有关当前最佳做法的信息和讨论论坛，以发展道路行业的重点领域及其面临的挑战。会议期间，各国专家学者汇聚一堂，共同探讨公路领域的最新技术和发展趋势。

国际冬季道路会议：是一个世界级的会议，汇集了来自世界各地的冬季道路专家。它促进了经历过严酷气候的国家之间在冬季道路问题上的知识共享。每4年举行一次(自1969年以来),由协会组织,作为世界道路大会补充。

合作伙伴关系:在主要国际道路运输行业组织之间建立,致力于创造协同效应并促进外展活动。这些组织包括道路管理和机构的区域协会(CEDR、REAAA和DIRCAIBEA)、世界银行和国际技术组织如国际隧道和地下空间、FISITA等。

国际研讨会:由协会发起和主办,以支持与发展中国家分享知识向发展中国家和转型国家提供国际研讨会项目。会员可以通过参加、参展或向代表介绍当前和新兴问题来参加这些活动。会员可以访问所有相应的研讨会演讲和报告。

理事会会议讨论:每年举行一次,讨论影响道路部门的重要和新兴问题。来自所有成员国的道路管理机构和机构的主任出席了会议,过去的主题包括本组织内的当前发展,道路管理人员的任务以及道路和交通部门对全球金融危机的回应。

技术交流与合作:PIARC鼓励在全球范围内设立公路技术交流中心,以推进公路领域知识和信息的交流。同时,PIARC还倡导并组建了全球公路交通技术交流网(WIN),为各国公路专家提供信息交流的平台。

PIARC发布了多个在线技术手册,如道路安全手册(RSM)、道路网络运营(RNO)和智能交通系统(ITS)手册等,这些手册为各国公路领域的技术人员提供了宝贵的参考和指导。

PIARC还通过其技术委员会发布了一系列权威研究报告,为全球公路领域的技术创新和发展提供了重要支持。

(三)影响与贡献

中国积极参与PIARC的各项活动,并通过这一平台积极宣传并推广中国公路建设成就和技术经验。多年来,中国交通运输部及行业与PIARC共同举办了多次大型国际会议,包括隧道建设、桥梁建设、安全运营等各专业领域。同时,中国也充分利用PIARC的资源,积极引进国外先进技术和管理经验,推动中国公路事业的持续发展。

综上所述,世界道路协会(PIARC)是全球公路领域最具权威、影响最大的国际性组织之一,其工作对于推动全球公路事业的发展具有重要意义。

五、联合国政府间气候变化专门委员会(IPCC)

(一)成立背景及现状

联合国政府间气候变化专门委员会(Intergovernmental Panel on Climate Change,简称IPCC)是世界气象组织(WMO)及联合国环境规划署(UNEP)于1988年联合建立的政府间机构,它对联合国和WMO的全体会员开放。其主要任务是对气候变化科学知识的现状,气候变化对社会、经济的潜在影响以及如何适应和减缓气候变化的可能对策进行评估。

考虑到人类活动的规模已开始对复杂的自然系统,如全球气候产生了很大的干扰。许多科学家认为,气候变化会造成严重的或不可逆转的破坏风险,并认为缺乏充分的科学确定性不应成为推迟采取行动的借口。而决策者们需要有关气候变化成因、其潜在环境和社会经济影响以及可能的对策等客观信息来源。于是,IPCC 作为这样一个机构,在全球范围内为决策层以及其他科研等领域提供科学依据和数据。IPCC 的作用是在全面、客观、公开和透明的基础上,对世界上有关全球气候变化的现有最好科学、技术和社会经济信息进行评估。这些评估吸收了世界上所有地区的数百位专家的工作成果。IPCC 的报告力求确保全面地反映现有各种观点,并使之具有政策相关性,但不具有政策指示性。

(二)主要工作

IPCC 为政治领导层提供气候变化的相关资料,但其本身不做任何科学研究,而是检查每年出版的数以千计有关气候变化的论文,并出版评估报告,总结气候变化的“现有知识”。例如,1990 年、1995 年、2001 年、2007 年、2013 年和 2023 年,IPCC 相继六次完成了评估报告,这些报告已成为国际社会认识和了解气候变化问题的主要科学依据。

IPCC 下设三个工作组和一个专题组。第一工作组负责评估气候系统和气候变化的科学问题。第二工作组负责评估社会经济体系和自然系统对气候变化的脆弱性、气候变化正负两方面的后果和适应气候变化的选择方案。第三工作组负责评估限制温室气体排放并减缓气候变化的选择方案。国家温室气体清单专题组负责 IPCC《国家温室气体清单》计划。每个工作组(专题组)设两名联合主席,分别来自发展中国家和发达国家,其下设一个技术支持组。IPCC 的组织架构如图 7-6 所示。

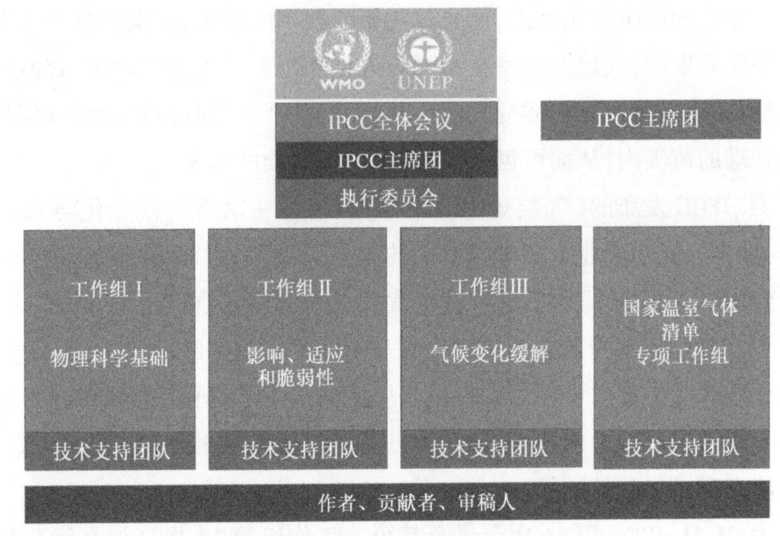

图 7-6　IPCC 的组织架构

第一个工作小组是关于科学基础的,它负责从科学层面评估气候系统及变化,即报告对气候变化的现有知识,如气候变化如何发生、以什么速度发生。第二个工作小组是关于影响、脆弱性、适应性,它负责评估气候变化对社会经济以及天然生态的损害程度、气候变化的负面及正面影响和适应变化的方法,即气候变化对人类和环境的影响,以及如何可以减少这些影响。第三个工作小组是关于减缓气候变化的,它负责评估限制温室气体排放或减缓气候变化的可能性,即研究如何可停止导致气候变化的人为因素,或是如何减慢气候变化。此外,还有一个小组是国家温室气体清单专项工作组,负责 IPCC《国家温室气体清单》计划。

IPCC 向联合国环境规划署和世界气象组织所有成员国开放。在大约每年一次的委员会全会上,就它的结构、原则、程序和工作计划作出决定,并选举主席和主席团。全会使用六种联合国官方语言。

IPCC 通过组织各种研讨会、专家会议等方式,促进气候变化领域的国际交流与合作。同时,IPCC 还与其他国际组织和国家机构保持密切联系,共同推动全球气候治理进程。IPCC 的主要成果是评估报告、特别报告、方法报告和技术报告。每份评估报告都包括决策者摘要,摘要反映了对主题的最新认识,并以非专业人士易于理解的方式编写。评估报告提供有关气候变化、其成因、可能产生的影响及有关对策的全面的科学、技术和社会经济信息。至今,IPCC 共发布了六次评估报告:《第一次评估报告》于 1990 年发表,报告确认了对有关气候变化问题的科学基础,它促使联合国大会作出制定《联合国气候变化框架公约(UNFCCC)》的决定,公约于 1994 年 3 月生效;《第二次评估报告》于 1995 年发表,并提交给了 UNFCCC 第二次缔约方大会,并为公约的《京都议定书》会议谈判作出了贡献;《第三次评估报告》(2001 年)也包括三个工作组的有关"科学基础""影响、适应性和脆弱性"和"减缓"的报告,以及侧重于各种与政策有关的科学与技术问题的综合报告;《第四次评估报告》于 2007 年初发布,由于气候变化的明显表现,该报告在世界范围内引起极大反响;《第五次评估报告》(2014 年),其综合报告指出人类对气候系统的影响是明确的,而且这种影响在不断增强,在世界各个大洲都已观测到种种影响。如果任其发展,气候变化将会增强对人类和生态系统造成严重、普遍和不可逆转影响的可能性。然而,当前有适应气候变化的办法,而实施严格的减缓活动可确保将气候变化的影响保持在可管理的范围内,从而可创造更美好、更可持续的未来。

2019 年 9 月,IPCC 发布的《气候变化与土地》报告第一次将气候变化与人类脚下的土地联系起来,并勾勒出气候与农业生产之间复杂的因果关系:一方面,气候变化改变了农业的气象资源,影响作物产量和种植制度,威胁着粮食安全、农村地区的发展及农民的生计;另一方面,农业生产(包括种植业和养殖业)本身就是一项显著的人类活动,也是温室气体排放的主要来源之一。土地状况的变化可以对数百里公里外的气温和降雨产生影响;不当的土地使用和管理方式——如为应对粮食减产而进行的耕地扩张,挤占了林业用地空间,造成土地退化,进一步加剧全球变暖,形成恶性循环。

2021 年 7 月 26 日,IPCC 第 54 次会议及其第一工作组第 14 次会议在线开幕。本次会议计划持续至 8 月 6 日,会上批准了其《气候变化 2021:自然科学基础》报告,该报告作为政府间气候变化专门委员会第六次评估报告的第一部分,定于同年 8 月 9 日发布。

2022 年 2 月 28 日，IPCC 发布了第六次评估报告（AR6）第二工作组报告《气候变化 2022：影响、适应和脆弱性》。该报告较为全面地归纳和总结了第五次评估报告（AR5）发布以来的最新科学进展，阐述了当前和未来气候变化影响和风险、适应措施、气候韧性发展等内容，揭示了气候、生态系统和生物多样性以及人类社会之间的相互依存关系，特别关注陆地、海洋、沿海和淡水生态系统，城市、农村和基础设施，以及工业和社会系统转型的重要性和紧迫性。

2022 年 4 月 4 日，IPCC 发布了第六次评估报告（AR6）第三工作组报告《气候变化 2022：减缓气候变化》。该报告较为全面地归纳和总结了第五次评估报告（AR5）发布以来国际科学界在减缓气候变化领域取得的新进展，阐述了全球温室气体排放状况、将全球变暖限制在不同水平下的减排路径、气候变化减缓和适应行动与可持续发展之间的协同等内容，揭示了为实现不同温升控制水平全行业实施温室气体深度减排，特别是能源系统减排的重要性和迫切性。同时，强调在可持续发展、公平和消除贫困的背景下开展气候变化减缓行动更容易被接受、更持久和更有效。

当地时间 2022 年 9 月 27 日，IPCC 第 57 次全会在瑞士日内瓦召开。本次全会为全球新冠疫情暴发以来，该机构首次召开的线下会议，将持续至 9 月 30 日。

当地时间 2023 年 3 月 13 日，IPCC 第 58 次全会在瑞士因特拉肯开幕，650 多名代表与会，会议重点审议第六次评估报告的综合报告。该会议为闭门会议，会议持续至 3 月 17 日。综合报告指出，已经有多种可行且有效的选择可以减少温室气体排放并适应人为造成的气候变化。

2023 年 3 月 20 日，联合国下属的政府间气候变化专门委员会发布报告称，世界很可能在未来 10 年内超过一个危险的气温阈值，除非各国彻底转变经济形态，并立即扭转对化石燃料的依赖。

（三）影响与贡献

IPCC 对我国的提升气候变化认知水平、环境气候治理、指导政策制定与决策、推动绿色低碳发展以及促进国际合作与交流等方面都产生了积极的影响，其主要影响如下。

1. 提升气候变化认知水平

IPCC 的报告为我国提供了权威的气候变化科学信息，有助于提升公众、政府及社会各界对气候变化的认知水平。通过学习和借鉴 IPCC 的研究成果，我国能够更好地理解气候变化的影响、趋势及应对措施。

2. 指导政策制定与决策

IPCC 的评估报告为我国政府制定应对气候变化的政策提供了科学依据。我国政府可以根据 IPCC 的报告内容，结合本国实际情况，制定具有针对性的气候变化应对策略和行动计划。

3. 推动绿色低碳发展

面对全球气候变化的严峻挑战，我国坚持走绿色低碳发展道路，减缓与适应并举。IPCC

的研究成果为我国推动可再生能源利用、提高能源效率、降低化石燃料使用等方面提供了重要参考和借鉴。

4. 促进国际合作与交流

作为 IPCC 的重要成员国之一,我国积极参与 IPCC 的工作和各项活动,与其他国家共同推动全球气候治理进程。通过 IPCC 的平台,我国可以与其他国家分享应对气候变化的经验和技术,加强国际合作与交流。

第八章

政府购买服务背景下交通运输科技管理的工作机制

第一节 综述

采用政府购买服务模式,会使交通运输科技管理产生一系列变化。为保证采用政府购买服务模式的顺利进行,需要构建一套灵活、协同、科学的政府预算及需求、合同管理、履约管理、绩效管理和监督管理等运行机制,来规范政府购买行为,提高对外应变能力与购买的内在活力。需要构建政府向社会力量购买服务运行机制。即针对“谁在购买”(购买主体的界定)、“向谁购买”(购买对象的选择)、“购买什么”(购买内容的范围)、“如何购买”(购买规范的制定)、“购买效果”(购买结果的评价)等核心要素和关键环节,在计划、指导、服务、评价、监督等实践中,形成运作高效的体制机制。

现阶段,项目管理采用政府购买服务模式在诸多环节还需要提高完善。例如,在预算和需求管理层面,缺乏合理的购买计划和成本核算,需求评价机制不健全等;从履约管理层面,缺乏更加公开适用的招投标机制和评审机制;从质量管理层面,缺乏有效的反馈机制和监督体系,以上情况的存在直接影响了政府购买服务模式的运行效率和质量效益。

因此,本章按照基于政府购买服务模式的交通运输科技项目管理涉及的预算及需求、合同管理、履约管理、绩效管理和监督管理五个环节,分别从管理需求和优化思路两方面展开具体论述。

第二节 管理需求

1. 预算及需求

党的十八大以来,财税体制改革的重要任务是构建保障有力、持续稳定的预算管理机制。但由于政府购买服务的预算管理和资金监管尚属于我国市场经济中较新领域,在理论和制度体系上都比较粗略,具体体现在:

(1)购买主体在编制年度预算时,虽能结合项目特点、相关经费预算和市场调研情况,分类分项编制购买服务预算,但目前预算表中大多只能笼统反映政府购买服务的总体概况,公共服务购买目录有待进一步明细。

(2)预算编制环节和预算执行环节相对脱节,承接主体的预算监管多由本单位财务相关部门负责,资金管理的约束力不强,资金使用存在不规范的风险。

(3)行业需求是交通运输部各司局购买服务的根本出发点和落脚点。必须结合部重点工作,以购买服务需实现的目标为导向。但是在实际购买时存在重"过程"、轻"需求"的情况,亦或真实需求尚未纳入指导性目录。

2. 合同管理

所有政府购买服务的实现都依赖于合同,真正的实质性环节在于公共服务购买合同如何订立、和谁订立、订立什么样的合同、如何管理等内容。与普通的民事合同相比,政府服务购买合同有其特殊性,这些特殊性加剧了公共服务的绩效评估的难度,再加上合同自身的不完备性,刚性的管理手段难以执行,存在的风险和变数更多,因此政府的合同管理能力会直接影响服务供应的质量。

另外,合同兼具行政和民事合同特点,政府处于主导地位,合同价格并不完全受市场因素支配和影响,具有鲜明的行政调控特征,在合同签订中,要防止由于信息不对称带来的政府与承接主体不平等问题。

3. 履约管理

履约管理是政府购买服务管理的关键环节。政府购买服务的规范履约不仅体现着购买过程的操作规范,也体现着政府购买服务坚持的目标导向和基本原则。加强对购买履约的管理,不仅在宏观上反映了政府购买服务的制度建设是否完善、运行机制是否健全,而且也能够在微观上最大限度地保证每项服务购买活动能够在操作程序上实现风险隔离,避免因缺乏规范化的购买流程而导致公共服务购买活动中的随意性。

政府购买服务方式将传统意义上政府及事业单位垄断供给的公共服务转移和扩散到社会及市场领域,通过企业、社会组织等服务主体的竞争打破先前的政府垄断,进而提升社会参与和公共治理水平。而政府购买公共服务作为权力和利益竞合的平台,涉及不同利益主体博弈,内部购买、变相购买、形式购买、虚假购买等现实问题也不容忽视。尤其当前社会组织等服务主体自身独立性弱,专业人才缺乏,治理结构不完善等,容易造成监管失真。

按照相关制度规定,当前,政府购买服务可采用多种方式进行。一方面,多种购买方式下对潜在承接主体的要求存在很大差异,如果不明确规范化的购买流程,政府购买服务中风险发生的概率就会提高;另一方面,如果缺乏规范化的购买流程,各购买主体各行其是,会造成政府购买公共服务活动的混乱。

4. 绩效管理

政府将服务职能外包给社会组织，并不代表政府责任可以减少，反之，需要承担更多的责任。之所以在社会治理中政府利用购买公共服务改变传统的公共服务提供方式，其目的是在有限的财政资源前提下，提高公共服务的供给效率和供给质量。因此，在政府购买公共服务管理中，质量管理应当是中心环节。

在政府购买服务模式下，政府的主要责任不再是进行某项公共服务的生产，而是侧重于公共服务供应标准的制定、预算资金的安排、服务质量检验条款的确定、系统性评估监督体系的建立等方面。绩效管理是指确定质量标准、目标和质量控制方法，并通过质量体系中的质量策划、控制、保证和改进来使质量达到既定要求的全部活动。目前，在绩效管理方面，目前缺乏完善的评价体系，对于不同类型的项目，评价指标尚未细化。同时，项目通过经过专家论证完成，但专家涉及的专业不同、立场不同，对于成果的判断有所偏差。

5. 监督管理

政府购买服务监督是保证制度有序运行的重要手段。政府购买服务监督涉及从需求论证到购买过程再到服务质量的每个环节，监督的重点主要在于合法性、合理性、规范性、效率性和效果性等方面。因此，强化监督管理是政府购买服务管理的重要保障环节。

当前，我国政府购买服务制度在实际运行中还存在监管不力的情况。监督体系不健全、监督主体责任不清、监督手段缺乏，导致政府购买服务监督管理存在比较突出的问题，主要体现在购买服务项目前期准备无系统规划，缺乏源头监督。前期计划的缺失将难以保持社会公正度和满意度。购买方式制度机制不完整，缺乏过程监督。科学的绩效评价指引尚未出台，缺乏合同履行监督及结果监督。

第三节 优化思路

1. 预算及需求

2014 年财政部印发《关于政府购买服务有关预算管理问题的通知》（财预〔2014〕13 号），通知要求妥善安排购买服务所需资金、健全购买服务预算管理体系。《通知》明确，财政部门和预算单位要对购买服务提供进行全过程跟踪，对合同履行、绩效目标实施等，发现偏离目标要及时采取措施予以纠正，确保资金规范管理、安全使用和绩效目标如期实现。加强预算及需求管理有以下建议：

（1）细化购买预算编制，加大购买预算投入。从 2015 年起，我国开始执行新的预算法，政府的支出和收入纳入预算，政府购买服务也被纳入财政预算，这就要求财政部门按照购买服务范围编制预算，并适时更新政府购买服务目录。随着行业需求的不断变化，不仅要细化购买预算，还要对购买目录中的项目进行适当调整。

(2)在购买服务的预算中，各司局预算必须与行业的实际需求相吻合、不能随意编制预算，在购买服务的规范流程体系上，可适当增加“需求调查”环节，多方收集需求，提高公众参与度，组织专家论证，按重要性和迫切性排序，避免公共资源的浪费。

(3)强化政府购买服务预决算的审查力度。政府购买服务要加强信息公开、合同管理和审计评估等工作，部分项目可先行尝试，在购买实践中总结经验，并逐步推广。应健全政府购买服务资金的绩效评价体系，完善绩效评价制度，对资金使用情况进行评价，根据评价结果来决定后期的政府购买预决算及执行。

(4)构建部购买服务预决算管理平台。规范和推动预决算管理，建立一个由交通运输部统一管理的、由购买对象和受益对象共同参与的管理平台，以推动购买服务的信息化、制度化和规范化。通过构建现代化的管理平台进一步优化服务项目资源，有力推动政府信息公开，培育和扶持市场主体，提高行政效率和政府资金使用效益。

2. 合同管理

政府购买服务合同内容是确保合同得以实际履行的基础，因此合同内容清楚、涵盖全面是第一要求。这就要求合同除一般合同的基本内容外，还要明确购买科技项目的内容、期限、数量、质量、价格等要求，资金支付方式、时间和条件，以及项目完成的验收标准、双方的权利义务事项和违约责任等内容。建立科学高效的合同管理机制有以下建议：

(1)转变政府管理观念。政府购买服务，使得政府从服务的唯一提供者角色转变为购买者、合同管理者与监督者角色，这就要求转变政府管理观念，既要尊重市场规律，坚持契约管理，又不放弃政府承担的监督责任和担保救济责任。

(2)基于政府购买服务合同兼公法和私法的性质，将政府购买公共服务合同纳入行政合同的制度轨道，使得政府基于行政主体地位享有的行政优先权得以规范和限制。一旦发生公共服务质量不符合要求的情形，政府可以依据行政法律法规行使行政救济权。政府部门在合同签订和履行中也必须遵循合法行政等一般性行政原则，以防止其利用行政优先权侵害承接主体的合法权益，防止公权滥用。

3. 履约管理

政府购买服务活动是一个流程化、系统化的过程，需要在各个环节进行把关。目前，政府购买服务缺乏过程上的监管与制度化的管理，很多程序都很混乱。由于政府购买科技项目与货物和工程类采购相比所具有的特殊性，使得现实中在购买的各个环节的处理上都比较软化，随意性比较大，制度约束比较少。建立规范有序的履约管理机制有以下建议：

(1)严格要求按照合同条款履行。项目合同履行阶段基本原则主要是合同双方在平等基础上依据诚实信用，完全履行合同，即合同严守原则。一方不履行合同、拒绝履行合同、不完全履行合同、迟延履行、瑕疵履行等行为，均构成对合同履行原则的违反，比如无法定或约定的免责事由,须承担违约责任。

(2)定期对承接主体提供服务的质量进行调查监督,通过阶段性的质量绩效考评结果来及时调整公共服务质量,完善公共服务提供的方式和内容,并根据考评结果和修正结果支付阶段性的公共服务购买费用。

4.绩效管理

(1)明确交通运输科技项目的宗旨和目标。政府提供服务是为了努力实现为人民群众提供安全便捷、畅通高效、绿色智能的交通运输服务。因此,购买服务的宗旨和目标就是为了满足人民群众对于出行日益增加的需求。绩效管理要从源头出发,从明确公共服务的宗旨和目标出发,从人民群众的实际需求出发,对社会公众所表达的期望作出回应。因此,明确界定宗旨和目标,是加强政府购买服务绩效管理的前提。

(2)科学的公共服务购买方案包括明确购买服务范围、科学调研分析公共服务需求、确定合理的购买类型与购买方式。一旦确定了服务的购买范围,政府就应科学设计购买规划和购买方案,在掌握行业实际需求的基础上,根据服务本身的特点、数量以及品质等要求,充分了解市场中潜在的承接主体的生产能力和服务能力,科学设计制定一定时期的公共服务购买规划和具体公共服务项目的购买方案,使政府购买公共服务活动有序进行,以确保公共服务保质保量地完成。科学设计购买规划与购买方案是政府购买公共服务绩效管理的系统保障。

(3)如何评判政府购买服务的绩效好坏,是绩效管理的关键性问题。要对政府购买公共服务的绩效进行管理,就必须明确服务质量标准,要对每一阶段的服务作出可量化的衡量标准,建立比较完备的公共服务质量标准体系。

(4)建立有效的问责机制,明确各个当事人主体在公共服务提供的事中和事后的责任担当归属,问责体系主要包括市场问责机制、法律问责机制、行政问责机制和专业问责机制。

5.监督管理

要实现政府购买服务的初衷,就需要建立完善的政府购买公共服务监督管理体系。完善的监督管理体系包括从需求调研开始到购买组织再到合同履行管理在内的全过程监督、具有反馈修正功能的动态监督机制、囊括财政部门、主管部门、监察机构、司法机构、内部审查、公民监督、第三方评估机构和社会媒体监督等在内的多层次网络监督体系。

(1)政府对科技项目的监督管理并不只是对结果的监督,而应当贯穿于事前、事中和事后整个过程。在购买服务活动的事前,应监督购买服务的需求调研情况;在服务购买的组织过程中,要监督采用的购买类型、购买方式是否合理恰当,是否实现了充分的竞争,购买组织过程是否公平公正;在服务购买后提供的服务过程中,要重视监督购买的结果。要监督是否达到了预期的购买目标;在合同履约监管方面,要强调及时进行信息沟通,服务承接主体必须定期向购买方提供服务的进展、资金使用情况等与服务有关的信息。

(2)构建动态纠偏监督机制,增强购买服务项目的动态监督管理,尤其是在合同履行监督阶段,需要定期对承接主体提供的服务进行全方位了解。通过合同约定项目定期考核制度。由购买主体对承接主体及其服务提供人员的工作表现状况、资金使用情况、培训投入情况等进行检查监督,并做好工作记录。

(3)购买主体应加强信息披露机制。把具有违约行为的承接主体公示出来,通过设立黑名单等方式,约束、淘汰不合格的承接主体,避免承接主体的机会主义行为。

第四节 交通运输科技项目管理思路展望

采用政府购买服务模式,为交通运输行业科技项目管理带来的变化尤为明显。交通运输科技项目管理通常包括立项、任务书(合同)签订、组织实施、验收和成果管理、监督检查等阶段,对照《交通运输部机关政府购买服务操作规程(暂行)》(交办办〔2019〕106 号)规定,这与采用政府购买服务模式下预算及需求、合同管理、履约管理、绩效管理和监督管理一一对应。

交通运输科技项目分为战略规划政策项目、标准(定额)项目和科技成果推广项目三类。不同的项目类型,在采用政府购买服务模式管理过程中也存在区别。下面从购买主体、承接主体、购买内容、购买申请、购买方式、资金支付等方面,具体分析基于政府购买服务模式的三类科技项目管理的建议。

(1)购买主体

购买主体是指使用部机关预算资金以交通运输部名义购买服务的部内各司局以及中央纪委国家监委驻交通运输部纪检监察组。从科技项目管理角度,战略规划政策项目的购买主体是部综合规划司,作为战略规划政策项目主管司局,该司归口负责并会同各业务主管司局承担战略规划政策项目的管理;标准(定额)项目主管司局是部公路局、水运局、科技司,根据职责不同,分别牵头负责相关标准(定额)项目的管理;科技成果推广项目的购买主体是部科技司,负责科技成果推广项目的管理。

(2)承接主体

对于承接部机关政府购买服务项目的单位,承接主体包括在登记管理部门登记或经国务院批准免予登记的社会组织、按事业单位分类改革应划入公益二类或转为企业的事业单位,依法在市场监督管理部门或行业主管部门登记成立的企业、机构等社会力量。对于交通运输行业发展战略、规划、政策研究等课题研究项目,因其多来源于行业管理需求,因此承接主体多为公益二类或转企的事业单位;对于标准(定额)项目,因其立足行业标准化建设,又兼具专业性,承接主题多涵盖事业单位和企业;对于科技成果推广项目,多依托实体工程建设项目,故承接主体多来源于企业。

(3)购买内容

部机关政府购买服务的内容应是属于部机关职责范围、适合采取市场化方式提供、社会力量能够承担的服务事项。具体购买项目应在经济上和技术上可行,购买成本应合理,有明确支出标准的严格执行相关标准规定,无明确支出标准的参照市场价确定,购买服务效益应便于衡量和评价。部机关政府购买服务的种类、性质和内容由《交通运输部政府购买服务指导性目录》确定。按照目录,科技成果推广项目属科技服务,归属技术性服务大类,战略、规划、政策、法规研究和标准规范研究制(修)订属研究服务,归属政府履职所需辅助性服务。项目如涉及国家安全、保密项目,要依相关规定办理。

(4)购买申请

已列入部机关政府购买服务预算的项目,购买单位准备开展购买服务时,应按照部机关项目经费管理规定,事先提出购买申请并履行审批程序。不同的项目要根据经费金额开展申请和办理审批等工作,其中,支出金额为5万元以下的,由购买单位主要负责人审批;支出金额为5万元以上(含5万元)、50万元以下的,由购买单位提出书面申请,并填写《交通运输部机关委托、合作项目经费申请表》,签报购买单位分管部领导审批;支出金额为50万元以上(含50万元)的,由购买单位提出书面申请,并填写《交通运输部机关委托、合作项目经费申请表》,会签部财务审计司、办公厅后,签报购买单位分管部领导审批。

(5)购买方式

购买主体应当根据购买服务的供求特点、市场发育程度等因素,按照方式灵活、程序规范、公开透明、竞争有序、结果评价的原则组织实施政府购买服务。按照购买服务分类标准,可分为集中采购、直接采购、分散采购和公开招标。其中,集中采购指集中采购目录内的项目按照政府集中采购有关规定执行。直接采购指单项或批量金额100万元以下的项目,购买单位可以按照公平、经济、高效的原则自行确定承接主体。分散采购指单项或批量金额100万元(含100万元)至200万元的项目,购买单位应通过邀请招标、竞争性磋商、竞争性谈判、单一来源、询价等政府采购方式选择承接主体。公开招标指单项或批量金额200万元(含200万元)以上的项目,购买单位应采取公开招标的方式选择承接主体。上述采购方式相关分类和标准如有变化,按照国家有关规定执行。分散采购限额以上的项目,购买主体可自行履行政府采购程序或选择有资质的采购代理机构开展采购。

集中采购目录内或分散采购限额以上的项目,购买单位应当及时向社会公告购买内容、规模、对承接主体的资质要求和应提交的相关材料等信息,鼓励社会力量积极参与,选择最佳项目采购方案。

(6)资金支付

购买主体应当根据合同约定的付款条件和付款期限,以及部机关财务管理规定办理资金支付手续。对于战略规划政策项目,成果一般是战略、规划、政策的建议稿;标准(定额)项目的成果通常包括标准规范规程(报批稿)、研究报告、办法建议稿及宣贯培训等;科技成果推广项目的成果一般是可复制、可推广、具备示范效应的技术、产品、工法和基础设施等。具体的资金支付要根据成果的形式确定。但不论哪种项目,都要完成验收(或结题)结合结算票据来实现各个阶段的资金支付。

第九章

政府购买服务背景下交通运输科技管理的绩效评价

政府购买服务的监督管理最为关键的是建立科学的绩效评价办法。通过绩效评价,加强政府购买服务的自主监督和管理,及时总结政府购买服务的实施经验,发现项目在执行和管理上的薄弱环节,对社会组织等参与主体形成持续激励,能够引导社会力量提供优质服务,推动政府购买公共服务良性运行,促进政府购买公共服务的可持续发展。

按照财政部、交通运输部政府购买服务及绩效评价相关文件的要求,结合交通运输领域政府购买服务的特点,本章节研究提出交通运输领域政府购买服务绩效评价机制。

第一节 政府购买服务绩效评价机制

按照《政府购买服务管理办法》(财政部令第102号)规定,政府购买服务项目所需资金应当在相关部门预算中统筹安排,并与中期财政规划相衔接,未列入预算的项目不得实施。购买主体实施政府购买服务项目绩效管理,应当开展事前绩效评估,定期对所购服务实施情况开展绩效评价,具备条件的项目可以运用第三方评价评估。此外,规定购买主体及财政部门应当将绩效评价结果作为承接主体选择、预算安排和政策调整的重要依据。由此可推断,从资金来源的角度,绩效评价的根本是对所用资金使用方式和使用效果的评价,因此,绩效评价的重点就是把握好政府购买服务资金的使用,而资金则包括本级部门预算管理的资金以及上级政府转移支付的资金。

按照《交通运输部机关政府购买服务操作规程(暂行)》(交办办〔2019〕106号)规定,部机关政府购买服务所需资金应从部机关预算中统筹安排。部机关购买服务项目应当全面实施绩效管理。购买单位应依据确定的绩效目标,按规定及时开展绩效监控和绩效自评,确保绩效目标如期实现。绩效评价结果应当作为购买单位结算购买服务费用、编制以后年度项目预算、选择承接主体等的参考依据等。因此,在交通运输领域,政府购买服务资金同样是财政预算,交通运输领域政府购买服务绩效评价同样属于预算绩效管理的范畴,应按照预算绩效管理的有关要求开展。同时,按照一级政府一级预算的原则,不同层级财政预算安排的交通运输领域政府购买服务,由各级交通运输主管部门按照同级财政部门要求,开展政府购买服务绩效评价工作。

1.明确绩效评价各方主体

政府购买服务作为交通运输行业管理采用的新模式,其绩效评价的主体包括财政部门、购买主体(预算单位)以及承接主体(行业二类事业单位或企业等)。以交通运输部为例,交通运输部作为部门及行业预算绩效管理工作的组织领导机构,既负责部门预算内的交通运输政府购买服务绩效评价工作,同时也为地方交通运输主管部门开展交通运输领域政府购买服务绩效评价提供指导。具体包括:一是组织开展交通运输部部门预算内的政府购买服务绩效评价工作。按照财政部的有关要求,组织对各预算单位的政府购买服务财政资金进行绩效目标申报与审核、绩效目标执行监控、绩效评价组织实施、绩效评价结果反馈与应用等;二是指导交通运输行业开展政府购买服务绩效评价工作,重点对指导性目录中基本公共服务事项的交通运输目录内容,按照绩效评价要求,提出可供参考的绩效目标和绩效指标。各省级交通运输主管部门可参照交通运输部的政府购买服务绩效评价工作要求,推进本省的交通运输领域政府购买服务绩效评价工作。

政府购买服务项目购买主体既作为绩效评价的组织者,又是绩效评价的参与者。除了负责本级预算的政府购买服务项目的绩效目标编报、绩效目标执行、绩效自评等,购买主体还要按要求逐级向上级部门提交绩效管理相关材料(如绩效目标申报表、绩效目标执行情况、绩效自评报告等),并指导、监督承接主体按照政府购买服务合同约定,完成绩效评价工作。以交通运输部部属预算单位为例,具有政府购买服务购买主体资格的单位主要有:行政类单位如部办公厅、海事局、长江航务管理局、珠江航务管理局等,行政类事业单位如长江三峡通航管理局。

政府购买服务项目承接主体按照与购买主体签订的政府购买服务合同要求开展相关绩效管理工作,实施绩效跟踪和绩效自评,确保提供服务的数量、质量等达到预期目标,向购买主体报送评价结果,按规定做好相关工作。第三方机构和绩效评价专家作为绩效评价工作的参与者,也可视同为绩效评价主体,但作为绩效评价工作的被委托方,主要按照委托方的要求,开展绩效评价有关工作,如绩效目标审核、绩效自评和绩效考评等。

2.制定绩效评价目标

根据《财政部关于推进预算绩效管理的指导意见》(财预〔2011〕416号),“绩效目标是预算绩效管理的基础,是整个预算绩效管理系统的前提,包括绩效内容、绩效指标和绩效标准等,报送的绩效目标应与部门目标高度相关,并且是具体的、可衡量的、一定时期内可实现的”。因此,要将政府购买服务的绩效目标细化分解为具体的绩效指标,在总绩效目标与年度绩效目标下,设置合理可行的数量指标、质量指标、时效指标、成本控制指标和效果指标。

按照《交通运输部机关政府购买服务操作规程(暂行)》(交办办〔2019〕106号)规定,购买单位应科学设置体现政府购买服务项目特点和要求的绩效目标,包括政府购买服务的数量、质量、时效、成本、效益和服务对象满意度等绩效指标。绩效评价的对象应当以上述指标为目标,健全和完善既注重政府购买的成本与效率,又注重购买服务价值取向的公平与公正的绩效评估指标体系,全过程突出公平与公正的价值取向。

3. 构建绩效评估对象

政府购买服务和政府购买服务绩效评价工作尚在起步探索阶段,各地对政府购买服务绩效评价对象的认识并不完全一致,目前主要包括两类。一是认为政府购买服务绩效评价工作的对象是项目资金,如《北京市财政局关于推进市级政府购买服务项目绩效评价管理工作的通知》(京财综〔2015〕2167号)把政府购买服务绩效评价对象明确为纳入部门预算的政府购买服务项目资金;二是政府购买服务绩效评价工作的对象是购买合同,如《天津市财政局关于印发天津市市级政府向社会力量购买服务监督检查和绩效评价管理暂行办法的通知》(津财预〔2015〕98号)把政府购买服务绩效评价的对象界定为政府购买服务合同。其实不论是项目资金还是购买合同,都是购买服务不同的表现,资金是源头投入,合同是过程规定,在绩效评价阶段,是对购买结果的整体考评,包括资金使用的效果以及过程执行是否合规、产出是否达标。因此,为了使绩效评价更有针对性和具备可查性,在购买主体与承接主体签订的合同中,应当将能够反映购买服务数量、质量、时效、成本、效益和服务对象满意度的指标予以明确和量化,既便于过程管理,又能在绩效评价时有明确的依据。

政府部门在服务购买过程中处于强势地位,主导整个购买流程。政府通常认为将公共服务委托给社会力量生产,承接主体就是唯一需要接受各方监督的主体,而忽略了其自身的责任和义务。可以说,在政府购买服务的整个过程中,政府部门所承担的责任直接影响到购买的效率和效果。需求是否合理、采购类型和采购方式是否适合、过程是否公开透明等,都体现了政府责任的履行。因此,政府部门要转变观念,主动公开信息,接受各方评估和监督,从而真正提高服务的购买质量。评估指标包括前期需求调研工作是否充分、对于社会组织的选择是否公平公正、是否选择了具有竞争性的购买方式、政府购买社会组织服务所支出各项成本、政府履行其职责的情况、政府监督的情况、社会效益的情况、对社会组织的培育状况以及优化市场竞争环境情况等,其中最重要的是政府直接生产服务与采取购买服务方式比较而言,其所花费的成本以及产生的社会效益对比情况。

4. 优化绩效评价流程

政府购买服务的绩效评价流程应包括:绩效目标管理、绩效目标执行监控、绩效评价、绩效评价结果反馈与应用五个环节。其中,绩效目标管理是绩效评价的基础,绩效目标执行监控是绩效评价的关键,绩效评价是绩效评价的核心和手段,绩效评价结果反馈与应用是预算绩效管理的目的。其中,政府购买服务绩效目标由政府购买服务项目的预算单位在部门预算"一上"

和“二上”阶段进行确定和填报。

各级财政部门和各级交通运输主管部门按照预算管理级次对绩效目标进行逐级审核。根据工作需要，绩效目标可委托第三方予以审核。各级财政部门和各级交通运输主管部门在批复年初部门预算或调整预算时，一并批复绩效目标。在政府购买服务采购和合同签订过程中，购买主体应当将部门预算中编报确定的绩效目标和绩效指标在政府购买服务合同约定中予以明确，由承接主体具体实施完成。

与一般财政支出项目绩效目标管理不同，政府购买服务项目在绩效目标管理环节，也就是部门预算编报环节，应当先提出政府购买服务项目清单，明确哪些财政预算项目为政府购买服务项目，并且将政府购买服务的内容在项目文本中予以体现。这样绩效目标审核部门才能按照政府购买服务项目绩效管理的要求对预算单位填报的政府购买服务项目绩效目标和绩效指标进行审核。

在预算执行中，各级交通运输主管部门及所属预算单位均应按照预算绩效管理的要求，对政府购买服务资金运行状况和绩效目标预期实现程度开展绩效监控。购买主体还应当对购买服务提供进行全过程跟踪监控，确保目标如期实现。承接主体要认真履行合同规定，采取有效措施增强服务能力，提高服务水平，确保提供服务的数量、质量等预期目标。

以下为交通运输部政府购买服务绩效评价工作流程和工作内容。

(1)部门预算编报阶段

①预算单位提出政府购买服务项目清单(主要是明确哪些财政预算项目属于政府购买服务的范畴)。

②预算单位编报政府购买服务项目绩效目标和绩效指标，并根据需要提出开展政府购买服务项目绩效评价试点的要求。

③上级预算单位审核、批复政府购买服务项目绩效目标和绩效指标。

(2)部门预算执行阶段

①预算单位按照政府采购有关流程和要求，选择政府购买服务项目的承接主体，并将绩效目标和绩效指标的有关要求明确到政府购买服务合同中。

②项目实施过程中，预算单位按照预算绩效管理的要求对项目实施、承接单位合同履约、绩效目标完成等情况进行执行监控；承接单位按照合同约定，对政府购买服务项目绩效目标完成情况进行执行监控。

③纳入财政部绩效目标执行监控和绩效评价试点的政府购买服务项目，财政部或交通运输部按照有关要求，对政府购买服务项目进行绩效目标执行监控。

(3)部门预算执行后的阶段

①按照预算绩效管理的要求，年度预算执行后，预算单位应当全面开展财政预算项目(包括政府购买服务项目)绩效自评工作，填报预算管理自评系统，编写单位绩效自评总结。预算单位要组织政府购买服务承接主体按照合同约定和预算绩效管理相关要求，开展相应的绩效

自评工作，提交绩效自评材料。

②纳入绩效评价试点的政府购买服务项目，其预算单位要完成以下工作：一是按照要求填报预算管理自评系统、编写绩效自评总结；二是按照绩效评价试点工作的要求，编写政府购买服务项目绩效报告，提供绩效评价支撑材料。

③交通运输部作为绩效评价试点的考评者，根据预算单位提交的绩效报告和绩效评价支撑材料，委托第三方机构组织专家对政府购买服务项目进行绩效评价，并形成绩效评价意见。

④财政部在交通运输部绩效评价的基础上，根据需要开展绩效再评价。

5. 出台科学的绩效评价指标

政府购买服务绩效评价的关键，是构建科学的绩效评价指标体系框架。科学合理的指标体系，可以有效地衡量政府所购公共服务的过程和结果是否经济和有效。因此，应当结合项目特点，按照相关性、效率性、效果性和可持续性等准则，遵循公正性、规范性、独立性、可靠性、目标导向性、参与性等原则要求。同时，需要政府和绩效评价专家积极配合，构建绩效评价资料数据库，加强财政资金使用绩效数据的积累，促进绩效评价标准在实践中发挥积极的指导作用。

首先，要制定评审细则、评估指标体系及评估指南。政府购买服务绩效考核的标准，需要根据采购项目的共性与特殊性来确定。由于服务项目比较特殊，直接体现公共性，且不同服务项目之间的差别较大，因此财务和主管部门应该通过市场调研、组织专家研讨等方式编写适用于每一大类公共服务项目的评审细则、评估指标体系及评估指南，绩效考核小组应根据既有的评估指南，再针对项目的具体情况进行个性化设计。其中，要特别注意指标的易考察性，同时又能够反映出项目履行的真实情况、服务购买项目对公共政策实现情况的贡献程度和所实现的社会经济目标、政府购买公共服务预算编制的完整性和科学性、中标社会组织的履约情况、公众对服务的满意程度、项目执行是否合法规范、项目结果是否合理、资金节约程度大小等。综合来看，政府购买服务绩效考核指标，主要包括：合法性指标、效率性指标、效果性指标以及各类二级指标。

其次，绩效评估指标要突出公平和公正的价值取向。只有将公平公正指标纳入评估指标范围，才能促进公共服务的公平性，进而提高公众的满意度，并保障弱势群体的利益。因此指标的设计要关注社会组织提供的服务有无照顾社会公众，社会公众是否拥有公平的机会享受服务等。由于政府购买的服务项目是有所差异的，因此需要根据不同的服务项目调整不同的评估指标。

(1)合法性指标

政府公共服务采购活动合法性绩效评价，指的是政府购买公共服务活动，是否符合法律法规的规定以及是否符合公平、公正、公开和诚实守信原则。合法性指标是首要的基础性指标，主要包括：第一，组织程序是否合法；第二，相关人员的行为是否合法。在组织程序上，采购的每一环节操作都必须符合现行相关法律法规的要求,包括年度政府购买公共服务的预算编制、采购方法选择、采购组织过程、评审过程、采购合同的签订和履约验收、供应商质疑答复等在内的整个过程。而在这一过程中相关人员的行为,也是合法性指标考量的对象。包括实施购买的工作人员是否存在寻租行为、承接主体代表是否有串标围标行为、购买主体代表是否与某一承接主体串通、专家有无恰当回避、专家的评审工作是否保持独立性等。

(2)效率性指标

政府公共服务采购的效率性指标,是应当考虑的重要指标之一。效率性指标包括两个方面:第一,社会组织这一供给主体是否真正的、充分发挥其在服务提供中的优势,替代行政体系提供服务的社会化机制是否有效;第二,购买项目的运行时效、组织机构管理效率以及相关的行政成本大小。第一个方面是效率的基础,第二个方面是效率的实际体现。

(3)经济效果性指标

效果性指标,主要衡量通过政府购买服务所能够实现的功能作用和产生的社会经济效果、公众满意度的比较情况等,主要从产出—效果的角度衡量。于政府采购货物、工程以及政府部门需要的服务而言,服务这一指标尤其重要,重点体现在经济效果、社会效果及公共政策效果等。

公共服务项目经济效果,表示政府购买公共服务项目投入成本的最小化程度,要求“花最少的钱做最多的事”,达到货币价值的最大化,由于政府购买公共服务主要使用的是财政性资金,是纳税人的钱,而服务对象又直接是民众,因此最能够体现政府执政能力高低和是否有为公理念。因此,既需要考虑公共服务购买的经济效果,即财政资金的使用效率。公共服务购买的需求是否合理,是否物有所需,也要考虑公共服务购买的社会效果。公共服务购买的社会效果,即考量项目价值获得情况,主要指的是购买到的服务质量情况、公众的满意度状况、购买公共服务获得的社会价值大小。此外,还要考量政府购买公共服务的社会综合效益状况,即公共政策效果。公共政策效果主要指公共政策目标实现情况,也就是说通过政府购买服务,能否体现公共政策中所提的支持企业发展、促进创新、支持民族产业以及绿色环保、节能减排等方面的政策要求,是否对不发达地区和少数民族地区进行了适当照顾等,见表9-1。

政府购买服务绩效评价指标模型 表9-1

一级指标	二级指标	考核重点
合法性	是否符合行业相关法律法规及政策要求	与行业政策重点是否冲突
	项目预算情况	有无年度预算
	采购模式及方式是否合法	是否选择了不恰当的购买模式以及购买方式,比如应竞争性购买而采用了直接委托的方式
	有无歧视潜在承接主体	标段的划分是否合理,是否存在不恰当的捆绑造成歧视;是否设立了不必要的高资质或区域限制;是否对不同的社会组织或私营企业存在区别对待等

续上表

一级指标	二级指标	考核重点
合法性	相关工作人员行为是否合法	购买主体相关部门工作人员、代理机构工作人员及公共资源交易平台工作人员有无与投标承接主体串通、泄露商业信息等行为
	专家是否恰当回避、评审是否独立公正	对于与投标人存在利益关系的专家有否主动回避，评审过程是否独立公正，没有发表倾向性语言或被其他人影响
	是否存在围标、串标的嫌疑	各投标人之间是否存在围标、串标情况
	评审方案是否合理	项目评审方案的设计是否倾向于某一投标潜在承接主体
效率性	政府与社会组织关系	是否存在行政配合或附属关系
	市场发育情况及提供服务的能力	市场中能够提供该类服务的社会组织的多少及服务类似项目的效果评价
	市场环境是否能够保证公平竞争	是否受到政府官员个人意愿、关系网络和地方保护等因素影响
	购买项目的运行时效、组织机构管理效率以及相关的行政成本大小	从购买计划制定开始到合同签订完成所花费的时间；人员管理效率以及相关的行政成本、场地租金等
效果性	目标实现情况	是否实现既有目标
	监督考核机制的设立是否能够保证政府与承接单位目标的一致性	购买主体对合同的管理能力，是否设立了清晰的付款条件和质量控制标准与体系，付款是否与服务质量、行业反馈意见直接挂钩
	投入产出效果分析	从经济角度来分析投入与产出，包括经济成本、社会成本；经济产出和社会产出
	满意度状况	具体享受服务对象对于服务提供的质量、服务的安排等的满意度
	社会综合效益状态	能否支持行业发展，能否促进科技创新，是否符合绿色环保、节能减排的政策要求

第二节 第三方绩效评价的可行性

政府购买服务绩效评价的开展，都应当以相应的政策依据和绩效评价体系作为依据标准。但是，目前国内尚未有统一的规范性文件，也没有一套科学、系统的评价指标体系。由于受到知识结构、偏好和经验等因素的影响，目前已经设计出来的绩效评价指标体系不够科学、不够完整。虽然政府购买服务在各地方政府已经陆续开展和实践，部分地区甚至已经开始形成各自的特色和模式，但是在政府购买社会组织服务的绩效评估方面仍然存在着较多问题，包括服务的评估主体、评估对象、评估环节以及评估指标等都有一定的缺失。

从总体来看，当前中国购买服务的绩效评估主体存在着地区性差异。大部分地区开展的政府购买公共服务的绩效评估活动尚不成熟，评估主体往往由政府内部行政人员构成，通过工作报告、抽查等方式进行。部分经济发达的地区政府购买公共服务的实践较久,相对而言发展得较为成熟,已经引入了第三方评估机构进行评估工作,但是仍然存在许多问题。

(1)政府与社会组织之间的关系不独立。参与承接政府购买公共服务的社会组织与政府部门之间多数具有隶属关系,导致政府作为评估主体的独立性和客观性不强;另外,政府对社会组织的控制较严,没有充足的发育空间,目前我国众多的社会组织都是在政府主导和支持下发展起来的,有些甚至是为了承接公共服务项目专门成立的。在这种情况下政府作为主要评估主体,其评估职能往往不易履行,难以担当合格的评估者角色,作出的评估结果也难以客观公正。

(2)第三方评估机构作为评估主体也欠缺独立性。由于当前第三方评估机构发展得尚不成熟,市场需求较少,主要需求主体来源于政府,资金上依赖于政府的财政支持,与政府之间存在较大的经济利益关系,其独立性必然受到影响,如果把政府也作为评估对象,第三方评估机构的独立性就更难保证。因此,当前我国政府购买服务的绩效评估主体,采用第三方评估缺乏独立性,评估的客观性和公正性会受到较大质疑。

因此,运用第三方机构评价政府购买服务目前确实存在争议。如果能够选择与政府无隶属关系和利益关系的地方,而且专业性又有保障,第三方评价还是有广阔的前景。

第三节 绩效评价多元化监督措施

政府购买服务涉及多方利益相关者,包括政府、社会组织、社会公众等。政府购买服务的绩效评估主体过于单一会导致评估缺乏公正性、科学性,所得到的评估结果缺乏可信度和完整性,因此,应当构建多层次、多主体的评估机制,发展多元的、独立的评估主体,应当包含政府评估主体、社会公众评估主体以及第三方评估机构评估。不同的评估主体所代表的利益是不一致的,通过合理制定出评估主体构成比例,尽可能达到最为合理的评估结果。具体而言,多层次监督主体包括以下门类:一是社会公众;二是政府部门,包括财政部门、审计部门以及购买者;三是司法部门;四是独立的第三方监督机构,例如会计师事务所、统计调查公司等,它们一方面能保持客观性和公正性,另一方面更具专业性和科学性;五是社会公众和媒体,购买服务项目的终端消费者和受益者就是公民,购买服务项目中提供的各类服务的公平程度和质量高低将直接影响公民的自身利益,因而公民有极大的监督积极性,而媒体是公民发声的重要平台和渠道,也需要承担公共责任。第三方监督和社会公众监督、专家监督可以克服政府内部评估主观性大的缺陷,能够从专业客观的角度参与到评估中来。

(1)公众参与

政府购买公共服务的最终目的是满足公众需要,让公众满意应是政府公共服务管理的出发点和归宿。服务质量好不好、满不满意,公众更有发言权。通过公众参与,行政机关可以了解公众的意见，最大化地满足公共利益，通过互动实现行政目标。政府要积极发挥引领作用，培育和提高社会公众的自身素养，增强其参与能力，鼓励其参与到政府购买公共服务的监管体系中来。在界定购买范围时应充分考虑公众的意见。通过听证会、座谈会等形式，公民表达自己的意见；政府可以了解社会公众对于公共服务的实际需求，将初步确定的购买内容通过各种购买平台予以公示，收集社会公众的反馈，从而根据公众需求确定购买的项目；在提供服务的过程中，建立公众意愿表达平台，扩大公众参与的渠道，开展经常性的问卷调查、随机走访，对于具体项目的实施开展情况进行专项访谈，搜集公众对公共服务提供中存在的意见和建议，并进行科学的分析，通过反馈修正监督机制，促使服务承接主体提高其服务质量；在进行公共服务质量评估时，采用公开推荐、民主推选的方式吸纳部分市民进入评估团队，引导社会公众参与公共服务的绩效评价，提高评价的参与度和透明度。

(2)政府部门

政府内部评估包括财政、审计、监察、购买主体等部门，财政部门需要对政府购买服务的购买方案、购买类型、购买方式进行合法性和合理性评估，对合同履行状况及购买公共服务的资金使用状况进行监督，确保公共服务的供给质量和公共资金的安全有效。审计部门需要对购买组织过程中各当事人及工作人员的行为进行监督，对购买服务的整个流程进行审计调查，保证了购买工作的客观公正。购买主体通过购买的方式提供公共服务，并不意味着向社会组织购买公共服务后就已经将责任转移给社会组织，购买主体同样有其职责保障公共服务的质量。因此，在社会组织提供服务的全过程中，作为购买者的政府应当肩负起监督与评估的职责，加强对社会组织的制约与促进，以确保政府的财政支出与社会组织服务的效果相称。为此，购买主体要承担起组织者的角色，组织好绩效评估工作的开展，组织好评估小组形成，并且要严格组织好审核第三方评估机构资质与能力的工作，同时承接主体须每年定期对自身的运作状况进行评估，向购买者提交在"服务质量"以及"服务成效"方面的统计报告，政府部门需要仔细审核分析报告，找出问题并进行改善。

(3)司法部门

当承接主体或利益相关方认为自身合法权益受到侵害时，可以采用非诉的方式，也可以向司法部门提起诉讼。第一种是承接主体与公民在公共服务的提供过程中由于承接主体的责任而导致的纠纷，那么公民可以以承接主体为被告提起民事诉讼，也可以与承接主体达成和解。第二种是虽然公民的损失是由提供公共服务的社会组织造成的，但是这种损失的造成是承接主体严格依照政府要求所导致的，也就是说公民的损失追根溯源是由于政府的决策或者方式的错误而导致的，与承接主体没有直接的关系，因而可以说是政府部门对公民权益的侵害，在这种情形下，公民可以就此进行行政复议或者行政诉讼，承接主体可以作为第三人。

(4)第三方机构

委托第三方监管机构，比如会计师事务所、律师事务所、审计事务所、专业调查机构等第三方机构实施监管。这种第三方监管机构需要符合两个条件：第一，保持监管机构与被监管承接主体的独立关系;第二,监管机构要独立于政府其他机构,实施独立的监管。一般而言,第三方监管机构一般都是中立的,不带有任何的利益倾向,因而能够对购买公共服务作出客观公正的监督。同时,这些监管机构专业性强,有大量专业的技术人员和专业方法,能够保证监管的科学合理。

(5)社会舆论

当前,我国一直强调政府部门要诚恳接受社会公众和新闻舆论的监督,高度重视新闻媒体所反映的问题。在政府购买公共服务管理中引入新闻舆论监督,将公共服务购买的决策方案、购买结果、公共服务提供情况、购买的评估结果等通过新闻媒体公开在社会公众面前,接受广大公众和媒体的监督,是"阳光采购"基本的特征之一。同时,相对于普通公众,媒体更具有话语权,可以迅速地将公共服务提供过程中存在的问题反映给政府部门,以便政府部门能够及时地了解情况,督促承接主体改进服务质量。因此,鼓励社会舆论积极参与政府购买公共服务的监督,既是加强监督管理的重要手段,也是展示政府购买公共服务宗旨和目标的途径。一方面,通过新闻媒体能够让广大社会公众借此了解和反馈公共服务需求及服务质量,另一方面,也能够树立政府为公众服务的良好形象。

第十章

交通运输行业政府购买服务风险评估体系

党的十八大以来，党中央持续推进政府购买服务相关工作。交通运输作为政府提供公共服务的重要领域，自2020年起逐步采用政府购买服务模式，通过引入市场机制，将部分政府公共服务事项从"直接提供"转为"购买服务"。采用政府购买服务，能够促进政府职能转变、提高财政资金使用效益、提升公共服务水平、推动交通运输服务体系建设。但由于政府购买服务涉及的风险复杂多样，采取切实有效、易于操作的风险管理措施是顺利推进采用政府购买服务模式的重要保障。既有风险防范策略缺乏指向交通运输行业特点的针对性。在实际工作中，风险管理也多基于管理人员的个人经验判断和分析，存在主观性强、缺乏量化的问题，无法适应新时代交通运输行业科学稳妥、深化改革的需要。

截至目前，对政府购买服务风险因素的识别及防范缺少科学量化研究，导致风险防范多停留在理论层面，无法起到真正防范的作用。另外，我国采用政府购买服务多集中在公共医疗卫生、脱贫攻坚、社区服务等民生领域，在交通运输领域采用政府购买服务时间不长，行业管理部门对于如何引导其规范健康发展缺乏有效管理经验。本章节在系统分析采用政府购买服务模式相关风险要素的基础上，构建交通运输领域风险评估指标体系，为行业管理部门深化落实改革要求，提升行业服务质量提供参考。

第一节　政府购买服务特点及风险内涵

政府购买服务主要涉及三方主体：政府、承接方和社会公众。政府收集社会公众需求、制定购买服务内容并选择承接方；承接方按协议提供服务；社会公众反馈满意度。其实施流程如图10-1所示。

从图10-1可以看出，社会公众是接受服务的一方，承接方的服务水平体现了服务购买的质量和效率，政府作为决策方和监管方，处于主导地位。社会力量可能会利用寻租行贿、市场垄断、技术封锁等不良手段增加政府决策的外部风险，而政府在资质审核、市场考察和过程管理中也存在信息不对称、购买内容失真、监管不力等自身风险。因此，从政府角度加强购买风险管理是保障政府购买服务质量的关键。交通运输领域政府购买服务具有以下显著特点：

(1)服务内容广泛

交通运输是国民经济重要的基础性产业和服务性行业，呈现点多、线长、面广的特点，涉及经济社会发展方方面面，与人民群众的生活息息相关。交通运输领域政府购买服务的内容丰富，按照《关于推进交通运输领域政府购买服务的指导意见》的规定，除涉及国家安全、保密等不适合向社会力量购买事项或者应当由行政事业单位直接提供的服务内容外，其他事项均应逐步交由社会力量来承担。现阶段，根据行业特点和发展需求，越来越多的服务内容被逐步纳入政府购买服务的范畴，政府购买服务的内容不断丰富。

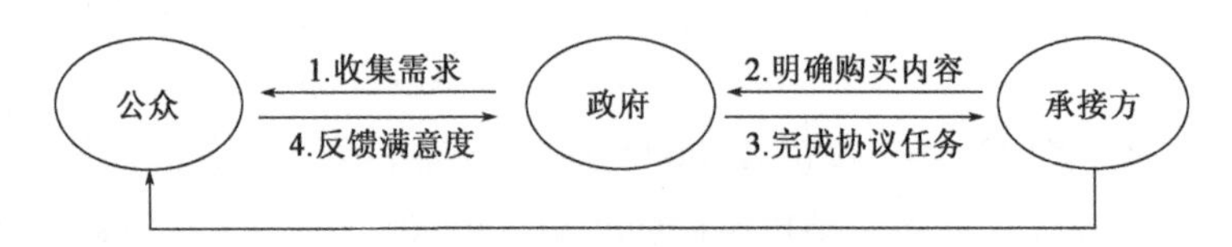

图 10-1　政府购买服务实施流程

(2)服务事项繁多

行业主管部门政府购买服务指导性目录共包括四级，详细规定了交通运输政府购买服务的种类、性质和内容。以公共服务一级目录为例，其二级目录包括公路安全服务、教育公共服务、就业公共服务及科技公共服务等，再具体到第三级目录中的科技公共服务，则包括了科技研发与推广服务，科技成果转化与推广服务，科技交流、普及与推广服务，区域科技发展服务及技术创新服务，而在此部分的四级目录中，则包括了交通运输行业重点科研平台运行管理、交通运输科技项目及成果管理、交通运输科技研发与推广、交通运输科技成果转化与推广、交通运输行业科普、交通前沿技术跟踪等。从 2023 年版交通运输部政府购买服务指导性目录中可以看出，目录包括了公共服务和政府履职辅助性服务两大部分，在具体的四级目录中，共包括 143 项具体的工作内容，由此可见，在交通运输领域，政府购买服务事项繁多，涵盖了行业的方方面面。

(3)服务投入巨大

随着我国综合立体交通网加速成型，综合运输服务能力大幅提高，交通运输领域投资为国家经济社会持续稳定发展提供了坚强支撑。根据《2023 年交通运输行业发展统计公报》数据，2023 年全年完成交通运输行业固定投资 3.9 万亿元，比上年增长 1.5%，连续 5 年保持稳健增长。交通运输领域投资跨越新冠肺炎疫情影响以及国际形势不确定因素的干扰，在服务稳定经济大盘、做好“六稳”“六保”中发挥了关键作用。交通运输作为经济社会发展的先行官，其政府购买服务涉及公路、水运、铁路、民航、邮政等各方面的建设与维护、运输服务及事务管理等，每个方面的重要性都不言而喻，相应的投资体量巨大。

因此，基于上述特点，在交通运输领域采用政府购买服务更要统筹谋划、全面考虑。依托科学准确的风险量化机制，制定切实有效的风险防范措施，对保障政府购买服务在交通运输领域的顺利实施具有重要意义。

第二节　风险量化模型构建

1. 设计原则

(1)系统科学

交通运输领域政府购买服务的参与单位众多,包括购买单位和承接主体,但在具体实施时还涉及委托管理方和其他第三方,不同利益主体承担的角色及追求的目标不同。因此风险评估指标体系应能够客观反映实际情况,才能保证购买服务的实施和质量,帮助政府作出正确的购买决策。

(2)层次适中

风险评估体系应尽量覆盖全面且风险点数量合适,风险因素集过大,会导致指标过细、舍本逐末;风险因素过小,会导致层次较少,不能反映政府购买服务的实际情况。因此风险评估体系应充分考虑各风险要素的关联性,统筹分析,突出重点。

(3)量化可行

风险评估体系建立的目的就是要便于政府在实际操作过程中便于推广和使用。交通运输领域涉及的服务内容广泛、事项繁多,因此关联的风险类型多且复杂在建立体系时应充分考虑购买过程中各个环节的风险因素,且进行科学量化,建立可复制可推广的风险评估体系。

2. 构建思路

由上述内容和原则可知,交通运输领域政府购买服务风险评估体系的设立非常复杂,而评估体系建立的好坏直接影响到评估结果的准确性。根据美国项目管理学会(Project Management Institute,简称 PMI)对风险识别的研究,通常采用风险结构分解法将复杂系统分解为若干子系统,利用递阶层次通过对子系统进行分析,从而把握整个系统的特征。从规范风险识别的角度,该协会提出了一种通用风险分解结构框架,适用于任何组织的任何类型和任何性质的项目,如图 10-2 所示。

由图中可知,该框架包括三个指标层次,将项目风险依次分解为管理风险、外部风险和技术风险,通过递阶层次分析,每层又继续细分为两层指标,直至包含了 31 个具体的风险因素。

3. 体系建立

依据风险结构分解法,分析研究《政府购买服务管理办法》及交通运输政府购买服务操作规程、指导性目录等相关政策文件,通过对交通运输行业主管部门、科研机构、相关企业及技术专家咨询调研,在收集大量研究成果和查阅文献的基础上,结合通用项目风险分解结构,本着从实际操作性出发、便于操作应用的角度,确立了以承接主体、购买内容、预算管理、筹备决策和执行监督 5 方面要素为一级指标,以组织架构和管理体系、经济可行性、预算资金保障等 16

个风险元素为二级指标的交通运输领域政府购买服务风险评估指标体系,详见表10-1。

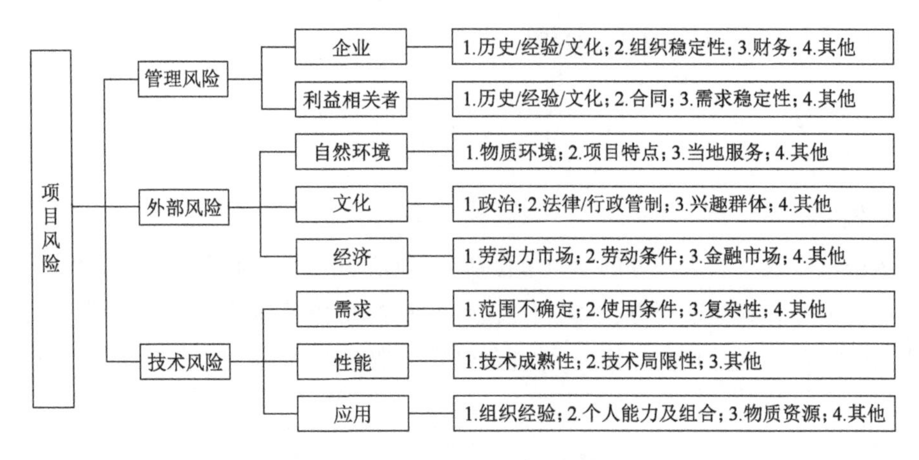

图10-2　通用的项目风险分解结构

交通运输领域政府购买服务风险评估指标体系　　表10-1

一级指标	二级指标
承接主体	组织架构和管理体系
	财务规模和纳税情况
	人员、设备和技术能力
	信用及违法情况
购买内容	经济可行性
	技术可行性
	购买内容与需求信息匹配度
预算管理	预算资金保障
	预算编制流程
筹备决策	购买方式标准
	招投标流程
	项目审批
执行监督	委托第三方管理水平
	合同管理
	资金支付
	阶段评估

4. 分析计算

按照风险评估理论,结合上述提出的交通运输领域政府购买服务的风险类别和影响因素,本节采用模糊综合评价法对构建风险体系进行综合评估。模糊综合评价法的基本原理是按照因素间的相互关联影响以及隶属关系将因素按不同层次聚集组合,形成一个多层次的分析结构模型,从而最终使问题归结为最低层(供决策的方案、措施等)相对于最高层(总目标)的相对重要权值的确定或相对优劣次序的排定，从而实现将定性问题转化为定量评价，具体步骤如下：

(1)确定风险评估指标集

根据前面已经建立的交通运输领域政府购买服务风险评估指标体系(表10-1)，建立风险评估指标集，其中一级指标集为：

$$X=\{X_1,X_2,\cdots,X_5\} \tag{10-1}$$

每个一级指标又由多个二级指标决定，二级指标集为：

$$X_i=\{X_{i1},X_{i2},\cdots,X_{im}\} \tag{10-2}$$

(2)确定指标权重集

权重是体现各因素等级所对应的重要性大小的量值。利用层次分析法对各指标的重要程度进行量化，通过收集20位交通运输领域管理者、专家学者对指标体系中的各项指标进行打分，分别构建一级指标集和二级指标集的判断矩阵，利用方根法计算判断矩阵的特征向量并作一致性检验，即得到一级指标权重集如下：

$$W=\{W_1,W_2,\cdots,W_5\}=\{0.213,0.156,0.097,0.228,0.306\} \tag{10-3}$$

根据同样的计算步骤，得到二级指标权重集如下：

$$w_1=\{0.117,0.243,0.358,0.282\} \tag{10-4}$$

$$w_2=\{0.457,0.313,0.230\} \tag{10-5}$$

$$w_3=\{0.568,0.432\} \tag{10-6}$$

$$w_4=\{0.114,0.519,0.367\} \tag{10-7}$$

$$w_5=\{0.338,0.296,0.079,0.287\} \tag{10-8}$$

(3)确定风险因素评价集

风险因素的评价集是评价者对评价对象可能作出各种评价结果的集合，用V表示。评价尺度根据所列因素对交通运输领域政府购买服务风险的影响程度划分为5个等级，用模糊语言表述为“高、较高、中等、较低、低”，则评分集V：

$$V=\{V_1,V_2,\cdots,V_5\}=\{9,7,5,3,1\} \tag{10-9}$$

(4)计算各级评价向量

在综合评价前，需要对单一因素作出评价，然后在单一因素评价基础上作出综合评价。在本书建立的风险评估体系中，模糊综合评价首先根据二级指标模糊评价矩阵R，其中对于第i个风险源下第j个单因素用r_{ij}来表示，即对第i个风险源下第j个评价尺度的专家人数/参加评价的专家人数，在已知该级权重w的条件下，即可得到二级评价指标向量$U_i(i=1,2,\cdots,5)$：

$$U_i=w_i\times R_i \quad (i=1,2,\cdots5) \tag{10-10}$$

同理，根据一级指标权重W，得到一级评价指标向量B：

$$B=W\times U \tag{10-11}$$

结合评语集V，则最终的综合量化风险评价结果S：

$$S=B\times V^{\mathrm{T}} \tag{10-12}$$

第三节 应用场景案例分析

1. 案例背景

广东省某企业承担了交通运输行业标准(定额)救捞类研究项目1项,该企业业务领域主要涉及潜水作业、潜水器作业、系泊及海事服务、船舶及海上设施的检测、安装维修和表面清理、海上定位和测量、沉船沉物打捞等。经整合各方信息,针对各项指标形成参考表,如表10-2所示。

交通运输领域政府购买服务风险评估指标体系 表10-2

一级指标	二级指标	详细情况
承接主体	组织架构和管理体系	公司组织架构完善,股权清晰,在工商管理部门登记注册,共有11项行政许可。公司正式员工100人,全部缴纳社保范围
	财务规模和纳税情况	公司注册资本3000余万元,2021年被评为A级纳税人
	人员、设备和技术能力	公司属专业技术服务业,有相关从业许可,拥有42项发明专利和9件软件著作权,先后多次承担交通运输领域研究,经验丰富
	信用及违法情况	公司自身风险为0,法定代表人未进入失信名单,但存在120余条关联风险,50余条变更提醒
购买内容	经济可行性	项目严格按照支出标准,参照市场价格,确定经费共计15万元
	技术可行性	项目成果形成关于救捞现场作业安全监管操作要求标准研究,该公司长期从事相关领域研究,具有丰富的现场经验
	购买内容与需求信息匹配度	安全监管是交通运输管理部门重要职责之一,救捞安全亦是交通运输标准化"十四五"规划重点发展方向
预算管理	预算资金保障	所需资金属国家财政资金
	预算编制流程	预算较好地结合了项目特点、相关经费预算和市场调研情况,并综合了物价、工资、税费等因素,测算合理
筹备决策	购买方式标准	购买单位作为交通运输行业主管部门,根据供需特点、市场发育程度等因素,按照公平、经济、高效原则采用直接的采购方式
	招投标流程	采用直接购买方式,未经过招投标流程
	项目审批	按照购买单位经费管理规定,履行项目各级审批程序
执行监督	委托第三方管理水平	委托第三方具有多年项目管理经验,累计管理500余项项目,能够与购买单位保持良好沟通
	合同管理	合同明确了购买服务的内容,期限、数量、质量、价格等,同时明确了资金支付方式、时间和条件以及验收标准。但未有违约责任处置相关内容
	资金支付	签订合同后付项目首款,后根据合同规定,由委托第三方对阶段成果验收通过后进行资金支付
	阶段评估	项目未明确体现项目特点及要求的绩效目标,缺少购买服务受众对象满意度评价

邀请15位行业相关专家结合参考表对各项指标进行打分，专家打分情况统计如表10-3所示。

购买服务风险指标专家评价结果　　表10-3

一级指标	二级指标	评价结果				
		V1	V2	V3	V4	V5
承接主体	组织架构和管理体系	0	0	2	5	8
	财务规模和纳税情况	0	0	3	4	8
	人员、设备和技术能力	0	2	4	6	3
	信用及违法情况	0	1	3	7	4
购买内容	经济可行性	0	0	1	3	11
	技术可行性	0	1	2	4	8
	购买内容与需求信息匹配度	0	0	2	2	11
预算管理	预算资金保障	0	0	0	1	14
	预算编制流程	0	0	0	2	13
筹备决策	购买方式标准	0	0	3	5	7
	招投标流程	0	0	0	3	12
	项目审批	0	0	1	3	11
执行监督	委托第三方管理水平	0	0	1	5	9
	合同管理	0	0	6	8	1
	资金支付	0	0	1	2	12
	阶段评估	0	0	14	1	0

注：表中评价结果列数字代表选择该项评价结果的专家数量。

2. 风险计算及评价

按照上文计算步骤，根据表10-3，计算得到二级指标的模糊评价矩阵为：

$$R_1=\begin{Bmatrix}0 & 0 & 0.133 & 0.333 & 0.533\\ 0 & 0 & 0.200 & 0.267 & 0.533\\ 0 & 0.133 & 0.267 & 0.400 & 0.200\\ 0 & 0.067 & 0.200 & 0.467 & 0.267\end{Bmatrix} \tag{10-13}$$

$$R_2=\begin{Bmatrix}0 & 0 & 0.067 & 0.200 & 0.733\\ 0 & 0.067 & 0.133 & 0.267 & 0.533\\ 0 & 0 & 0.133 & 0.133 & 0.733\end{Bmatrix} \tag{10-14}$$

$$R_3=\begin{Bmatrix}0 & 0 & 0 & 0.067 & 0.933\\ 0 & 0 & 0 & 0.133 & 0.867\end{Bmatrix} \tag{10-15}$$

$$R_4=\begin{Bmatrix}0 & 0 & 0.200 & 0.333 & 0.467\\ 0 & 0 & 0 & 0.200 & 0.800\\ 0 & 0 & 0.067 & 0.200 & 0.733\end{Bmatrix} \tag{10-16}$$

$$R_5 = \begin{Bmatrix} 0 & 0 & 0.067 & 0.333 & 0.600 \\ 0 & 0 & 0.400 & 0.533 & 0.067 \\ 0 & 0 & 0.067 & 0.133 & 0.800 \\ 0 & 0 & 0.933 & 0.067 & 0 \end{Bmatrix} \tag{10-17}$$

根据式(10-10),计算得到二级评价向量为:

$$U_1 = w_1 \times R_1 = (0 \quad 0.067 \quad 0.216 \quad 0.379 \quad 0.339) = 3.025 \tag{10-18}$$

$$U_2 = w_2 \times R_2 = (0 \quad 0.021 \quad 0.103 \quad 0.206 \quad 0.671) = 1.951 \tag{10-19}$$

$$U_3 = w_3 \times R_3 = (0 \quad 0 \quad 0 \quad 0.095 \quad 0.905) = 1.19 \tag{10-20}$$

$$U_4 = w_4 \times R_4 = (0 \quad 0 \quad 0.047 \quad 0.215 \quad 0.738) = 1.618 \tag{10-21}$$

$$U_5 = w_5 \times R_5 = (0 \quad 0 \quad 0.414 \quad 0.300 \quad 0.286) = 3.256 \tag{10-22}$$

根据式(10-11),计算得到一级评价向量为:

$$B = W \times U_i^{\mathrm{T}} = (0 \quad 0.017 \quad 0.200 \quad 0.263 \quad 0.520) \tag{10-23}$$

按照评语集 V,则本项目在交通运输领域政府购买服务风险评估体系中的综合评估结果 $S = 2.429$,对应评价在“低”与“较低”区间。这表明通过政府购买该交通运输标准(定额)项目的风险隐患整体处于较低水平,具体来看,该项目在购买内容、预算管理、筹备决策等方面考虑周全,决策科学,风险隐患程度低。但是在承接主体选择和执行监督过程中,购买单位应进一步确认承接主体能力,同时注重加强合同管理和阶段评估方面的风险管控。

3. 结语

本节聚焦交通运输领域政府购买服务的显著特点,剖析了交通运输领域采用政府购买服务的关键风险要素,采用模糊综合评价法构建了交通运输领域政府购买服务风险评估指标体系,实现了交通运输领域采用政府购买服务这一新兴方式的科学量化评价。这对进一步落实中央深化改革重大战略部署、提升交通运输行业服务能力具有重要意义。目前交通运输领域采用政府购买服务方式尚处于起步阶段,对于购买方式自身的理解认识以及如何有机结合行业发展特点均有待进一步深化,本书将以此为基础,不断完善风险要素、优化评价模型,为推动交通运输领域采用政府购买服务高质量发展提供更多借鉴参考。

第十一章

国内其他行业及国外典型国家购买服务情况及成效启示

第一节 国内其他行业政府购买服务情况

一、科学技术部

（一）概述

科学技术部（简称科技部）作为国家科技创新的重要部门，一直致力于推动科技服务业的发展和科技成果转化，积极响应政策号召，通过购买服务的方式引入社会力量参与科技创新管理和服务工作，以期通过社会力量的专业性和创新性，推动科技创新的发展。自2013年国务院发布《关于政府向社会力量购买服务的指导意见》以来，政府采购公共服务已经成为推动公共管理创新的重要手段。这一政策的出台，旨在通过引入社会力量，提高公共服务的质量和效率，同时也为政府部门提供了新的工作模式和思路。

在具体操作上，科学技术部发布了《科技部政府购买服务指导性目录》（表11-1），详细列出了科技部购买公共服务的具体分类和子项，如科技研发与推广服务、科技成果转化等。这些目录和服务内容有助于明确政府购买服务的方向和范围。实施了一系列政策和措施，其中包括《企业技术创新能力提升行动方案（2022—2023年）》，旨在通过政策激励、资源保障和宣传引导，促进企业技术创新能力的提升。

科技部政府购买服务指导性目录 表11-1

代码	一级目录	二级目录	三级目录
A	公共服务		
A01		科技公共服务	
A0101			科技研发与推广服务
A0102			科技成果转化与推广服务

续上表

代码	一级目录	二级目录	三级目录
A0103			科技交流、普及与推广服务
A0104			区域科技发展服务
A0105			技术创新服务
A02		公共信息与宣传服务	
A0201			公共公益宣传服务
A03		行业管理服务	
A0301			行业规划服务
A0302			行业调查与处置服务
A0303			行业统计分析服务
A0304			行业规范服务
A04		技术性公共服务	
A0401			监测服务
B	政府履职辅助性服务		
B01		法律服务	
B0101			法律顾问服务
B0102			法律咨询服务
B02		课题研究和社会调查服务	
B0201			课题研究服务
B0202			课题调查服务
B03		会计审计服务	
B0301			会计服务
B0302			审计服务
B04		会议服务	
B0401			会议服务
B05		监督检查辅助服务	
B0501			监督检查辅助服务
B06		工程服务	
B0601			工程造价咨询服务
B0602			工程监理服务
B0603			其他适合市场化方式提供的工程服务
B07		评审、评估和评价服务	
B0701			评审服务
B0702			评估和评价服务
B08		咨询服务	
B0801			咨询服务

续上表

代码	一级目录	二级目录	三级目录
B09		机关工作人员培训服务	
B0901			机关工作人员技术培训服务
B0902			其他适合市场化方式提供的机关工作人员培训服务
B10		信息化服务	
B1001			机关信息系统开发与维护服务
B1002			数据处理服务
B1003			网络接入服务
B1004			其他适合市场化方式提供的信息化服务
B11		后勤服务	
B1101			维修保养服务
B1102			物业管理服务
B1103			安全服务
B1104			印刷和出版服务
B1105			餐饮服务
B1106			租赁服务
B1107			其他适合通过市场化方式提供的后勤服务
B12		其他辅助性服务	
B1201			翻译服务
B1202			档案管理服务
B1203			外事服务

(二)实施过程

(1)预算编制与计划制定:科学技术部在每年度预算编制时,根据财政部门统一要求,参照相关政策和目标,制定下一年度的服务购买计划,并报同级财政部门审定。

(2)采购方式:采用公开招标、邀请招标等方式确定承接主体,并签订合同,明确双方的权利义务和违约责任。例如,在某些项目中,科技部会邀请供应商合作研发,共担研发风险,并按研发合同约定的数量或金额购买研发成功的创新产品。

(3)履约监管:科技部加强对项目的履约管理,及时了解项目进度并督促承接方履行合同。若出现损害公共利益或安全的情况,及时终止合同并重新确认承接方。

(4)绩效评价:对跨年度的项目可根据完成情况实施阶段性评价,项目全部完成后适时开展全周期绩效评价。绩效评价结果将作为以后年度选择承接主体的重要参考依据。

(三)实施成效

(1)提升公共服务质量:通过引入社会力量,提高了公共服务的质量和效率。例如,在智慧城市建设中,政府购买服务有效促进了智慧城市的发展。

(2)促进科技创新:政府购买服务支持科技创新取得了积极成效,为建立创新合作机制积累了实践经验。例如,《政府采购合作创新采购方式管理暂行办法》的出台进一步完善了政府采购支持科技创新的制度。

(3)优化资源配置:政府购买服务有助于合理配置资源,避免重复建设和浪费。例如,在扶贫与乡村振兴专题培训班项目中,科技部通过购买服务实现了资源的有效利用。

(四)经验启示

(1)规范流程:建立健全政府购买服务工作机制,确保项目申报、审定、采购、资质审核、合同签订、履约监管、绩效评估等流程公开、公平、公正。

(2)强化监管:加强履约管理和绩效评价,确保项目按期完成且符合质量标准。例如,对于验收不合格的项目,提出整改意见并追究承接方的责任。

(3)激励机制:建立承接政府购买服务的激励约束机制,将绩效评价结果与购买资金支付挂钩,促进提高政府购买服务绩效。

(4)持续改进:根据绩效评价结果不断改进管理和完善相关政策,形成正向激励机制,引导政府购买服务资金向工作整体成效显著、示范引领带动作用大的领域倾斜。

二、工业和信息化部

(一)概述

工业和信息化部(简称工信部)作为国务院的组成部门,负责国家工业和信息化的规划、指导和监管。在推进国家信息化和工业化融合的过程中,工信部通过政府购买服务的方式,实施了一系列旨在提升公共服务效率和质量的项目。

工信部购买服务的主要领域涵盖了多个方面,旨在推动工业和信息化的快速发展,提升国家在这些领域的竞争力。以下是一些主要领域:①新一代信息技术服务:包括云计算、大数据、人工智能、物联网、5G等新一代信息技术的研发和应用服务。②软件和信息技术服务:涉及软件开发、系统集成、信息技术咨询、数据处理和存储服务等。③工业设计服务:包括产品设计、包装设计、平面设计等,旨在提升工业产品的竞争力和市场适应性。④节能与环保服务:提供节能技术咨询、环保技术开发和应用服务,推动绿色制造和可持续发展。⑤安全生产服务:包括安全生产技术咨询、风险评估、应急救援等服务,保障工业生产安全。⑥质量管理与标准化服务:提供质量管理咨询、标准化技术研究和服务,推动行业标准化建设。⑦中小企业公共服务:为中小企业提供技术咨询、管理培训、市场开拓等公共服务,支持中小企业发展。⑧互联网营销推广服务:借助互联网平台优化营销推广渠道,辅助企业实现营销目标。⑨供应链管理服务:提供供应链方案设计与物流方案设计服务,优化供应链系统。⑩维修维护服务:为专用设备及智能制造装备提供维修、保养和改造服务，保障设备正常运转。这些领域反映了工信部在推动工业转型升级、促进信息技术创新应用、加强行业管理和服务等方面的工作重点。通过购买服务，工信部能够更好地引导和支持相关领域的发展，提升产业的整体水平和国际竞争力。工业和信息化部政府购买服务指导性目录如表11-2所示。

工业和信息化部政府购买服务指导性目录　　表11-2

代码	一级目录	二级目录	三级目录
124A	基本公共服务		
124A01		公共安全	
124A0101			工业安全发展和民爆行业安全管理
124B	社会管理性服务		
124B01		防灾救灾	
124B0101			应急通信保障
124B02		公共公益宣传	
124B0201			工信领域重大政策宣传
124B0202			工业和通信业科学普及
124B03		其他社会管理性服务	
124B0301			政务新媒体运营管理
124B0302			报刊及图书出版管理工作
124C	行业管理与协调服务		
124C01		行业职业资格和水平测试管理	
124C0101			通信行业职业技能鉴定考试
124C0102			通信行业职业技能竞赛
124C02		行业规范	
124C0201			工业行业规范
124C0202			通信行业规范
124C0203			信息化行业规范
124C03		行业规划	
124C0301			工业行业规划
124C0302			通信业行业规划
124C0303			信息化行业规划
124C04		行业调查	
124C0401			工业和信息化领域行业调查
124C05		行业统计分析	
124C0501			工业和信息化领域行业统计分析(含数据购买与加工)
124C0502			工业通信业运行协调
124C0503			WTO事务性工作协调
124C06		行业标准制修订	

续上表

代码	一级目录	二级目录	三级目录
124C0601			工业行业标准制修订
124C0602			通信行业标准制修订
124C0603			信息化行业标准制修订
124C0604			行业标准制修订的有关服务
124C07		其他行业管理与协调服务	
124C0701			区域(园区基地)管理服务
124C0702			无线通信应急及监管平台运维管理和技术支撑
124C0703			政务服务大厅和平台管理
124C0704			工信部网站集约化平台和门户网站管理
124C0705			12381 公共服务电话平台
124C0706			信息化行业指导
124C0707			工业产品质量提升
124C0708			制造业领域知识产权战略实施服务
124C0709			意见征求、信息报送
124C0710			通信行业入网许可申请支撑服务
124C0711			通信行业年检服务
124C0712			号码资源费收取支撑服务
124C0713			电信普遍服务支撑工作
124D	技术性服务		
124D01		检验检疫检测	
124D0101			汽车及相关产品检验
124D0102			无线电设备检测
124D02		监测服务	
124D0201			通信行业动态监测
124D0202			社会舆情监测
124D03		其他技术性服务	
124D0301			重大专项和科研计划支撑服务
124E	政府履职所需辅助性服务		
124E01		课题研究和社会调查专项工作	
124E0101			一般课题研究
124E0102			重大课题研究
124E0103			工业和信息化领域发展情况调研
124E0104			政策理论研究
124E0105			立法研究

续上表

代码	一级目录	二级目录	三级目录
124E02		会议和展览	
124E0201			会议服务
124E0202			展览服务
124E03		监督检查服务	
124E0301			政策落实情况监督检查服务
124E0302			项目完成情况监督检查服务
124E0303			法律落实第三方评估
124E0304			政策落实第三方评估
124E0305			通信监管服务
124E04		项目评审评估	
124E0401			项目评审
124E0402			项目评估与分析
124E05		绩效评价	
124E0501			财政支出绩效评价
124E0502			经济运行提质增效评价
124E06		咨询	
124E0601			政策决策咨询
124E07		技术业务培训	
124E0701			政策培训
124E0702			技术培训
124E0703			专业知识培训
124E0704			干部培训
124E08		机关信息系统建设与维护	
124E0801			信息系统维护
124E0802			信息数据系统服务
124E09		法律服务	
124E0901			诉讼服务
124E0902			提供应诉法律咨询服务
124E10		其他辅助性服务	
124E1001			论证、管理预研究、评价、信息发布等服务
124E1002			工业和信息化领域支撑性服务

注:1. 纳入本指导性目录且已安排预算的服务项目,可以实施政府购买服务;未纳入本指导目录的服务事项,不作为政府购买服务项目。

2. 根据政府购买服务的定义,本目录包含工业和信息化部本级及下属行政单位在本单位职能范围内可开展政府购买服务的现有事项;承担行政职能的事业单位参照执行。

（二）实施过程

(1)标准制定:为解决政府采购信息技术服务标准缺乏的问题,工业和信息化部于2009年成立了信息技术服务标准工作组,起草了多项基础标准,如《信息技术分类与代码》《信息技术服务质量评价指标体系》等。

(2)供应商管理:加强供应商资质审核、信用管理和绩效评价,引导中小企业建立完善的供应商管理制度,与供应链伙伴建立紧密协作关系,确保供应链的稳定性和可靠性。

(3)需求管理:制定并发布《工作站政府采购需求标准(2023年版)》,提高工作站政府采购需求管理的科学化、规范化水平,优化营商环境。

(4)支持中小企业:为促进中小企业发展,财政部和工业和信息化部于2020年联合发布了《政府采购促进中小企业发展管理办法》,明确要求主管预算单位应当组织评估本部门及所属单位的政府采购项目,并对适宜由中小企业提供的采购项目和采购包,预留采购份额专门面向中小企业。

（三）实施成效

(1)服务质量提升:通过强化项目审核和质量管控,提升了政府购买服务的质量和管理水平。

(2)中小企业参与度增加:全国政府采购授予中小微企业合同金额占全国政府采购规模的74.1%,显著提升了中小企业的市场参与度。

（四）经验启示

(1)加强标准建设:推进信息技术服务标准的建设和完善,有利于提高政府采购的透明度和效率,促进公平竞争。

(2)完善政策框架:需要不断完善政策措施,发挥组织协调作用,推动各地各部门开展政府购买服务改革,才能取得重要进展和显著成效。

三、自然资源部

（一）概述

自然资源部在推动土地资源的高效利用和优化配置过程中,采取了政府购买服务的模式,以促进存量土地和低效用地再开发。这一做法旨在通过引入市场机制,提高土地利用效率,同时鼓励社会资本参与土地整治和生态修复工作。

（二）实施过程

(1)规划统筹:自然资源部在15个省份44个城市(区、县)部署开展新一轮低效用地再开发试点，支持试点城市从规划统筹、收储支撑、政策激励、基础保障四个方面探索创新政策举措。

(2)收储支撑：通过政府收储(协议收回)盘活模式，原产权人自主、联合盘活模式，以及企业通过二级市场收购盘活模式等多种方式，有效调动多方盘活低效用地的积极性。

(3)政策激励：制定了一系列激励政策，如税收优惠、资金支持等，以吸引社会资本参与土地整治和生态修复项目。

(4)基础保障：提供了必要的技术支持和咨询服务，确保项目的顺利实施。

(三)实施成效

(1)土地利用效率提升：通过政府购买服务，促进了存量土地和低效用地的再开发，提高了土地利用效率，为产业转型升级和新兴产业发展提供了空间支持。

(2)生态环境改善：在土地整治和生态修复过程中，注重生态环境的保护和修复，实现了土地资源的可持续利用。

(3)吸引社会资本参与：采用政府购买服务的模式吸引了大量社会资本参与土地整治和生态修复项目，形成了政府与市场协同推进的良好局面。

(四)经验启示

(1)创新政策机制：自然资源部通过创新政策机制，如规划统筹、收储支撑、政策激励、基础保障等，有效推动了存量土地和低效用地的再开发。

(2)引入市场机制：通过政府购买服务，引入市场机制，提高了土地利用效率，实现了土地资源的优化配置。

(3)重视政府与市场的合作：利用政府购买服务机制，积极联合社会资本共同参与土地整治和生态修复项目的机会，助推政府与市场的合作。

四、住房和城乡建设部

(一)概述

住房和城乡建设部(简称住建部)作为国务院的组成部门，负责全国住房和城乡建设事业。随着中国城市化进程的加快，城市基础设施建设和维护的需求日益增长。为了提高服务效率和质量，住建部开始探索通过政府购买服务的方式，将部分公共服务事项交由社会力量承担。

(二)实施过程

(1)需求调研：住建部首先对城市基础设施建设和维护的需求进行调研，明确需要购买的公共服务内容，如城市绿化、路灯维护、污水处理等。

(2)制定方案:根据需求调研的结果,制定详细的购买服务方案,包括服务标准、预算安排、采购方式等。

(3)公开招标:通过公开招标的方式,选择符合条件的社会服务机构作为服务提供方,确保采购过程的公平、公正和透明。

(4)签订合同:与中标服务机构签订服务合同,明确双方的权利和义务,包括服务内容、服务期限、费用支付等。

(5)服务实施与监管:服务机构按照合同要求提供服务,住建部负责对服务过程进行监管,确保服务质量和效果。

(6)开展绩效评价:购买服务结束后,对服务效果进行绩效评价,根据评价结果进行服务费用结算,并作为今后购买服务的参考依据。

(三)实施成效

(1)提高服务效率:通过政府购买服务,住建部将部分公共服务事项交由专业机构承担,提高了服务效率和质量。

(2)降低行政成本:引入市场竞争机制,使得服务成本得到有效控制,降低了政府的行政成本。

(3)创新服务模式:通过与专业机构的合作,住建部引入新的服务理念和技术,创新服务模式。

(四)经验启示

(1)明确需求:政府购买服务前,应先进行详细的需求调研,确保购买的服务符合实际需求。

(2)规范采购:采购过程应遵循公平、公正、公开的原则,确保采购过程的透明度和公正性。

(3)严格监管:对服务提供方的服务过程进行严格监管,确保服务质量和效果。

(4)重视绩效评价:建立科学的绩效评价体系,对服务效果进行客观评价,为今后购买服务提供参考。

(5)促进合作:政府购买服务应鼓励社会力量参与,促进政府与社会的合作,共同提供高质量的公共服务。

通过上述案例和分析,可以看出政府购买服务在提高公共服务效率和质量、降低行政成本、促进社会参与和创新服务模式等方面具有显著的优势。为了确保政府购买服务的有效实施,需要规范采购流程、严格服务监管、建立科学的绩效评价体系,并促进政府与社会的合作。

第二节　国外典型国家购买服务案例

一、美国政府购买服务案例

(一)概述

20世纪60年代末70年代初,美国社会出现了从农村到城市的移民潮、福利权利运动、老龄化趋势等现象,这些因素使美国民众对社会福利项目的需求激增。为了应对这种情况,美国政府不得不对公共部门进行数额巨大的补贴,财政负担沉重。政府购买公共服务的探索是对这种处境的一种突破。美国政府希望通过优胜劣汰的竞争机制最终实现提高公共服务质量、降低公共服务成本、减轻财政负担的目标。美国联邦"经济机会办公室"进行了首次政府购买公共服务的探索,利用国防部的采购程序来确保对低收入家庭的教育服务。此后,很多地方政府都开始了此类提供公共服务的新尝试。直到70年代中后期,美国政府通过立法的形式保护和促进私营部门进入公共服务领域,鼓励全社会的力量参与到公共服务的供给中来。

20世纪80年代里根政府时期,开始实行发挥市场机制作用的"供给学派"经济政策,掀起了以放松管制为主要内容的经济改革运动,市场机制更多地被运用于美国的公用事业运营中。在克林顿政府时期,联邦政府对100多个机场的空管和一些军事基地功能运营引入了市场竞争机制。而州和地方政府实施公共服务市场化提供的改革措施更多。例如,佛罗里达州政府在1999—2007年期间,实施了130多次私营化和竞争性外包,节约了5亿多美元。应当强调的是,美国的公用事业私营化或者市场化模式与英国等其他西方国家的不同之处,在于更多地采取了公共服务或政府服务合同外包的形式。通过服务外包、私营企业和一些社会组织可以提供多种公共服务,包括公园管理、卫生保健、学前教育、社会住房、老年人照顾、社区司法矫正服务等。少数地方政府甚至将一些一直由政府提供的公共物品合同外包给了私人企业,比如监狱管理。

在美国,政府主要通过对服务绩效的考核评估实现其监管职能。美国联邦立法及地方法律中有关绩效的法案和条例均明确规定了政府购买公共服务的行为规范,以及服务供给方应该达到的服务效率和质量。1993年《联邦政府绩效与结果法案》和1997年的《联邦收购条例》均强调了政府购买公共服务的评估标准和契约规范,建立了一种基于规则的管理,并受到社会多方认可。

总体来讲,美国政府购买公共服务的实践引发了社会服务领域的深刻改革,促使各种非营利组织和营利组织参与到提供公共服务的竞争中来,从而提高了公共服务供给效率,改善了公共服务质量。

(二)案例

纽约作为美国经济最发达的城市,在购买公共服务流程方面一直被视为美国国内公共服务供给的典范,其购买流程设计、购买方式选择以及具体的实施细节皆有值得借鉴之处。

购买流程的设计:纽约市购买公共服务遵循三个原则,即最大化纳税人的税收价值、寻求最可靠的合作伙伴、保证合同管理过程对所有供应商都是公平的。购买流程包括需求计划、准备标书、投放标书、评估、签订合同、登记注册、合同管理等阶段。在整个合同管理过程中,涉及多个重要机构,如管理预算办公室(OMB)、法律部门、劳工服务部门(DLS)、监察部门、市长办公室合同服务中心(MOCS)以及其他委托机构,这些机构的作用在于选择、评估承包商并最终与最合适的承接者签订服务合同以满足服务需求。

购买方式的选择:纽约市政府各机构根据自身业务需要以及纽约市购买服务规则选择合适的购买方式,分为竞争性购买和非竞争性购买。竞争性方式在纽约市接近半数的项目中均有使用,包括竞争性密封投标、快速购买、竞争性密封创投、小额购买等。延期性方式和非竞争性方式也占有一定比例,如合同更新、修订续签、单一来源授标、紧急合同等。

循环周期的优化:循环周期在购买流程中是一个重要的效率指标,纽约市通过优化循环周期来提高效率。市长办公室合同服务中心与市长办公室运行中心和市长办公室数据分析中心紧密合作,计算出竞争性密封投标(CSB)购买方式近三年的循环周期。

公民参与的多元:纽约市实现购买公共服务过程公开化的重要途径之一是举办公众听证会。市长办公室合同服务中心成立了公众听证小组,管理及实施整个听证会,使得民众对纽约市所购买的公共服务的项目及合同能够发表自己的意见。此外,纽约市政府每年发布服务购买报告,公布在官方网站,报告涵盖了购买公共服务内容、购买流程、人力资源服务、公共基础设施以及政府自身运营的采购等,以详细的数据、图表、图片等形式对资金流向、购买方式、服务效果、听证情况进行全面的信息公开。

(三)经验启示

(1)健全的法律法规。

美国政府购买服务始终围绕既定的法律法规、政策规定开展:在联邦政府层面,首先是法律法规对整个购买过程的监管,如《联邦财产和行政服务法》《联邦采购规定》《合同竞争法》《服务获取改革法》等核心法规对合同的制定过程进行了约束,而《联邦政府绩效与结果法案》《联邦收购条例》则为公共服务供给的效用评估提供了标准,其次是通过政策规定对具体实施细节进行指导,如美国联邦采购政策局对政府职能的划分采用了"负面清单"的形式,在明确政府固有职能的同时给予了地方政府调整的空间;在地方政府层面,纽约市在地方法的基础上以购买政策委员会(Procurement Policy Board,PPB)制定的规则为核心,严格管控购买服务的整个流程。由此可见,我国政府购买公共服务必须依靠完善的法律、合理的政策才能真正保障购买过程中的公平性以及公共服务供给的有效性。

(2)灵活的购买方式。

纽约市政府在大额的公共服务项目上主要采用竞争性的购买方式,在特定条件下选择非竞争性的购买方式,而在小额项目上则采用多样化的购买方式,如微量采购、协商获取、任务订单等方式。购买方式的灵活,在保证竞标过程公平的同时,有利于公共服务的有效落实,满足民众亟须的服务要求。而我国目前就公共服务的购买而言,采购方式过于单一,承接主体市场建设的滞后以及购买过程中存在的道德风险是导致此现象的主因,因而笔者认为唯有培育出健康、公平、竞争性的供给市场,才有可能为购买方式的丰富提供土壤。

(3)合理的项目周期。

公共服务项目的周期在纽约市政府购买公共服务评估中是一个重要指标,一般而言,纽约市各机构所购买的服务项目周期一般控制在一年之内,视具体的服务内容而有所区别,项目周期的合理控制有助于加强承接主体之间的竞争性,为更多地承接主体创造潜在的中标机会,进而亦有助于公共服务质量的提升,与此同时,项目周期的缩短也为政府在合同管理过程中提供调控的余地。而我国多数地方政府购买公共服务项目多为小额项目,从立项到签订合同就耗时近半年,如何优化购买流程以缩短项目周期亦是我国在探索购买公共服务过程中需要解决的一个问题。

(4)积极的公众参与。

这需要民众有较高的参与能力和参与意识,但更重要的是政府对公众积极的引导。公众参与是落实公共价值的直接体现,其程度决定了公共价值实现的可能性,纽约通过切实有效的听证会以及全面的政府报告来引导公众参与政府购买公共服务的决策过程。对我国而言,公众参与已然存在,但其效果却远不及预期,究其原因仍是政府的主导作用不够突出。

(5)有效的政府间合作。

政府间合作包含横向的不同部门之间的合作和纵向的中央与地方之间的合作。纽约公共服务的有效供给离不开跨行政区域、跨行政级别政府单位之间的合作,这有助于进一步整合各种资源,弥补地方政府公共服务供给的不足,同时加强央地合作也有助于提高公共服务供给效率和质量。目前我国政府购买公共服务缺乏府间合作,央地之间的联系仅靠指导性的文件,而地方政府之间几乎鲜有合作。

二、欧盟

(一)概述

欧盟作为全球公共管理改革的先驱之一,在政府购买服务方面拥有众多政府购买服务案例,积累了丰富的经验。随着欧盟经济社会的发展和人口老龄化的加剧,公共服务需求不断增长,政府购买服务成为欧盟国家解决社会需求的重要途径。欧盟国家政府购买服务的范围广泛，涵盖教育、医疗、社会保障、文化、体育、环境保护等多个领域。这些服务通常由政府向企业、社会组织或个人购买，以实现公共服务的市场化、社会化和专业化。

欧盟国家在政府购买服务方面遵循严格的程序，通常包括确定购买需求、编制购买计划、发布购买信息、接受投标、评估投标、选择中标者、签订合同等步骤。同时，欧盟还积极推动政府采购的数字化转型，利用电子采购平台等技术手段提高购买服务的效率和质量。

欧盟国家政府购买服务的资金通常来源于政府预算，包括中央政府和地方政府的财政拨款。此外，欧盟还通过各种政策和资金补助来支持政府购买服务，如提供税收减免、低息贷款、项目支持等。这些资金和政策支持有助于降低服务成本，提高服务质量，满足更多公众的需求。

（二）案例

丹麦是世界上老龄化问题较为严重的国家之一。根据2019年的数据，丹麦65岁及以上老年人口占总人口的比例已达到18.6%。随着人口老龄化的加剧，老年人的护理需求迅速增加，给丹麦的公共服务体系带来了巨大压力。为了应对这一挑战，丹麦政府自2000年起开始实施老年人护理服务购买项目，旨在通过政府购买服务的方式，提高护理服务的效率和质量，满足老年人的多样化需求。

项目目标：丹麦老年人护理服务购买项目的核心目标是提高老年人护理服务的可及性和质量，同时减轻政府直接提供服务的负担。具体目标包括：提高护理服务效率，降低服务成本；增强服务灵活性，满足老年人个性化需求；促进护理服务市场的竞争，提高服务质量；增加就业机会，促进社会经济发展。

服务内容：项目提供的服务内容包括日常生活照料、医疗护理、心理慰藉、社会参与等。具体服务内容根据老年人的实际需求进行评估和确定。

购买方式：丹麦政府主要通过公开招标的方式选择服务供应商。招标过程中，政府注重供应商的服务质量、专业能力和价格等因素，以确保购买到的服务性价比最高。此外，政府还设立了一系列标准和规范，对供应商的服务进行监督和评估，以确保服务质量和安全。

资金来源：项目资金主要来源于政府财政预算和社会保险基金。其中，政府财政预算占主导地位，社会保险基金作为补充。政府每年根据服务需求和预算情况，制定详细的资金使用计划。

具体数据：根据丹麦统计局的数据，截至2020年，丹麦政府在老年人护理服务购买项目上的总投入已达到150亿丹麦克朗（约合22.5亿美元），覆盖了全国约70%的老年人护理服务需求。项目实施以来，共吸引了超过500家服务供应商参与，提供超过10万个工作岗位。服务满意度调查显示，老年人对护理服务的满意度达到了85%以上。

项目成效：丹麦老年人护理服务购买项目在提高服务效率和质量方面取得了显著成效。一是服务效率得到提升。通过引入市场竞争机制，项目显著提高了护理服务的效率。数据显示,项目实施后,老年人护理服务的平均等待时间缩短了30%,服务响应速度明显加快。二是服务质量得到改善。政府通过制定严格的服务标准和规范,对供应商进行监督和评估,有效提升了服务质量。老年人对护理服务的满意度持续提高,达到了85%以上。三是个性化需求得到满足。项目提供的多样化服务内容,较好地满足了老年人的个性化需求。调查显示,约80%的老年人认为服务项目能够满足他们的实际需求。四是经济效益显著。项目实施后,不仅减轻了政府直接提供服务的负担,还促进了护理服务市场的发展,创造了大量就业机会,带动了相关产业链的发展,对经济增长产生了积极影响。

(三)经验启示

(1)明确目标,科学规划。

政府购买服务应明确目标,科学制定实施方案。要根据实际需求,合理确定服务内容、购买方式和资金安排,确保项目顺利实施。

(2)引入竞争,提高效率。

通过公开招标等方式,引入市场竞争机制,选择优质的服务供应商,提高服务效率和质量。同时,政府应加强对供应商的监督和评估,确保服务安全和规范。

(3)注重个性化需求。

政府购买服务应注重满足服务对象的个性化需求,提供多样化的服务内容,提高服务满意度。这要求政府在项目实施过程中,加强需求评估和服务设计。

(4)加强资金管理。

政府购买服务需要大量的资金支持,政府应加强资金管理,确保资金使用的透明和高效。此外,可以探索多元化的资金来源,如社会保险基金、社会捐赠等,以减轻政府财政负担。

(5)促进社会发展。

政府购买服务不仅是为了提高服务效率和质量,还应该促进社会发展,创造就业机会,带动相关产业链的发展。政府应充分利用购买服务的契机,推动社会经济的全面发展。

三、日本

(一)概述

日本政府购买服务制度的历史发展和演变过程可以追溯到20世纪60年代,当时欧美国家的新公共管理运动尚未兴起。然而,日本政府已经开始着手构建向社会力量购买公共服务的制度,即所谓的“政府购买服务制度”。在这一时期(1960—1990),日本政府购买服务的内容主要包括下水道、医院以及城市交通等基础设施和服务。这些早期的实践主要依赖于民间委托制度,这是日本政府购买服务的唯一制度安排。

进入20世纪90年代,随着规制改革的推进,日本政府进一步演化出了更为复杂的政府购买公共服务制度。这一时期的改革基于“市场化试验”,并受到同一时期提出的“市场增进论”的影响。具体而言,日本学者提出通过引入竞争机制来提高公共服务的质量和效率,这为政府购买服务提供了理论基础。

经过将近半个世纪的努力,日本最终构建起符合本国国情且高度分化和精细化的政府购买服务制度体系。该体系不仅包括了对不同类型的公共服务进行分类管理,还强调了法律依据的严格性和执行过程的规范性,并由第三方机构进行监督管理。

总的说来,日本政府购买服务制度的发展经历了从简单的民间委托到复杂且高度规范化的演变过程。

(二)案例

大阪市为了改善城市环境,提升居民生活质量,自2010年起开始实施环境保护服务购买计划。该计划主要通过与环保组织和企业合作,开展垃圾分类处理、空气质量和噪声污染监测等工作。

具体做法包括:①政社合作:大阪市政府与环保组织和企业建立合作关系,共同制定环境保护方案,明确各方责任和分工。自2010年以来,大阪市政府已与超过100家环保组织和企业建立了合作关系。②技术创新:鼓励服务提供机构采用新技术、新方法提高环境保护效果,如利用大数据分析优化垃圾分类处理流程。例如,2018年,大阪市政府投入了约5000万日元用于技术创新项目,有效提升了垃圾分类处理的效率。③公众参与:通过各种渠道加强环保宣传,提高市民环保意识,鼓励市民积极参与环境保护活动。据统计,2019年,大阪市环保宣传活动覆盖了约80%的市民,参与环保活动的市民人数增加了约25%。

实施成效:一方面,通过专业机构的介入和先进技术的应用,大阪市的环境质量得到了显著改善,空气质量和噪声污染水平明显下降。例如,2019年,大阪市的空气质量优良天数达到了310天,比2010年增加了50天。另一方面,环境保护服务的提升增强了市民的幸福感和满意度,也促进了社会的和谐稳定。根据2019年的市民满意度调查,市民对环境保护服务的满意度达到了85%。

(三)经验启示

(1)完善法律法规

日本政府在购买服务过程中,制定了一系列法律法规,明确了购买服务的范围、程序和监督机制,为购买服务的顺利开展提供了法律保障。我国应进一步完善政府购买服务相关法律法规,明确购买服务的主体、内容和程序,确保购买服务工作的规范化和制度化。

(2)引入竞争机制

日本政府通过公开招标等方式引入竞争机制,激发了服务提供机构的积极性,提高了服务效率和质量。我国在政府购买服务过程中也应引入竞争机制,通过公平、公正、公开的招标方式选择优秀的服务提供机构，提升公共服务水平。

(3)注重绩效评估

日本政府在购买服务过程中注重绩效评估，通过定期评估服务质量和满意度，确保服务提供机构按照合同要求提供优质高效的服务。我国也应建立健全政府购买服务绩效评估体系，将评估结果作为支付费用和续签合同的重要依据，提高公共服务的质量和效益。

(4)加强政社合作

日本政府在购买服务过程中注重与社会力量的合作，通过政社合作共同提供公共服务。我国也应加强政府与社会力量的合作，鼓励社会组织、企业和志愿者等参与公共服务供给，形成多元参与、协同治理的格局。

(5)提升公共服务专业化水平

日本政府在购买服务过程中注重提升公共服务专业化水平，通过与服务提供机构的合作引入先进的管理理念和技术手段。我国也应注重提升公共服务专业化水平，加强对服务提供机构的培训和指导，提高他们的服务能力和水平。

日本政府购买服务的实践为我们提供了宝贵的经验借鉴。我国在推进政府购买服务过程中，应进一步完善法律法规、引入竞争机制、注重绩效评估、加强政社合作和提升公共服务专业化水平，不断提高公共服务的质量和效益，更好地满足人民日益增长的美好生活需要。

参考文献

[1] 中共中央. 中共中央关于全面深化改革若干重大问题的决定[EB/OL]. (2013-11-15)[2023-10-01]. http://www.gov.cn/jrzg/2013-11/15/content_2528179.htm.

[2] 中共中央. 中共中央关于深化党和国家机构改革的决定[EB/OL]. (2018-03-04)[2023-10-04]. http://www.gov.cn/zhengce/2018-03/04/content_5270766.htm.

[3] 中共中央. 中共中央关于进一步全面深化改革 推进中国式现代化的决定[EB/OL]. (2018-03-04)[2024-07-21]. https://www.gov.cn/zhengce/202407/content_6963770.htm?jump=ture.

[4] 国务院办公厅. 国务院办公厅关于政府向社会力量购买服务的指导意见[EB/OL]. (2013-09-30)[2023-10-01]. https://www.gov.cn/zhengce/zhengceku/2013-09/30/content_4032.htm.

[5] 财政部. 关于做好政府购买服务工作有关问题的通知[EB/OL]. (2014-04-14)[2023-10-01]. https://www.gov.cn/gzdt/2013-12/09/content_2545041.htm.

[6] 财政部. 关于政府购买服务有关预算管理问题的通知[EB/OL]. (2020-03-01)[2023-10-01]. https://m.mof.gov.cn/czxw/201402/t20140211_1042057.htm.

[7] 财政部,民政部. 关于支持和规范社会组织承接政府购买服务的通知[EB/OL]. (2022-06-15)[2023-10-01]. https://www.gov.cn/xinwen/2014-12/18/content_2793736.htm.

[8] 财政部. 政府购买服务管理办法(暂行)[EB/OL]. (2014-12-15)[2023-10-01]. https://www.gov.cn/xinwen/2015-01/04/content_2799671.htm.

[9] 财政部,交通运输部. 财政部 交通运输部关于推进交通运输领域政府购买服务的指导意见[EB/OL]. (2016-07-25)[2023-10-01]. http://www.mof.gov.cn/gkml/caizhengwengao/wg2016/wg201604/201608/t20160812_2387101.htm.

[10] 财政部. 关于推进政府购买服务第三方绩效评价工作的指导意见[EB/OL]. (2018-08-20)[2023-10-01]. https://m.mof.gov.cn/zcfb/201808/t20180814_2987170.htm.

[11] 财政部. 政府购买服务管理办法[EB/OL]. (2020-01-03)[2023-10-01]. https://www.gov.cn/gongbao/content/2021/content_5582627.htm.

[12] 全国人民代表大会常务委员会. 中华人民共和国预算法[EB/OL]. (2018-12-29)[2023-10-01]. http://www.npc.gov.cn/npc/c30834/201812/6f1a4c5f78f84f5e9d4b5e5f5f5f5f5f.shtml.

[13] 国务院. 中国农村扶贫开发纲要:2001-2010[EB/OL]. (2001-06-13)[2023-10-01]. https://www.gov.cn/zhengce/zhengceku/2016-09/23/content_5111138.htm.

[14] 全国人民代表大会常务委员会. 中华人民共和国政府采购法[EB/OL]. (2014-08-31)

[2023-10-01]. http://www.npc.gov.cn/npc/c30834/201408/6f1a4c5f78f84f5e9d4b5e5f5f5f5f5f.shtml.

[15] 王浦劬. 政府向社会组织购买公共服务研究[M]. 北京:北京大学出版社,2016.

[16] 吴磊. 政府购买公共服务质量保障研究[M]. 上海:上海交通大学出版社,2019.

[17] 上海金融学院城市财政与公共管理研究所. 政府购买公共服务:理论、实务与评价[M]. 北京:中国财政经济出版社,2015.

[18] 沈克印. 政府购买公共体育服务的理论与实践[M]. 武汉:华中科技大学出版社,2021.

[19] 沈克印. 政府购买公共体育服务的理论与实践[M]. 武汉:华中科技大学出版社,2021.

[20] 郑逸芳. 科技管理[M]. 北京:中国农业出版社,2015.

[21] 王春婷. 政府购买公共服务绩效研究[M]. 北京:知识产权出版社,2020.

[22] 金冰洁. 我国政府购买公共服务的运行机制及创新路径研究[M]. 北京:北京理工大学出版社,2017.

[23] 杨燕英. 政府购买公共服务导论[M]. 北京:经济科学出版社,2018.

[24] 邓志锋. 政府向社会组织购买公共服务中的行动逻辑研究[D]. 上海:华东师范大学[2025-03-16]. DOI:CNKI:CDMD:1.1019.811014.

[25] 吕芳,王冬芳. 政府购买公共服务研究:中国实践与国际经验[M]. 北京:国家行政学院出版社,2017.

[26] 王东伟. 我国政府购买公共服务问题研究[M]. 北京:经济科学出版社,2015.

[27] 钟健辉,卢正宇,陆明生,等. 广东省交通运输行业科技创新模式探索与实践[M]. 北京:人民交通出版社股份有限公司,2017.

[28]《交通运输标准化发展报告(2023年)》编审委员会. 交通运输标准化发展报告(2023年)[M]. 北京:人民交通出版社,2024.

[29] 国务院. 国务院印发实施促进科技成果转化法若干规定[EB/OL]. (2016-02-26)[2023-10-01]. http://finance.sina.com.cn/stock/t/2016-03-02/doc-ifxpzzhk1969019.shtm.

[30] 全国人民代表大会常务委员会. 科学技术普及法[EB/OL]. (2002-06-29)[2023-10-01]. https://flk.npc.gov.cn/detail2.html? MmM5MDlmZGQ2NzhiZjE3OTAxNjc4YmY2MTQ5MTAyYTM.

[31] 全国人民代表大会常务委员会. 中华人民共和国促进科技成果转化法[EB/OL]. (2015-08-29)[2023-10-01]. https://www.gov.cn/xinwen/2015-08/30/content_2922111.htm.

[32] 交通运输部. 交通运输行业科技创新人才推进计划管理办法[EB/OL]. (2018-05-15)[2024-10-01]. https://baike.baidu.com/item/%E4%BA%A4%E9%80%9A%E8%BF%90%E8%BE%93%E8%A1%8C%E4%B8%9A%E7%A7%91%E6%8A%80%E5%88%9B%E6%96%B0%E4%BA%BA%E6%89%8D%E6%8E%A8%E8%BF%9B%E8%AE%A1%E5%88%92%E7%AE%A1%E7%90%86%E5%8A%9E%E6%

B3%95/13887579? fr = aladdin.

[33] 交通运输部. 2023 年交通运输行业发展统计公报[EB/OL]. (2024-03-01)[2024-03-01]. https://www.gov.cn/lianbo/bumen/202406/content_6957901.htm.

[34] 国务院. 国务院关于取消和下放一批行政审批项目等事项的决定[EB/OL]. (2013-05-15)[2023-10-01]. https://www.gov.cn/zhengce/content/2013-05/17/content_1306.htm.

[35] 中共中央办公厅,国务院办公厅. 深化科技体制改革实施方案[EB/OL]. (2015-09-24)[2023-10-01]. https://www.gov.cn/guowuyuan/2015-09/24/content_2938314.htm.

[36] 中共中央,国务院. 国家中长期人才发展规划纲要(2010-2020 年)[EB/OL]. (2010-06-06)[2023-10-01]. http://www.gov.cn/jrzg/2010-06/06/content_1621777.htm.

[37] 中共中央,国务院. 国家"十四五"期间人才发展规划[EB/OL]. (2021-09-27)[2023-10-01]. https://baike.baidu.com/item/%E5%9B%BD%E5%AE%B6%E2%80%9C%E5%8D%81%E5%9B%9B%E4%BA%94%E2%80%9D%E6%9C%9F%E9%97%B4%E4%BA%BA%E6%89%8D%E5%8F%91%E5%B1%95%E8%A7%84%E5%88%92/60897249.

[38] 中共中央,国务院. 中长期青年发展规划(2016—2025 年)[EB/OL]. (2017-04-13)[2023-10-01]. https://www.gov.cn/zhengce/2017-04/13/content_5185555.htm#1.

[39] 国家知识产权局. 关于深化知识产权领域"放管服"改革 营造良好营商环境的实施意见[EB/OL]. (2021-05-21)[2023-10-01]. https://www.cnipa.gov.cn/art/2020/1/7/art_2073_143005.html.

[40] 山东省人民代表大会常务委员会. 山东省人才发展促进条例[EB/OL]. (2020-03-26)[2023-10-01]. http://zzhrss.zaozhuang.gov.cn/yhyshj/rcldbld/flfg_29651/202311/t20231130_1796847.html.

[41] 交通运输部. 公路水路交通运输中长期人才发展规划纲要(2011-2020)[EB/OL]. (2011-04-20)[2023-10-01]. http://www.gov.cn/gzdt/2011-04/20/content_1847874.htm.

[42] 中共中央,国务院. 国家中长期人才发展规划纲要(2011-2020)[EB/OL]. (2010-06-06)[2023-10-01]. http://www.gov.cn/jrzg/2010-06/06/content_1621777.htm.

[43] 交通运输部. 交通领域科技创新中长期发展规划纲要(2021-2035 年)[EB/OL]. (2021-12-31)[2023-10-01]. https://www.gov.cn/zhengce/zhengceku/2022-04/06/content_5683595.htm.

[44] 中共中央办公厅,国务院办公厅. 关于深化项目评审、人才评价、机构评估改革的意见[EB/OL]. (2018-07-03)[2023-10-01]. https://www.gov.cn/zhengce/2018-07/03/content_5303251.htm.

[45] 科学技术部 财政部. 国家重点研发计划管理暂行办法[EB/OL]. (2017-06-12)[2023-10-01]. https://www.gov.cn/zhengce/zhengceku/202404/content_6947028.htm.

[46] 国务院. 国家自然科学基金条例[EB/OL]. (2024-11-14)[2024-12-01]. https://www.gov.cn/zhengce/zhengceku/202411/content_6986948.htm.

[47] 施展. 地方政府购买公共服务风险及管控机制研究[D]. 大连:东北财经大学,2018.

[48] 刘晗. 浅析政府购买服务中出现的问题及对策[J]. 中国总会计师,2020(9):152-153.

[49] 李雨桐. 政府购买公共服务的风险及防范问题研究[D]. 长春:长春工业大学,2019.

[50] 宗璞. 政府向社会力量购买公共服务的风险识别及预警[J]. 山东行政学院学报,2019(2):7. DOI:CNKI:SUN:SDXB. 0. 2019-02-004.

[51] 康鼎煦. 政府审计购买社会审计服务的风险控制分析[J]. 中国民商,2019,74(02):237-237. DOI:CNKI:SUN:MISH. 0. 2019-02-196.

[52] 贾馨. 政府购买服务与地方融资财务风险管控策略研究[J]. 大众投资指南,2019(20):2. DOI:CNKI:SUN:DATZ. 0. 2019-20-157.

[53] 胡守勇. 政府购买公共文化服务的风险识别、致险成因与防范路径[J]. 图书馆,2019(5):6. DOI:10. 3969/j. issn. 1002-1558. 2019. 05. 007.

[54] 刘素仙. 政府购买公共服务绩效评价的价值维度与关键要素[J]. 经济问题,2017(1):21-22.

[55] 晁毓欣,李干,彭蕾. 全面预算绩效管理下政府购买服务绩效评价的理论思考[J]. 经济研究参考,2019(11):10.

[56] 吉鹏. 政府购买养老服务绩效评价研究[D]. 南京:南京农业大学,2016.